KB250476

오방색으로 하는 천연염색

오방색으로 하는 천연염색
ⓒ 정옥기 2010

초판 1쇄 발행일 2010년 10월 29일
초판 2쇄 발행일 2016년 2월 22일

지 은 이 정옥기

출판책임 박성규
기획실장 선우미정
편   집 김상진 · 유예림 · 구소연
디 자 인 김지연 · 이수빈
마 케 팅 석철호 · 나다연
경영지원 김은주 · 이순복
제   작 송세언
관   리 구법모 · 엄철용

펴 낸 곳 도서출판 들녘
펴 낸 이 이정원
등록일자 1987년 12월 12일
등록번호 10-156
주   소 경기도 파주시 회동길 198
전   화 마케팅 031-955-7374 편집 031-955-7381
팩시밀리 031-955-7393
홈페이지 www.ddd21.co.kr

I S B N 978-89-7527-869-3 (14630)
          978-89-7527-160-1 (세트)

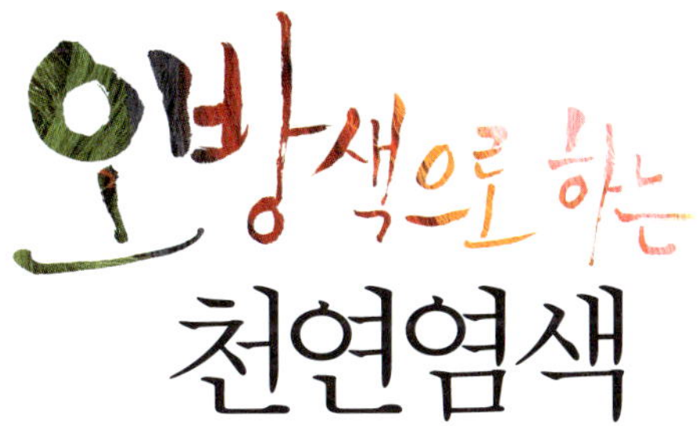

오방색으로 하는 천연염색

정옥기 지음

들녘

머리말

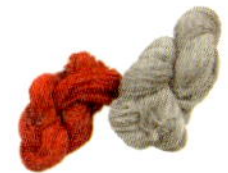

　세월이 많이 흘렀다. 2000년에 염색 책을 쓰면서 부족함을 많이 느꼈다. 주변의 권유와 출판사의 요청으로 책을 쓸 수밖에 없었지만 마음이 무거웠다. 한 3년 후 증보판을 내서 이 무거움을 덜어 내고자 출판사와 3년만 계약했던 것이 9년이라는 세월이 흘러 버렸다.

　부족한 책이지만 그동안 많은 분들이 애독해 주셔서 8판까지 나오게 되었다. 전문 서적으로는 대단한 일이라고 말들을 한다. 여러 염색가들과 독자들의 사랑에 깊은 감사를 드린다.

　돌이켜 보면 벌써 내 나이가 50대 후반이다. 80년 초 염색에 입문하여 지금 여기까지 왔다. 하 많은 세월이 흘렀다. 농사지어 먹고 집 지어 지내며 염색을 했다. 생활비 벌어서 부모님을 봉양하고 자식들을 키우며 가정을 꾸리면서 살아왔다. 부모님은 건강하시고 자녀들은 다 성장하여 자기 일을 찾아 떠났다. 염색도 세상에 널리 알려지고 염색하는 분들도 많이 생겨났다. 이제 어린이부터 어른까지 천연염색 하면 모르는 이가 없을 정도다.

　몇 년 전부터 가정과 염색의 일선에서 물러나 한가하게 실 염색과 베 짜는 일을 하며 지냈다. 우리가 염색을 할 때 무지 천에 후염법으로 염색을 하지 실에 염색하는 선염법을 사용하지는 않는다는 아쉬움이 있었다. 그것은 직조를 하지 않기 때문에 생긴 현상이며 우리에게는 무지 평직만 남아 있기 때문이다.

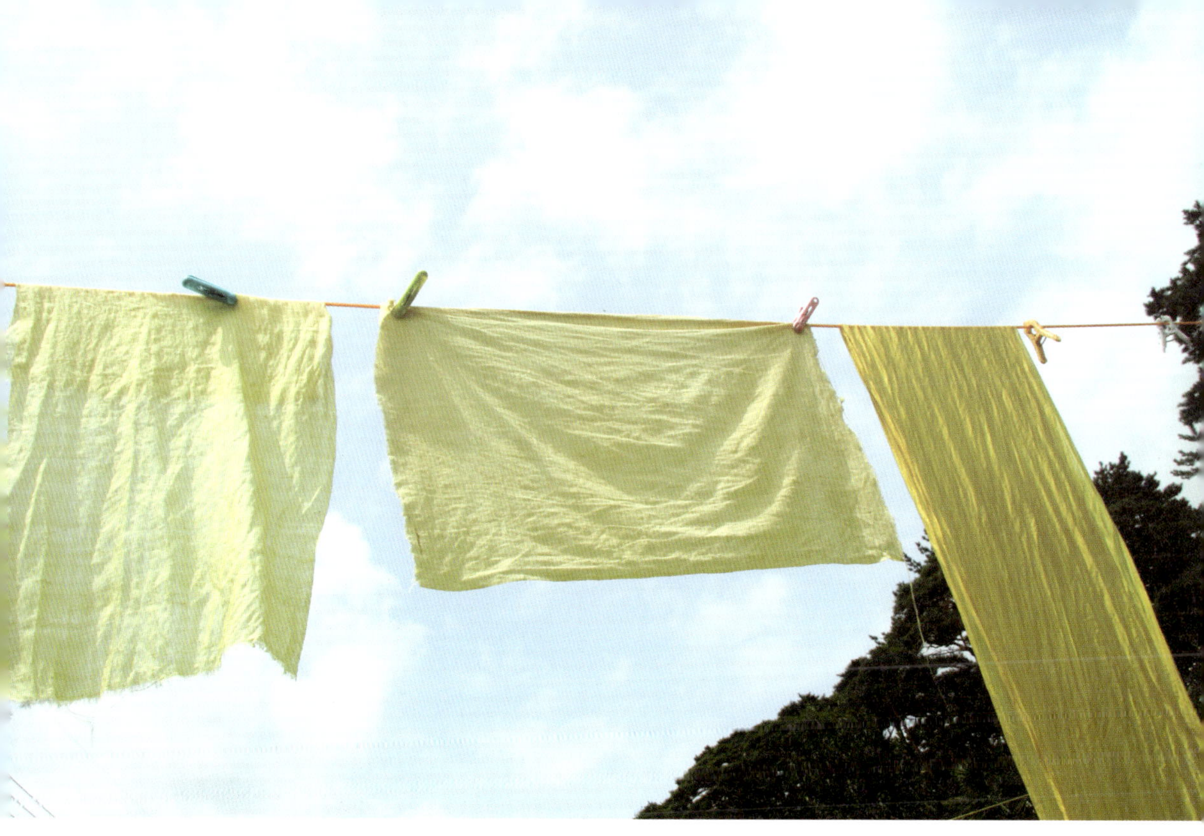

　매년 겨울마다 중국과 동남아를 짧게는 1개월에서 길게는 6개월 동안 여행하며 다녔다. 무슨 염색을 찾아 공부하려고 여행을 다닌 것은 아니었다. 그냥 그동안 쉴 새 없이 달려온 나를 위로하는 여행이었다. 하지만 무슨 눈에는 무엇만 보인다고 우연한 인연으로 그들의 염색과 직조를 보게 되었다. 염색도 염색이지만 직조하는 모습은 참 매력적이었다. 염색을 하면서 왠지 반쪽을 만난 것 같은 느낌이 있었다. 우리들은 이제까지 무지에 염색을 했지만 실에 염색하여 직조를 함으로써 염색과 직조가 만나는 염직을 해야 한다고 여겼다. 지금 우리는 하얀 천에 후염을 하고 있지만 실에 신염을 하여 직조하면 다양한 문양의 천을 얻을 수 있다. 천연염색이 더 풍성해지고 다시 태어날 수 있는 중요한 계기라 여긴다.

　일상을 떠나 좀 느슨하게 지내다 보니 염색이 다시 보이기 시작했다. 먹고 쉬느라고 너무 부산히 작업을 하다가 놓쳐 버린 부분이 많이 있었다. 또

여행을 하면서 다른 나라 염색을 보기도 하며 염색을 처음 시작하는 맘을 가지게 되었다. 이제까지 상당히 완벽한 염색을 해 왔으며 가르쳐 왔다고 여겼다. 하지만 결코 그렇지 않았으며 그냥 애만 써 왔다고 생각한다. 염색을 많이 어설프게 했구나 싶다.

처음으로 쓴 『내 손으로 하는 천연염색』(2001)은 생활 속에서 손쉽게 염색을 할 수 있도록 실용적인 면에 중점을 두었다. 하지만 이번 책은 오방색을 중심으로 대표적인 염색을 상세하게 소개한다. 오방색을 중심으로 오간색 등 다양한 색을 얻어 쓰면 매우 좋으리라 생각한다. 또한 자연의 색이 가지고 있는 치유 기능도 소개하고 있다. 하나의 색을 물들여 보는 것도 좋지만 우리에게 어떤 유용함이 있는지도 알면서 쓰면 얼마나 좋겠는가.

첫째 마당에서는 우리의 전통염색과 나의 천연염색을 통해 지금의 우리 염색을 살펴보려고 한다. 둘째 마당에서는 염색에 들어가기 전 소홀히 하여 놓치기 쉬운 기본적 요소를 담았다. 셋째 마당은 오방색을 중심으로 하는 깊이 있고 핵심적인 염색을 다루었으며 넷째 마당에서는 천연안료를 이용한 염색 방법을 소개하고 있다.

처음 염색 책을 낼 때 몇 가지 중요한 비법을 공개하지 않았다. 이번에는 지금까지 축적된 견뢰도(염색된 천이 외부 환경에 어느 정도로 견디는가를 알아보는 것으로 일광, 세탁, 마찰 견뢰도가 있다) 높은 염색 비법들을 내놓았는데 함께 나누고 공유하여 한 걸음 더 나아가는 염색의 장이 열렸으면 좋겠다. 여러 염재로 다양한 색을 낼 수 있지만 이 책에서는 오방색을 중심으로 대표적인 염색을 상세하게 소개하여 복합염을 통한 오간색 등의 다양한 색을 추구하려 한다. 이제까지는 여러 염재에서 여러 가지 색을 얻어 쓰는 재미를 보았다. 하지만 그 색들의 고정이나 견뢰도에 문제가 많아 염색 기술이 진일보하지 못했으며 어떤 한계 상황에 왔다고 할 수 있다. 이제까지는 초기 염색으로 다양성을 맛보며 수평적 염색을 했으나 오방색을 중심으로 깊이 있는 수직

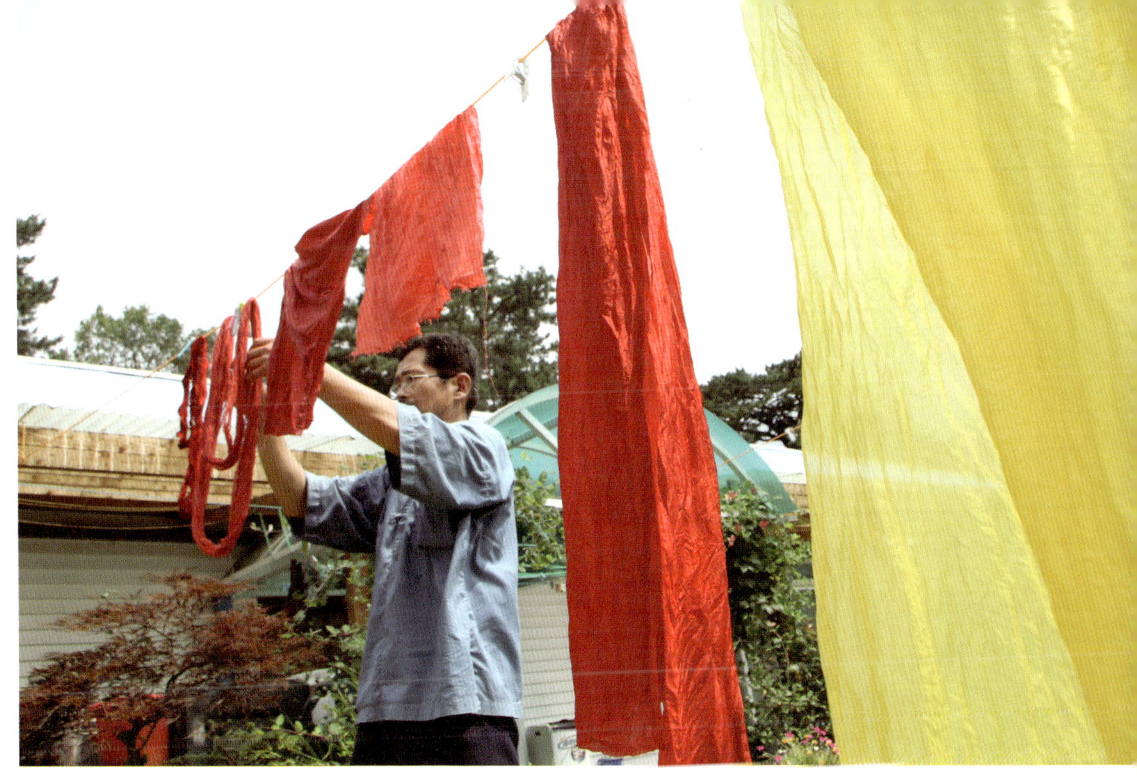

적 염색을 하여 한국 전통염색을 살려 내고 천연염색을 진일보시켜야 할 것이다.

수평도 필요하지만 수직도 있어야 한다. 수평과 수직은 살림살이에 안정감을 준다.

처음 출간된 본인의 저서『내 손으로 하는 천연염색』의 개정증보판을 이번에 냈다. 기초적인 부분을 잘 다루고 있으니 이 책과 함께 참고해서 작업을 한다면 더욱 효율적이고 좋을 것이다.

다양한 색을 내는 것도 좋지만 한두 가지 색을 잘 내는 전문 장인으로 갈 때 염색이 크게 발전 하리라 여긴다.

너무 성급해 하지 말고 천천히 익혀 가면 염색이 새롭게 다가 올 것이다.

늦게나마 마음을 내서 미루어 왔던 책을 다시 정리 할 수 있음에 하늘과 조상에 감사드린다. 전과 같이 잘 지내시는 부모님, 후기의 삶을 잘 살아가는 아내, 잘 성장해 준 아이들이 늘 고맙고 감사하다. 그리고 이제까지 우리 친연염색의 발전에 기여하신 염색인 여러분들의 노고에 감사를 드린다.

넷째 마당

 오염되지 않은 순수한 재료 천연안료 … 130

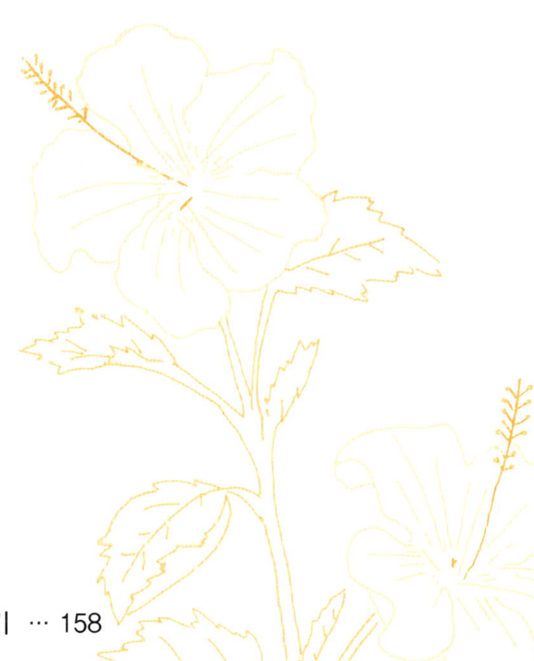

첫째
마당

❖ 자연의 마음을 깨우는 우리의 전통색

"사람은 흙에서 나와 흙으로 돌아간다"는 말처럼 흙은 사람의 요람이며 무덤이요, 시작과 끝이다. 즉 전부인 것이다. 흙은 어머니로 여기에 아버지인 하늘의 배려와 조화 속에서 우리 인간은 먹고, 입고, 자면서 살림을 이루며 살고 있다. 인간이 조화롭고 건강한 삶을 일구어 나가는 최선의 길은 기거하는 것이 온전할 때 찾을 수 있는 것이다.

21세기에 환경 문제부터 시작해 사회적 제반 문제들이 다양하게 발생하여 온 세상이 몸살을 앓고 있다. 이유는 무엇일까. 그것은 건강한 의식주를 상실함에 있다. 소통이 막혀 한없이 답답하다.

이 시대의 화두는 소통이다.

건강한 의식주는 우리의 막힌 숨통을 틔우게 한다. 그래, 통하게 한다.

의식주 가운데 '의'라는 것은 복식을 말한다. 쉽게 말하면 우리가 입는 옷이다. 옷은 직물과 염료로 염직물을 만들어 바느질한 것이다. 건강한 복식은 천연 소재의 직물에 천연염료를 사용하여 만든 염직물로 우리의 몸에 맞는 옷을 지어 입는 것이라 하겠다.

우리의 복식 문화는 역사 속에서 다양한 변천 과정을 거쳤다. 화학 직물이 판치는 가운데 천연 직물이 같이 공존하면서 지금까지 쓰이고 있다. 이는 매우 다행스러운 일이며 지금도 조금만 마음을 쓰면 건강한 천연 소재의 섬유 직물을 구해 쓸 수 있다. 하지만 천연섬유의 색상은 화학 염료를 사용함으로써 부조화를 이룬다. 그 부조화를 조화롭게 하는 방법은 천연염료를 이용하는 것이다. 건강한 옷은 아직 남아 있는 자연섬유에 천연염료

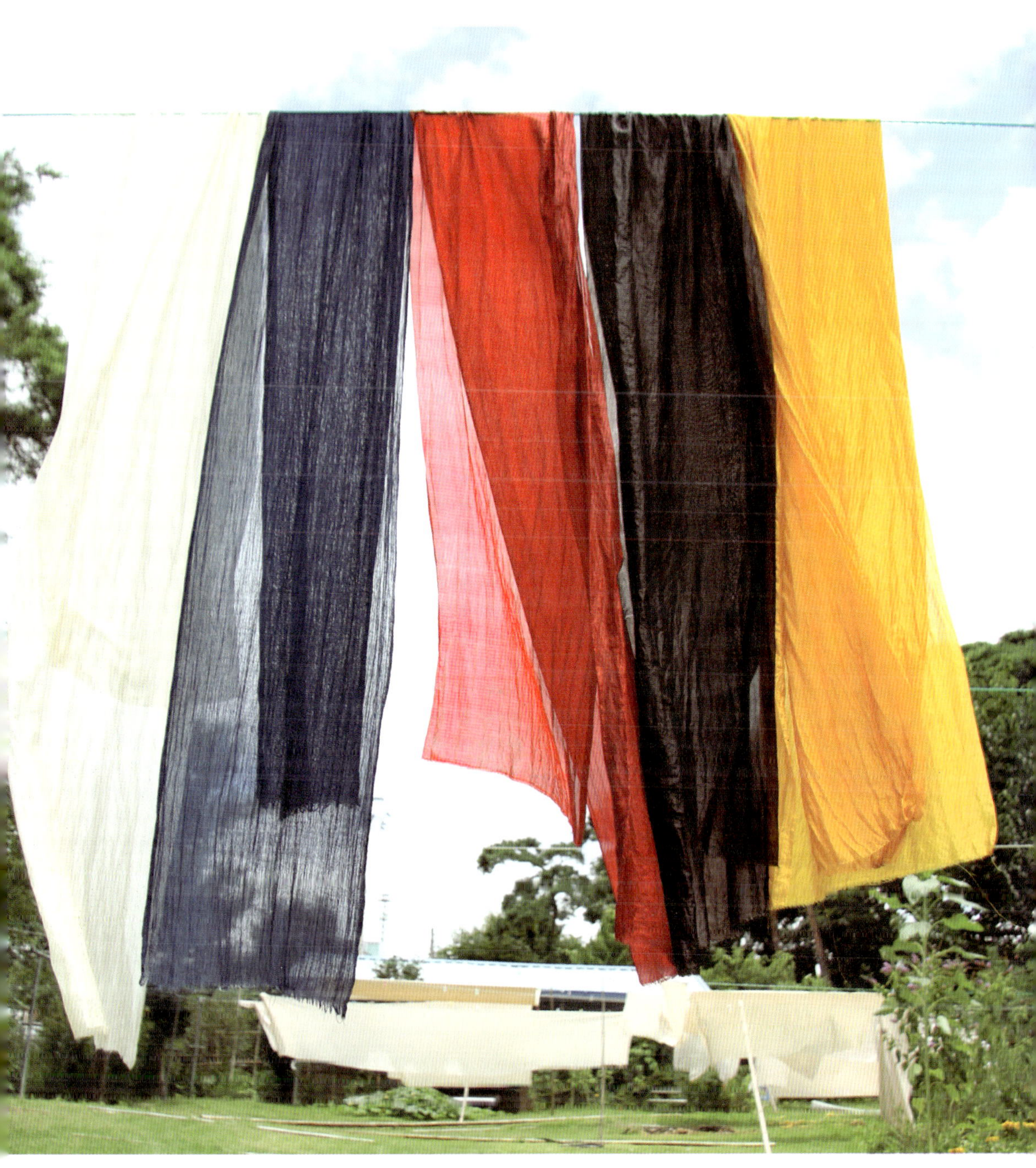

를 염색하여 옷을 지어 입는 것이다.

염색은 색료(염료, 안료)를 이용하여 실, 천, 종이, 가죽, 목재 등에 색을 들이는 것이다. 그 발생은 태초에 인류가 존재하면서부터 자연의 아름다움을 보고, 느끼며 아름다움을 소유하고 싶어 하는 원초적 욕망에서 비롯했다. 자연의 아름다움에 대한 충동과 욕구를 그림이나 의복, 건축, 음식 등을 통해 일상생활 깊숙이 끌어 들여 좀 더 가까이 오랫동안 간직하려는 자연스런 마음이 염색 행위의 시작이라 할 수 있다.

초기에 색은 하늘과 자연, 인간이 관계를 맺는 데 상징적 의미를 가지고 있었다. 하늘과 자연을 경배하는 신앙, 몸의 질병과 정신의 고통을 치유하는 의료, 개성적인 멋을 누리는 것이 분리되지 않고 온전히 깃들어 있었다. 이렇듯이 자연의 빛깔을 그대로 닮은 인간의 마음은 염색이라는 행위를 통해 오랫동안 전승되고 발전해 왔다.

즉 색은 하늘과 땅, 인간이며 그 자체인 것이다.

염색은 역사의 흐름 속에서 각 시대를 풍미하며 지금에 이르렀다. 국가가 부강할수록 문화가 발달하고 이와 함께 색도 매우 다양하고 화려해졌다. 국력과 색은 정비례의 관계를 맺고 있다. 고구려와 통일신라의 찬란한 문화와 함께 매우 발달했고 궁 안에 염색전을 별도로 둘 정도였다. 이것이 고려시대로 이어져 오다가 조선시대에 이르러 좀 소박하고 검소해졌다. 조선 말기에 서양 문명이 유입되면서 화학 염료가 들어와 쇠퇴기를 맞이했다. 황실조차도 화학 염료로 만든 옷을 매우 값지고 우수한 것으로 인식하기 시작하면서 전통염색은 서민의 것으로 전락했다. 일제강점기에는 검정색 화학 염료가 다량으로 유입되어 서민에게까지도 보급되었다. 우리 전통염색은 깊은 잠에 빠지게 된다. 일부 염장인들에 의해 몇 가지 염색이 6.25전쟁 이전까지 명맥을 유지해 오다가 전쟁의 혼란기에 완전히 사라지게 됐다. 이렇게 사라져 간 염색을 1980년 전후부터 복원하려는 움직임이 일어

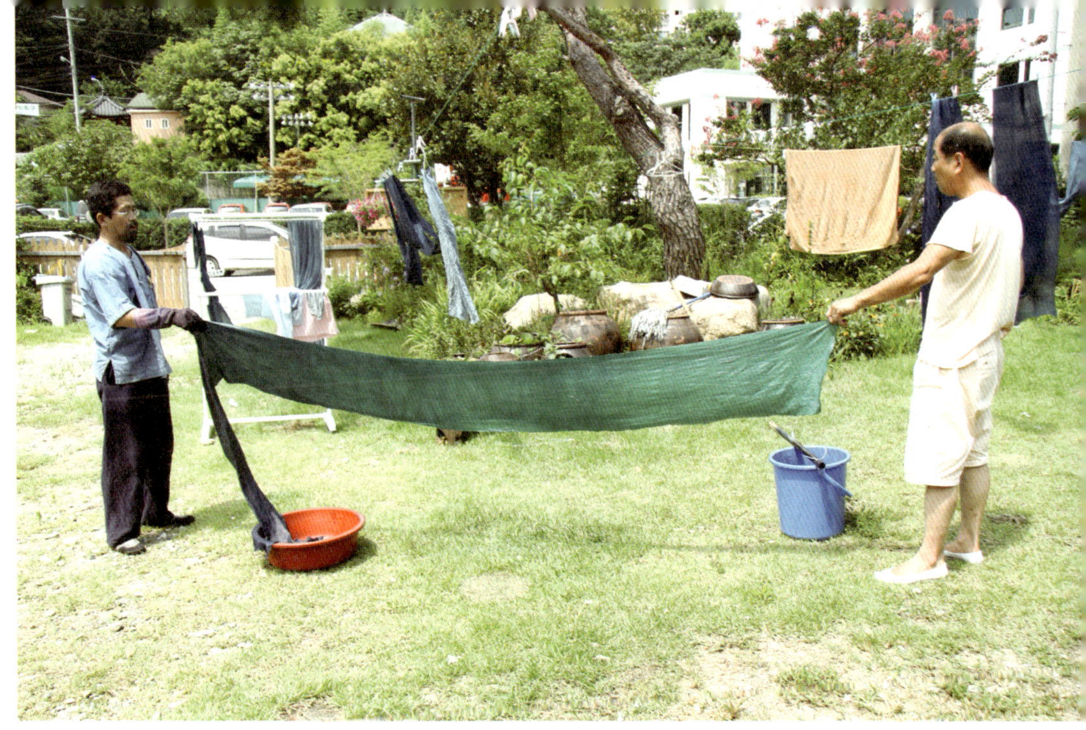

나고 있었다.

　지금은 천연염료와 전통염색에 대한 유물이 매우 희귀하여 복원하고 고증하기가 쉽지 않다. 옷 자체가 오래 보존하기 어렵고, 천연염색 또한 너무 오랜 시간 사람들의 시야에서 멀어져 긴 휴면기에 들어가 있었기 때문이다. 우리는 조금이나마 남아 있는 역사적 유물과 문헌에 의존하여 재현해야 했다. 유물이라면 고분, 전통직물을 밀하며 빈길자 교수가 고내직물을 연구해 놓은 것이 있어 참 다행스러운 일이다. 예로부터 『임원경제지』, 『규합총서』, 『천공개물』, 『동의보감』, 『본초강목』, 『산림경제』, 『거가필용』, 『송화잡기』 등의 문헌이 전해져 내려오고는 있지만 그것은 단지 기록일 뿐이다. 그것을 현대에 재현하는 일은 쉬운 일이 아니다. 좀 더 깊은 연구를 통해 정리되지 못함이 매우 안타깝다. 염색과 직물은 둘이 아니고 함께 가야 하는 것이다.

　유물이나 문헌 가지고는 그 심연을 다 볼 수 없음이 지금의 현실이다. 지금 21세기에 전통염색과 전통직물이 다시 성숙해지고 재현될 수 있다면 얼마나 좋을까.

❖ 사람의 마음을 깨우는 나의 전통색

옛날 우리는 지리적인 여건으로 말미암아 광물이나 동물염색을 하는 경우가 드물었으며, 주로 식물염색 위주로 색을 들여 왔다. 세월이 지남에 따라 수요가 증가했고 다양한 염색과 염재가 필요함에 따라 타국에서 수입하여 썼다. 그로 인해 색의 다양성과 기술 등이 진일보했다. 색은 상류 사회를 중심으로 발달했으며 신분에 따라 색의 제한이 있었다. 반가 중심의 염색 문화였던 것이다. 다양한 염색과 발달된 기술이 계속해서 내려왔다. 19세기 신문명의 유입으로 사라져 간 우리 염색은 기술적인 부분 일부가 살아남아 전해져 내려오고 있다. 현재 우리는 이것을 이용해 재현해 나가고 있다.

하지만 그 기술 이면에 숨겨져 있는 얘기가 없다.

우리가 사용하는 염재들은 주로 한약재들이다. 한약으로 쓰다가 색으로 사용한 것인지 색으로 쓰다가 한약재로 사용한 것인지는 명확하게 알 수 없다. 하지만 염재들이 약과 의류 등으로 쓰이며 우리 인간의 삶을 좀 더 넉넉하고 풍요롭게 해 주었다는 것은 분명하다. 색과 약으로 사용했다는 것은 사람에게 그만큼 유용성이 있었다는 뜻이다.

지금 21세기에 화학 염색이 가져온 문제점이 극명하게 드러난 시점에서 천연의 색은 문제 해결의 중요한 대안이라 여겨진다. 약으로 먹어서 몸을 치료하고 눈으로 색을 보아 우리의 마음을 치유할 수 있으니 이만한 효자가 또 어디에 있겠는가.

나는 젊은 시절 그림 공부를 하다가 염색을 시작했다. 벌써 30년이 다 되어 간다. 처음에는 공예 염색을 하다가 전통염색을 접하게 되었다. 1980년

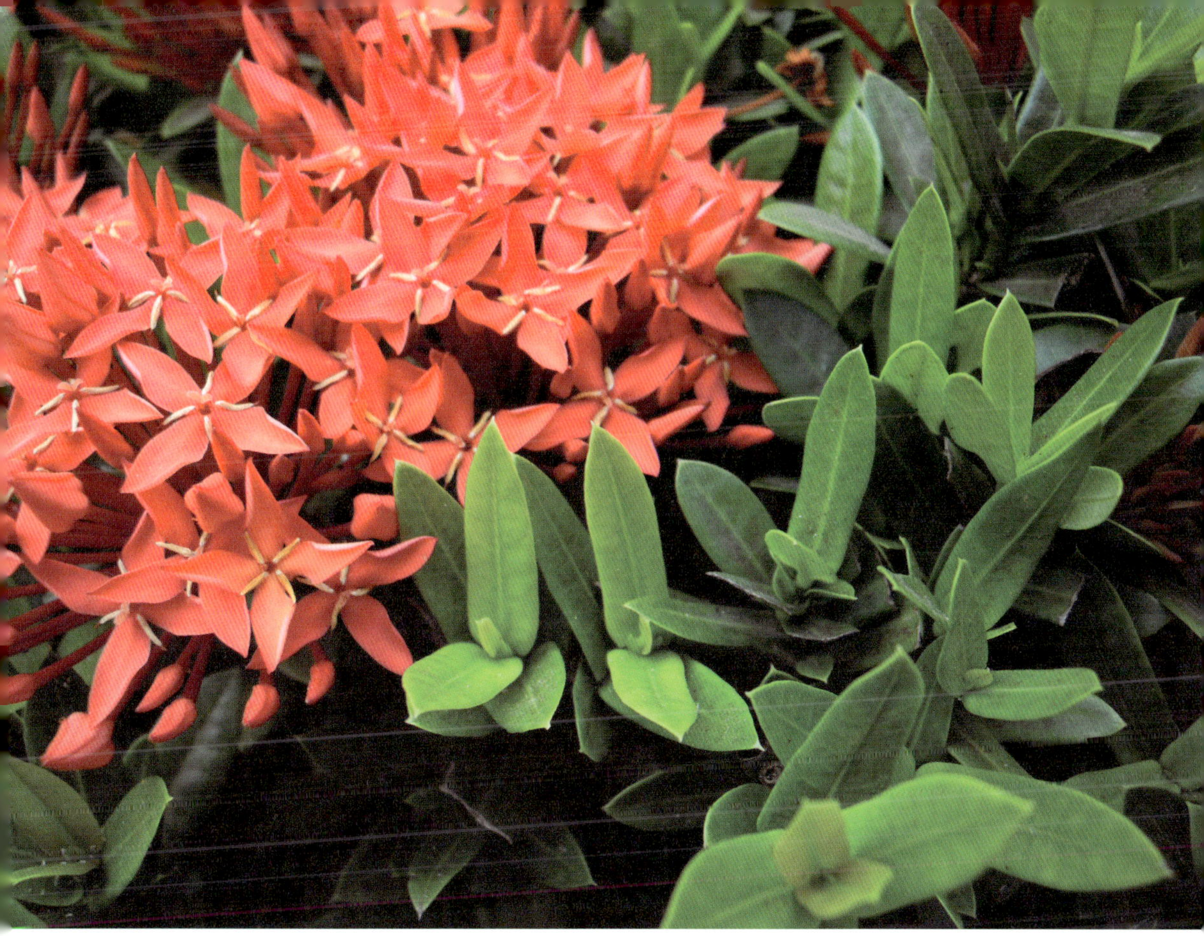

전후로부터 나타나기 시작한 전통염색은 1990년쯤에 대중화의 길을 걸어가기 시작했으며 지금에까지 오게 됐다.

우리 전통염색이 눈을 뜨기 시작한 지는 벌써 30년 정도가 지났다. 대중 속에서 살아온 것은 20년이 넘는 세월이었다. 초기에 염색에 눈을 떠 지금까지 그것으로 밥 먹고 살 수 있었다. 그때는 하나하나의 색이 깨어날 때마다 환희를 느끼며 미친 듯이 작업에 몰두했다. 그렇게 돈이 되지도 않는 작업을 계속해서 해 왔다. 그러던 어느 날 염색이 대중화되었을 때 염색 작업보다 가르치는 일을 더 많이 했지 않았나 싶다. 우리 집 수입의 반 이상이 강의료 수입이었으니 말이다.

염색을 가르치다 보니 다중이 염색에 대한 식견이 있어야 참을 일았나.

그렇기에 다양한 염색을 섭렵했으며 가르쳐 왔다. 특히 학생들의 질문과 그들이 알고 있는 조각조각의 지식들이 큰 가르침을 주었다. 내가 가르치고는 있지만 학생들에게 배운 바가 더 많았다. 그들에게 참 고마울 따름이다. 가르치는 일은 많이 했으나 개인적인 작업을 하는 것이 많이 부족했다. 염색에 대해서 많이 안다고 여겨 왔지만 무언가 손에 꼭 잡히는 온전함은 늘 나를 갈급하게 했다.

안다는 것과 내 손에서 놀고 있다는 것은 차이가 있다. 많이 안다는 것이 그것을 현실로 담아내는 것은 아니었다.

나이 오십 줄에 들어서면서부터 염색 일선에서 물러나고 싶은 마음이 생겼다. 그러더니 한 6년 전부터 실제로 그렇게 할 수 있었다. 아이들은 모두 장성하여 작은 수입으로도 살아갈 수 있어 집을 떠나갔다. 나는 타 지역에서 시골집을 빌려 혼자서 생활했다. 동남아 여행도 하면서 한가한 시간을 보내며 지냈다.

시간이 나는 대로 실 염색을 했다. 하면서 알게 된 것은 이제까지 해 온 염색이 많이 어설펐다는 점이다. 염색을 다시 시작하는 맘으로 느슨하게 하나하나 해 보았다. 바쁘고 급하다는 이유로 아주 작은 것들을 놓쳐 가며 작업을 해 온 것은 아닌가 하고 여겨졌으며 또 많이 부끄러웠다. 이제까지 염색을 많이 어설프게 했음을 알게 됐다. 무슨 물을 들였을 때 웬만치 쓸 만하면 되는 줄 알았고 또 그렇게 가르쳤다. 하지만 결코 그렇지는 않았으며 애쓰기만 한 것이었다.

요 몇 년간 쪽을 중심으로 한 홍화, 소목, 치자, 감 등의 식물염색과 다양한 흙을 이용한 광물성염색, 오배자와 락을 이용한 동물성염색을 다시 하면서 오방색 중심으로 핵심적인 염색을 재정리했다.

✤ 전통염색을 접하는 기본적인 마음

전통의 길을 가는 사람이라면 누구나 최고로 잘하는 장인이 되고 싶을 것이다. 그것은 특별한 비법이 있어서 되는 것은 아닐거라 생각한다. 일반적으로 사람들은 무언가 특별한 것을 기대하지만 모든 비법은 평범함 속에 있다. 특별한 비법이란 많은 사람들이 보고 있는 가운데 해도 알아보지 못할 정도의 평범함에 있다.

그것은 그 일을 하는 장인이 손길과 정성이린 마음이다.

비법 기운데 하나가 '감感'을 삽는 것이다. 우리네 어머니들이 부엌에서 음식을 만들며 간을 맞출 때 계량 도구를 사용하지 않고 감으로 음식의 간

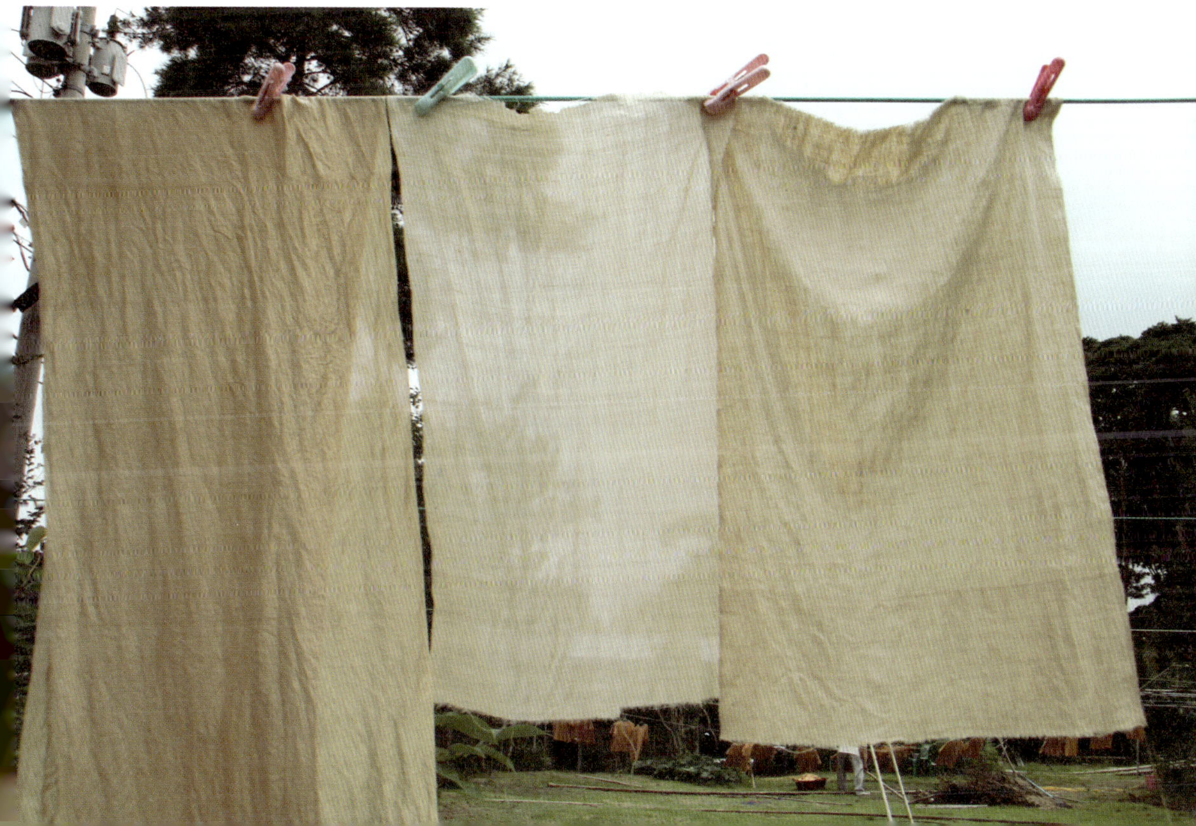

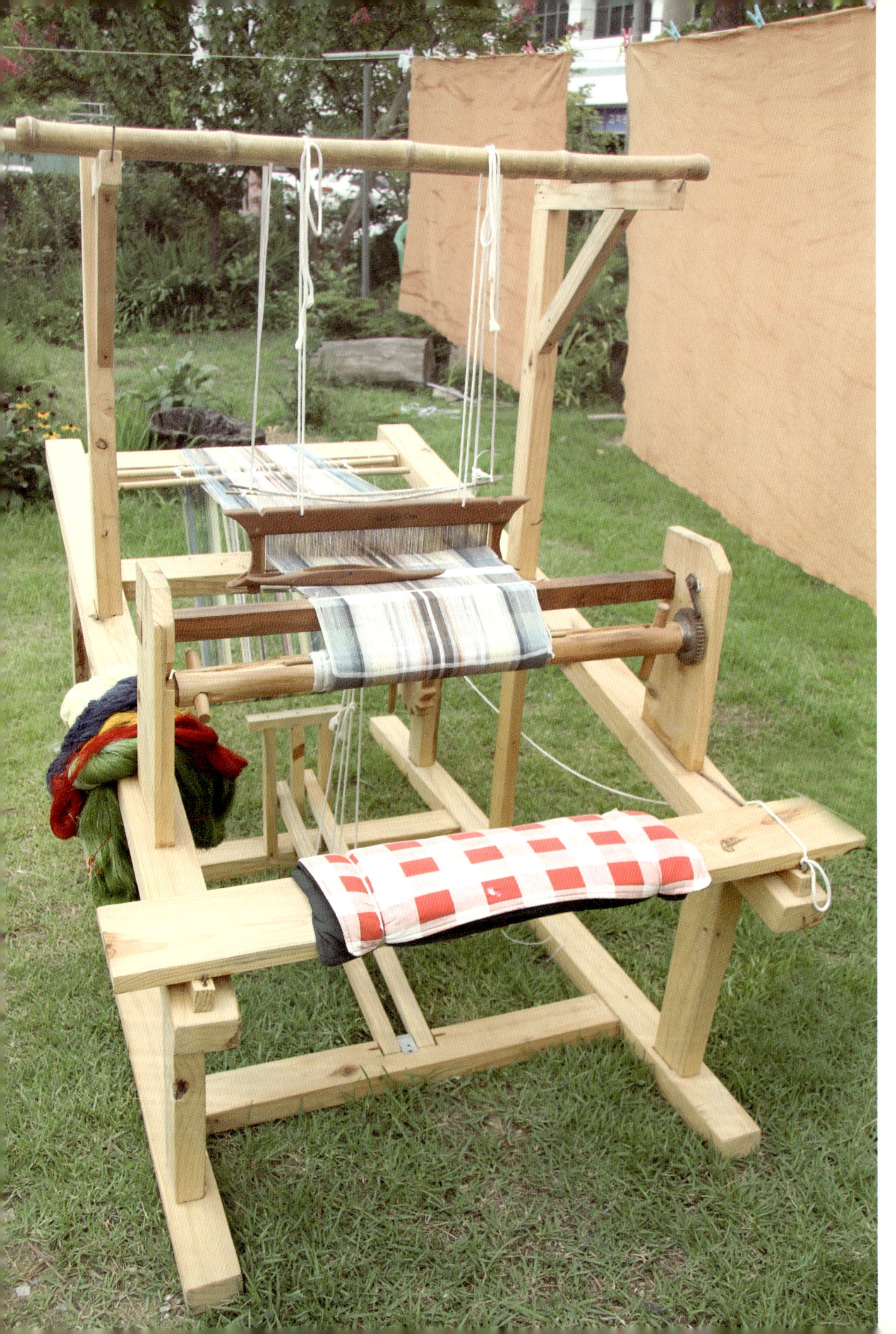

을 맞추고 맛을 내듯이, 염장인도 자신의 독특한 감을 가지고 작업을 해야 한다. 그 감은 무엇 하고도 겨눌 수 없는 힘 그 자체다.

감을 세우는 방법 가운데 첫째는 잘 보는 것이다. 이 세상에는 없는 것이 없다. 어떤 특별한 것이라 해도 이 세상엔 모두 있는 것이다. 신에 의해 완벽하게 창조된 것이 이 세상이라고 한다. 다만 우리가 보지 못해 얻지 못할 뿐이다. 지식으로도 보지만 마음으로 봐야 하며 진심으로 봐야 하는 것이다.

좋은 것은 밖에 있는 것이 아니고 내 안에 있다. 그 좋음을 보지 못함은 지극함이 부족했을 따름이다.

둘째는 느끼는 것이다. 잘 보면 느낌은 오는 것이고 느낌이 오면 가슴이 짜릿하고 뭉클해진다. 이런 상태가 되면 우리는 어떤 행동이 나오게 되어 있다. 그 행동이 작업이다. 잘 보고 느끼면 우리는 작업에 열중하게 될 것이요, 열중하다 보면 좋은 작품을 얻어 내는 것은 자명한 일이 아닌가.

처음엔 잘 보이지 않고 느껴지지도 않지만 열심히 하다보면 잘 보이며 느껴지는 날이 온다. 나는 염색하는 일 외에는 다른 일이 없어서 이것만 열심히 했다. 결국 감은 잘 보고 느끼며 멍청할 정도로 열심히 하면 세워진다.

이 둘은 자연의 조화로움을 찾아가는 것이며 이때 앎이라는 열매가 맺어진다.

자연은 광물, 동물, 식물들로 이루어져 있으며 이것들 사이에 세균이 있다. 염색 또한 광물, 동물, 식물성 섬유의 범재를 가지고 물들이는 것이다. 이때 조화를 부리는 것은 광물, 동물, 식물과 효모의 상호 작용이다. 견뢰도를 높이기 위한 매염제도 광물, 동물, 식물과 효모의 작용이다. 식물염색에는 광물이나 농물성을 소량 첨가하여 사용해야 하고 광물성과 동물성염색에도 그와 나른 요소늘이 작용해야 좋은 염색을 할 수 있다. 이는 기본이며 자연의 이치다.

특히 효모는 눈에 보이지 않는 균체로 염색에서 중요한 역할을 한다. 염색힐 때 생 염료는 벼색을 하지만 잘 수성된 염료는 변색이 없어 좋은 염색을 할 수 있다. 우리가 염색한 천에서 물이 잘 빠지고 변색이 오는 이유는 숙성이 되지 않아 안정되지 않은 염료를 사용했기 때문이다. 안정되지 않은 염료는 고정이 안 되어 문제를 일으킨다. 염재에 물을 붓고 열을 가해 끓여서 염액을 추출할 때 염재와 물은 서로 다른 성질이 열에 의해 결합하여 염료가 된다. 육안으로 보이는 염액은 겉으로는 결합된 것처럼 보이지만 속은 색소와 물이 따로 놀고 있다. 두 물질이 충분히 결합할 시간을 주어야 좋은 염색을 할 수 있다. 또한 좋은 염액으로 천에 물들였다 할지라도 염액과 천은 다른 성질이기에 이 또한 충분한 결합 시간을 주어야 한다. 결합 시간을 준다는 것은 염색이 다 된 천을 바로 사용하는 것이 아니고 일정한 시간을 묵혀 숙성시켜야 한다는 말이다. 그때 천과 염료가 둘이 아니라 하나가 되어 견고하고 좋은 염색 천이 되는 것이다. 우리는 시간을 들여 잘 익고 숙성된 염색을 해야 한다.

좋은 염색은 시간이 약이고 세월이 비법이다.

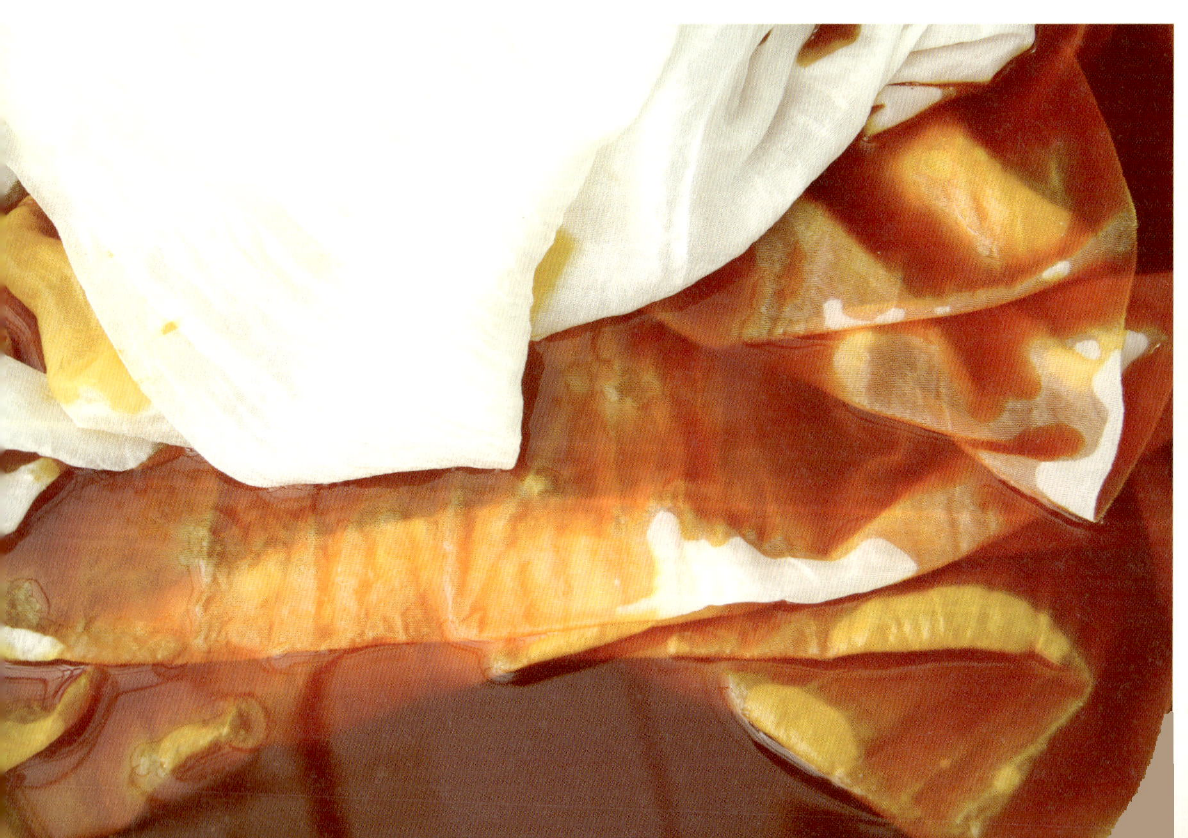

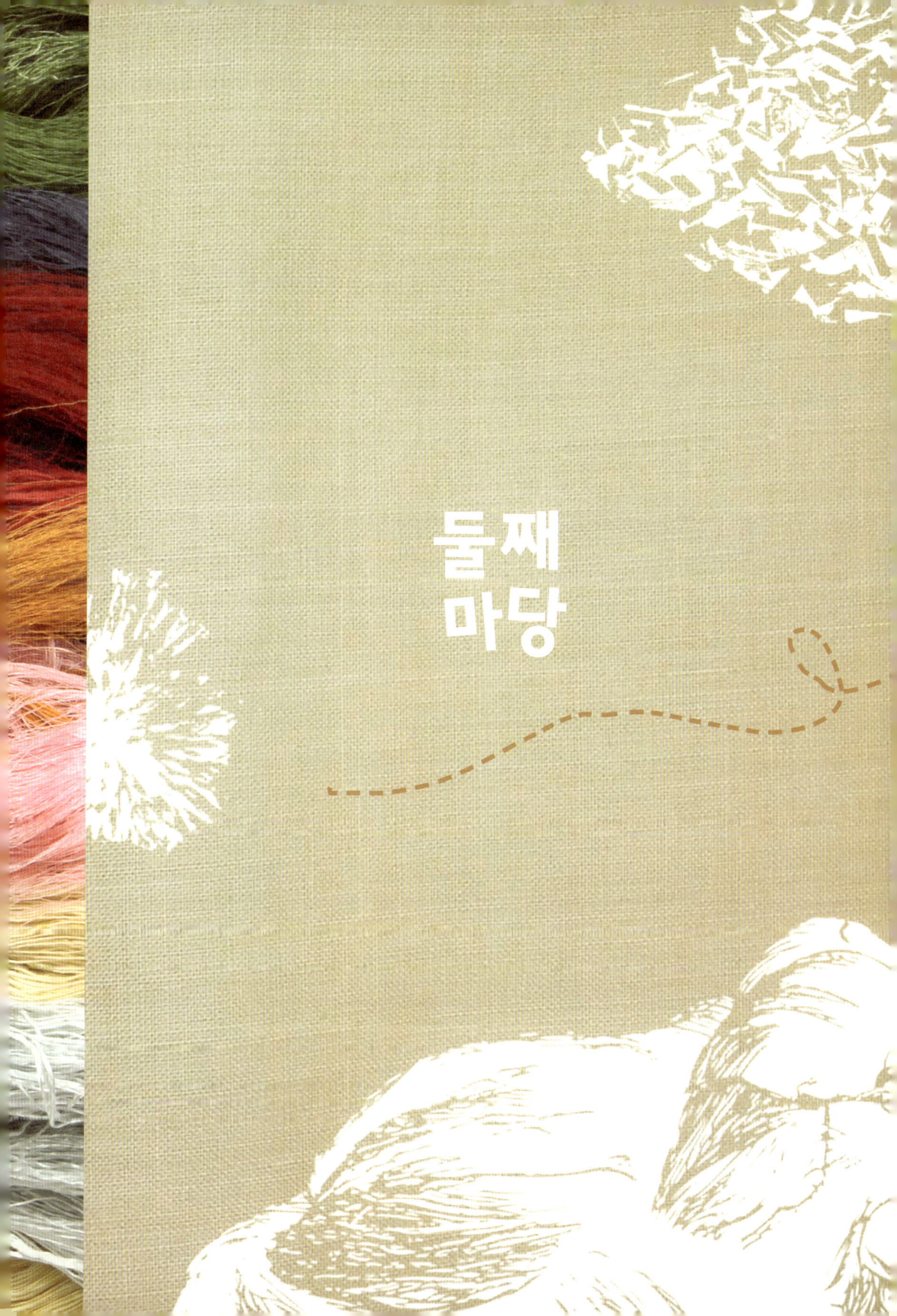
둘째
마당

❖ 우리 모두 함께하는 전통 천연염색

전통 천연염색은 자연과 사람의 조화로움에서 그 아름다움을 찾아볼 수 있다. 그리고 스스로 해 보면서 느끼는 즐거움과 자연스러움에 자족하는 맛이 크다. 천연염색이 왜 우리에게 유익하고 가치가 있는지 살펴보자.

1. 색은 자연에서 나와 천연으로 돌아간다

우리 인간의 삶은 모든 것을 자연에서 빌려다 살아가고 있다. 천연의 색도 자연에서 빌려 와 사용하다가 다시 되돌려 주는 것이다. 자연에서 나와 천연으로 돌아간다는 의미다. 어떤 색상을 물들여 사용하면 세월이 흐름에 따라 퇴색되고 묵은 맛이 나면서 종국에는 원래의 순수한 백색으로 돌아가므로 매우 순환적이다. 순수한 백색에서 시작하여 어떤 물이 들어 한 모습을 가졌다가 세월의 흐름에 따라 다시 그 순수의 백색으로 돌아가는 자연스러움이 얼마나 아름다운가? 그러나 화학적인 방법으로 조성된 염료는 우리의 편리함 때문에 오래 지속하도록 만들었지만 자연의 순환을 중단, 정지시키고 있다. 이 중단, 정지는 부패의 원인이 되어 지구를 온통 힘들게 하고 있다. 흐르지 말라고 하면 무엇이 다시 와서 재미나는 세상이 될까?

다시 올 것이 와서 흘러야 하며 흐르면 새로움이 온다.

2. 마음을 치유하는 자연의 색

서구 문명이 물밀듯이 밀려오면서 상업주의에 이끌린 희한한 유행이 양산되고 있다. 색은 개인과 그 시대의 아픔을 치유해야 한다. 천연이나 화학

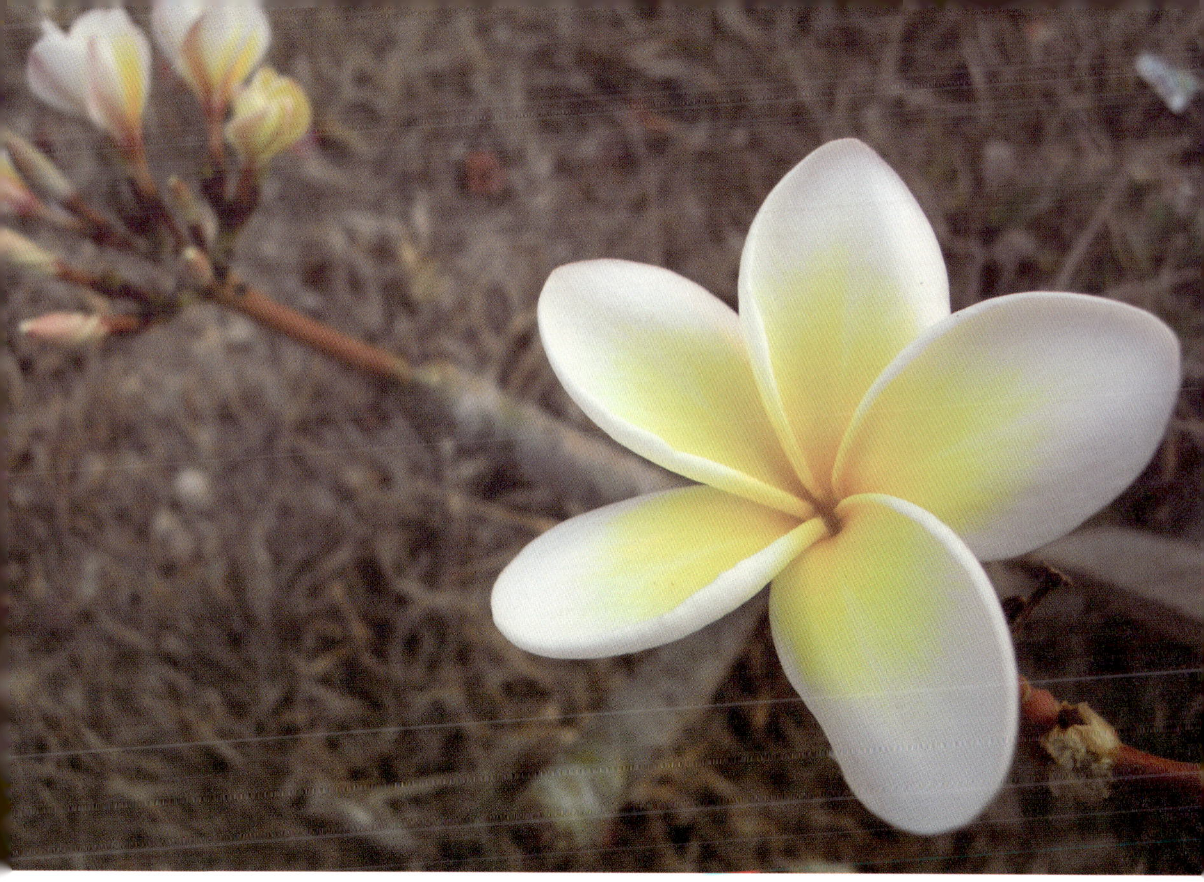

의 색에는 치유 기능이 있지만 천연의 색을 이용한 치유는 화학의 색을 이용한 것과 비교할 수 없다. 화학적인 색이 겉만 치유한다면 자연적인 색은 안, 밖을 두루 치유하는 것이다.

전통색은 동양 사상의 근간인 음양오행 사상의 오방색을 중심으로 이루어졌다. 청색은 동쪽이며 목木 기운으로 간과 쓸개에, 적색은 남쪽이며 화火 기운으로 심장과 소장에, 황색은 중심이며 토土 기운으로 지라와 위에, 백색은 서쪽이며 금金 기운으로 대장과 폐에, 흑색은 북쪽이며 수水 기운으로 신장과 방광에 도움을 준다. 임산부가 갑자기 어떤 음식을 좋아하고 싫어함에서 알 수 있듯이 사람들은 보편적으로 어떤 색의 좋고, 싫음을 느낄 때가 있다. 그것은 사람의 몸과 마음의 상태에 따라 약힌 부분을 보補하고 강한 부분을 사瀉하기 위한 자발적 치료로 몸과 마음의 균형을 유지하려는 현상이다.

옷 한 벌을 구입할 때도 디자인과 색의 유행에 따라 구입할 수 있는데 디자인은 유행을 따라 구입할 수 있지만 색은 그렇지 않다. 내 눈이 원하는 색을 선택하는 것이 입덧이 나서 필요한 음식을 선택하는 것과 같다. 좋은 옷 한 벌을 입음으로써 몸과 마음을 치료하는 효과가 있는 것이다.

색은 내 안에서 부르는 것을 선택해야 한다.

3. 자연은 조화다

자연은 다름과 같음, 못남과 잘남, 크고 작은 것들이 크게 상치되지 않고 어우러진다. 자연이 그러하듯이 천연의 색은 자신의 색을 드러내면서 다른 색과 잘 어우러진다. 이런 모습은 참으로 아름답다.

한 예로 보색 관계인 빨간색과 녹색은 상극의 색상이다. 화학적인 색은 함께 같이 놓아 두면 서로를 밀어내듯하며 어색한 배색이지만 천연색은 이런 보색 관계의 색들마저도 서로 어우러져 보인다.

요즘처럼 보색 같은 세간에 이 조화로움이 있으면 좋겠다.

4. 다양성을 인정하는 천연색

천연색은 개인적이 아니라 가족적이며 공동체적이라는 점이 있다. 천연의 색소는 다색성 염료가 많은 편이다. 하나의 색이 우리 눈에 보일 때 그 색 안에는 다른 여러 가지 색을 가지고 있다. 현재 눈에 보이는 색은 다른 색보다 비중이 높아서 대표적으로 우리 눈에 들어올 뿐이다. 천연색은 자기 안의 다른 색을 인정하면서 제일 두드러진 색을 드러내 보여 준다. 그래서 천연색을 보면 매우 편안하다. 또한 친근감을 주며 다양성의 일치를 느끼게 한다. 화학색이나 현대사회는 남을 무시하고 나만 드러내려는 경향이 있다. 그런 점은 보기에 편치 못하다. 천연색 같은 세상이 그리워진다.

개인적으로 한 색을 드러내며 그 색 안에 온 가족들이 함께 하고 있다.

❖ 전통염색을 접하는 기본적인 자세

    오랜 잠에서 깨어난 우리의 전통염색은 세간에서 관심을 가지며 급부상하여 지금은 모르는 사람이 없을 정도로 널리 알려졌다. 염색 자체가 사람들에게 다가가는 접근성이 좋아서 그렇게 됐지만 좀 어설픈 부분들이 많다. 그저 천에 물들이면 된다고 여기지만 물들이는 것은 전체의 30%에 불과하다. 전통염색에는 마전이라고 하는 정련, 물들임, 푸새라고 하는 마무리까지 세 요소가 있고 이것들이 잘 되어야 온선한 염색이라고 할 수 있다. **무엇 하나라도 빠지면 미완성이 되고 만다.**

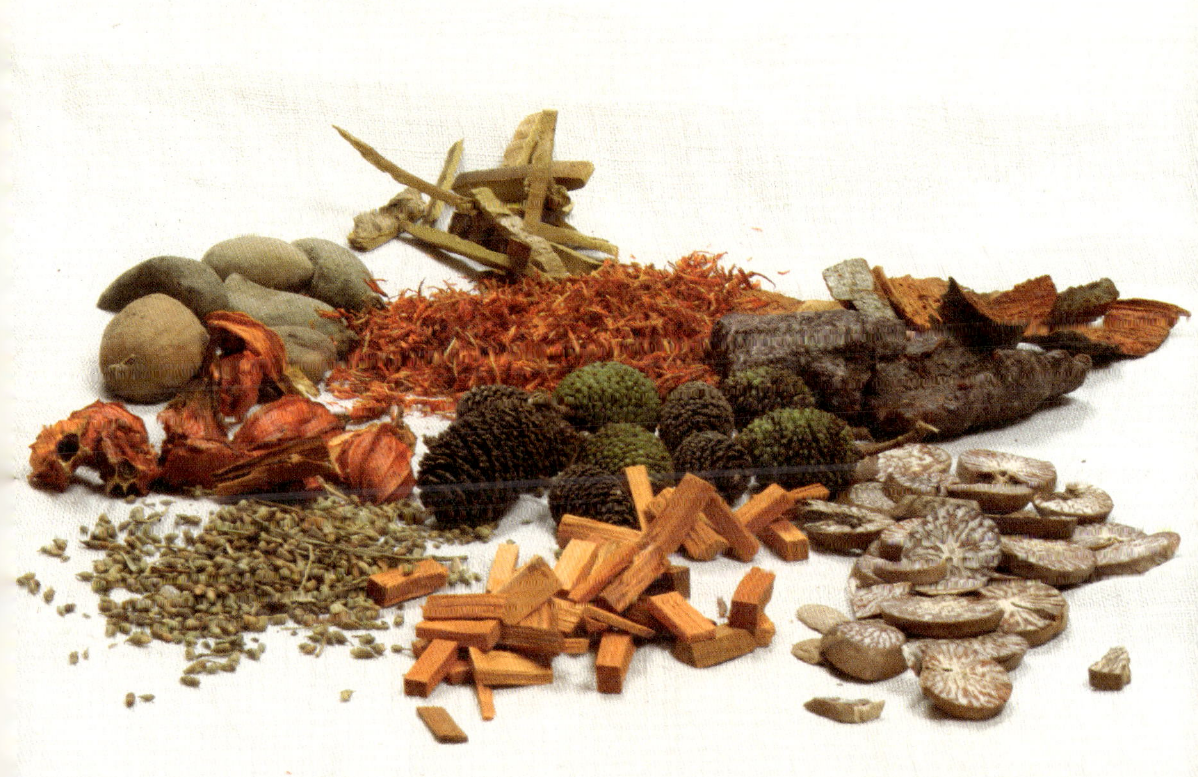

1. 마전을 잘해야 한다

천을 세탁과 정련, 표백하는 것으로 옛날에는 각종 식물들을 태워 물을 부어 내린 알칼리 잿물을 사용하는 것이 보편적인 방법이었다. 잿물 외에도 콩, 팥, 녹두 등의 즙을 이용했고 이것들이 더러움을 날아가게 한다고 하여 비누라는 이름이 생겨났다. 그 외에도 오줌, 창포, 무, 은행, 생강, 동아, 토란, 마늘즙 등이 사용되기도 했다. 또한 합환 피나 합환 엽, 매화나무 잎을 끓여서 이용했다. 요즈음은 양잿물이나 시중에서 쓰는 각종 일반 세제를 이용하여 편리하게 하고 있다.

일반 천이 겉보기에는 깨끗하게 보일지 몰라도 실제로는 여러 가지 불순물들이 들어 있다. 섬유의 원료 속에는 피질, 색소, 지방, 단백질 등의 성분이 들어 있다. 수직이나 기계로 직조할 때, 실을 강하고 때깔을 좋게 하기 위해 먹인 풀이나, 색소와 원사를 가공할 때 묻은 기름 등의 이물질이 있다. 그러므로 이것을 깨끗이 제거해야 좋은 결과를 얻을 수 있다.

정련방법

식물을 태워 내린 천연 잿물의 첫 물은 천을 삶을 때 사용하고 두벌 물은 천을 담가 삭힐 때 쓴다. 천에 때가 많은 경우 맹물이나 두벌 잿물에 담가 놓았다가 첫 잿물에 삶으면 청결하게 세탁이 된다. 표백할 경우에는 이렇게 세탁한 천을 물에 적셔서 햇볕에 말리기를 수차례 실시하여 희게 바래기를 한다. 기름기 묻은 천은 쌀뜨물, 두부 만들고 남은 물을 사용했다.

식물성 섬유의 정련 면이나 마 종류는 양잿물(가성소다)을 이용하여 하고 있다. 강력하게 표백하고 싶을 때는 여기다 과산화수소를 첨가해 사용한다.

양잿물을 넣은 물이 100℃ 정도가 되면 과산화수소를 넣고 잘 저은 다음

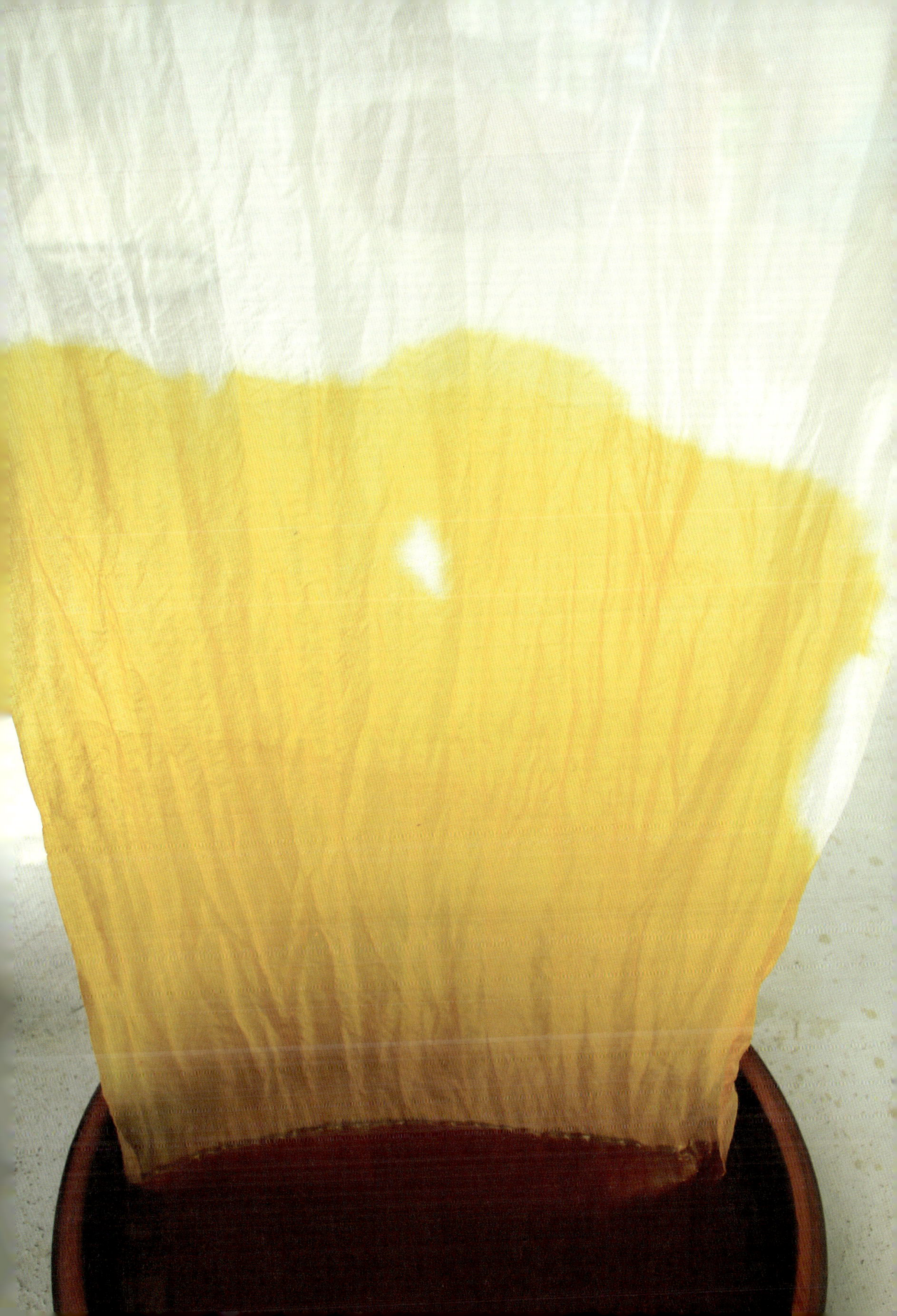

천을 넣는다. 과산화수소로 인하여 기포가 넘치면 불을 약간 줄여 준 다음 30분 이상 끓인다. 기포가 생기지 않으면 꺼내서 세탁기에 세탁한다. 이때 주의할 점은 세탁한 천을 20~40시간 정도 물에 담가 천에 남아 있는 양잿물, 과산화수소를 완벽하게 제거해야 한다는 것이다. 만약 그렇게 하지 않으면 염색 후 색이 날아가거나 변색이 생긴다. 시중에서 구입한 천에 표백, 정련이 다 되어 있다 하더라도 염색 전에 물에 삶아서 깨끗이 수세하여 잔류 세제를 완벽하게 제거해 주어야 한다(양잿물과 과산화수소의 비율은 18L의 물에 양잿물을 넣어 ph13이면 과산화수소는 50cc이고, ph11이면 40cc, ph9면 30cc 정도를 넣고 30분 이상 삶아 수세하면 된다).

동물성 섬유의 정련 양모나 명주는 기본적으로 40~50℃의 따뜻한 물에 중성세제를 적당량 풀어 한두 시간 담가 두었다가 세탁해 사용한다. 오염이나 풀기가 많을 때 표백이 필요하면 식물성 섬유처럼 정련하되 가장 낮은 세제량(잿물 ph9, 과산화수소 30cc)을 사용해도 된다. 참고로 요즘 효모로 발효를 시켜 풀빼기를 하는 것은 정련은 되지만 표백은 온전히 되지 않는다.

마전을 잘해서 천의 속을 텅텅 비워야 한다. 정련이 안 된 천은 염액을 밀어내지만 잘 비워진 천은 너무 잘 흡수한다.

배가 허기지면 음식 맛이 꿀맛인 것처럼.

2. 천에 물들이기

염색하려면 첫째 부패하지 않고 때깔 좋은 염재를 구해야 한다. 염재가 잘 익어 건조된 것과 부패한 것은 하늘과 땅 차이이다. 염재는 변질되지 않고 잘 숙성되어야 한다. 잘 숙성된 염재는 색이 깊고 아름다우며 부패한 염재는 변색으로 인하여 색이 흐리고 탁하며 견뢰도가 매우 떨어진다.

둘째로는 염재를 끓여서 추출하기 전에 염재를 맑은 물에 잘 헹구어 사용해야 한다. 염재를 채취, 유동, 보관하는 과정에서 오염이 되는데 그 불순물을 제거해 주어야 한다.

셋째로는 염재에서 염액을 추출할 때 보통 끓여서 한다. 이때 일반적인 염장인은 2∼3회 끓여 추출한 염액으로 바로 염색을 한다. 이것은 매우 불완전한 염색이다. 염액을 추출할 때 염재에서 색소가 나오지 않을 때까지 여러 번 끓여 내야 한다. 처음에 나온 염액이 색은 진하지만 견뢰도가 낮을 수 있다. 뒤에 묽게 나온 염액이 색은 엷어도 견뢰도가 강하다. 또한 이렇게 추출한 염액을 바로 이용하지 말고 하루 이상 방치해 두었다 잘 침전시킨다. 그 후 위의 맑은 염액을 사용하면 맑고 좋은 색을 얻을 수 있다.

넷째로는 염색할 때 염액이 천을 충분히 적시도록 넉넉히 써야 한다. 첫 번 염색의 염액 농도는 묽게 사용하고 천을 냉불에 적시지 않고 바로 염색한다. 염액의 온도는 처음에는 60℃에서 시작하여 뒤로는 100℃까지 높여 염색을 해야 한다.

다섯째로는 염색할 때 좀 묽은 염액으로 아홉 번 정도 해야 한다. 아홉 번이란 것은 숫자적 개념이다. 여기서 아홉은 수의 끝으로 정성껏 끝까지 물들인다는 얘기다. 진한 염액으로 염색하면 처음에는 진하고 쉽게 물들어 짧은 시간에 염색한 것 같지만 그만큼 물이 잘 빠진다. 묽은 염액에 여러 번 반복 염색하여 원하는 새을 얻는 것이 중요하고 이로써 견뢰도가 높아진다.

진한 물로 쉽게 물들이면 쉽게 물이 빠진다.

여섯째로는 염색하는 과정에서 천을 구김이 없이 잘 펼쳐서 햇볕에 직접 건조시기고 행구시를 질 해 수어야 한다. 염색한 천을 햇볕에 말려서 발하는 것은 날리고 물에 빠지는 것은 빼내 남은 색을 겹쳐 염색한다. 그러면 견뢰도가 강한 염색을 할 수 있다.

떠날 것은 떠나고 남은 깃이 색다운 색이다.

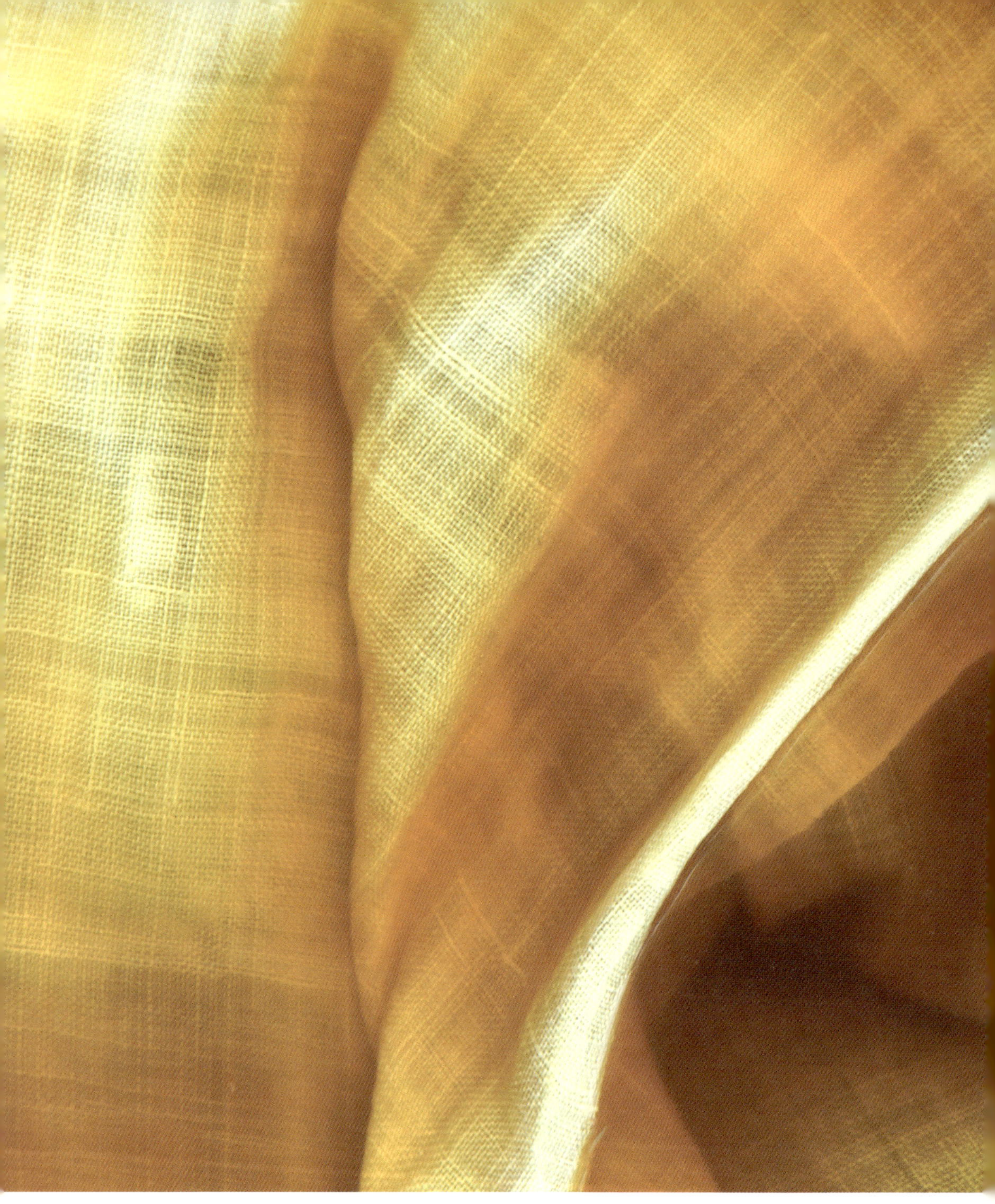

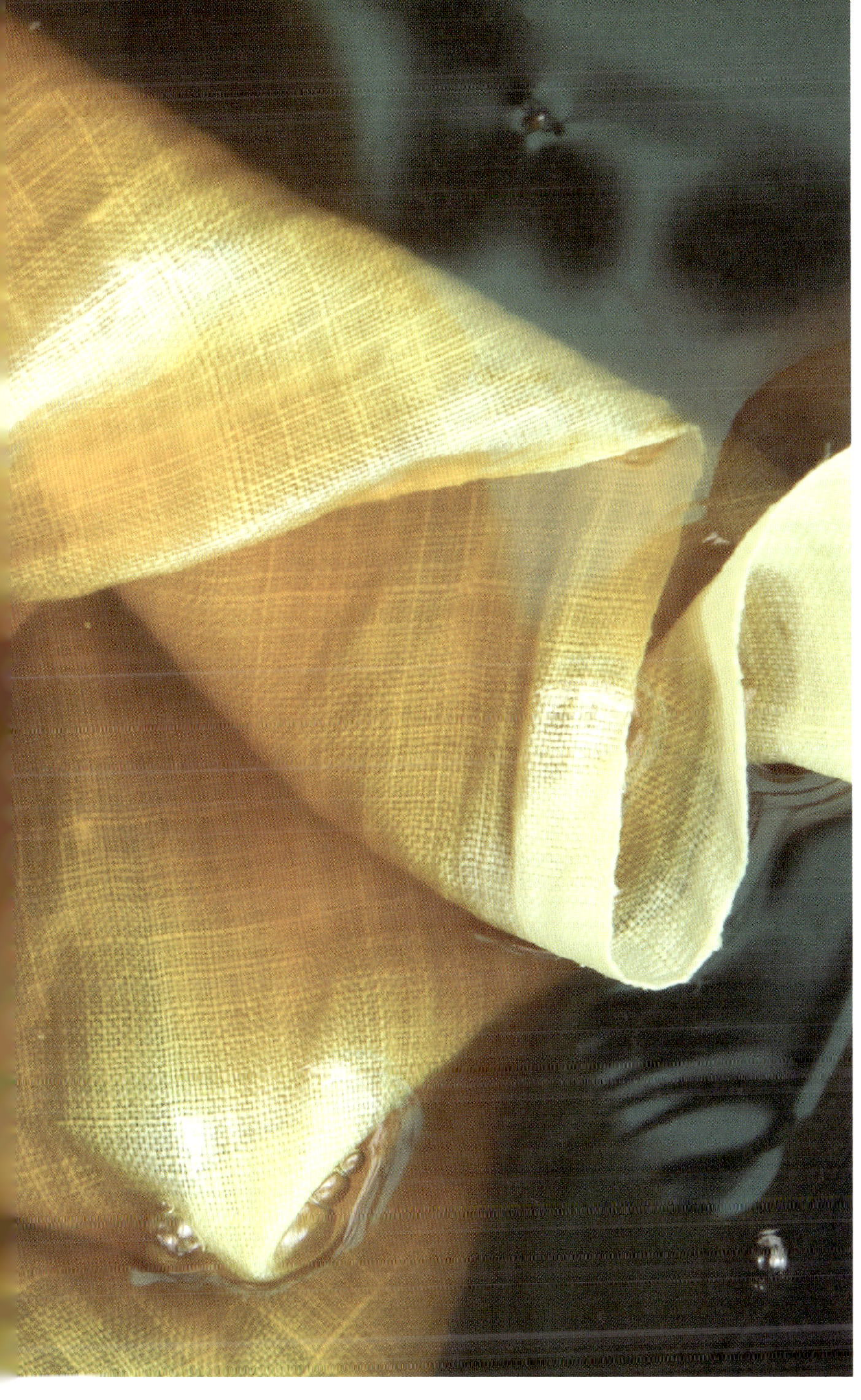

일곱째로는 염색하는 중간에 꼭 짜고 바람 치기를 해 주어야 한다. 꼭 짜는 것은 염료를 흡착시켜 주려는 것이다. 바람 치는 것도 공기 중의 산소를 만나게 해 주려는 것이며 중요한 일이다. 특히 매염제는 공기 중에서 산화를 시켜줌으로써 염료를 고정시키는 역할을 한다.

염색을 잘하려고 주무르기를 많이 하는데 천의 섬유조직이 많이 손상되므로 문제가 있으니 가볍게 주무르고 꼭 짜서 바람 치는 것으로 염색이 충분하다. 하지만 흙염색 등 안료성 염료로 염색할 때는 필요한 일이다.

여덟째로는 면, 마 등 식물성 섬유에 염색이 잘 되도록 염색 전에 콩즙이나 우유로 단백질 선매염 처리를 해 주어야 한다. 또한 염색이 끝난 뒤에도 단백질 처리를 해 주면 좋다. 단백질 처리 방법은『내손으로 하는 천연염색』의 매염제 부분을 참고하면 된다.

3. 푸새하여 갈무리한다

마무리는 풀질, 다듬이질, 홍두깨질 등을 하는 것이다. 정련을 잘하고 색을 잘 들였다고 하더라도 마지막 마무리를 잘하지 못하면 헛일이 된다. 염색이 다 된 천은 햇볕이 들지 않으며 습이 없는 장소에서 최소한 일주일 정도 잘 두어야 한다. 시간이 있으면 칠 이레(50일)를 보관해 두면 좋고 더 여유가 있으면 한 해를 묵혀도 좋다. 예전에 일반 서민들은 비싼 염색을 해서 쌓아 놓고 쓸 수 있는 형편이 되지 못했다. 궁중에서는 늘 넉넉히 염색을 해서 쌓아 놓고 사용했다. 묵히면 견뢰도가 높고 안정된 염색이 되는 것이다.

이때 색과 천이 충분히 결합하여 일심동체가 된다.

다음은 푸새로 염색한 천에 풀을 먹이는 것이다. 풀로 쓰이는 것은 쌀풀, 밥풀, 밀풀, 감자풀, 밀가루풀 등이다. 여기서 쌀풀과 밥풀이 가장 대중적으로 사용됐고 밀풀과 감자풀은 만들기가 좀 어려웠다. 밀가루풀은 요즘에 와서 많이 사용된다.

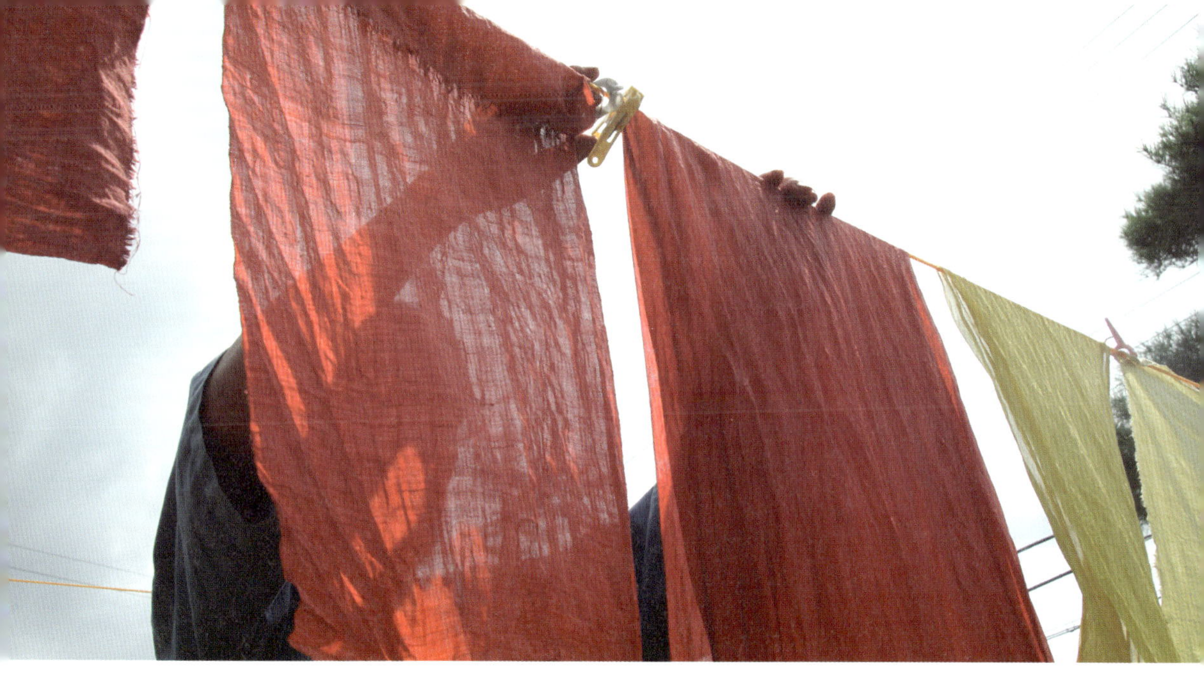

*쌀풀, 밥풀: 가장 손쉽게 쓰인 풀이다. 쌀을 충분히 불려 물을 넉넉히 넣고 낮은 불에 오래 끓인다. 풀주머니에 넣고 잘 주물러 밥덩어리를 녹여 내어 고운 풀체에 걸러 쓴다. 일반 밥에 물을 약간 넣고 끓여서 쌀풀처럼 사용하기도 했다. 명주, 무명, 마 등 모든 천에 널리 사용했던 풀이다. 찹쌀풀이 더 좋은 편이다.

요즈음은 쌀(찹쌀, 멥쌀)을 하루 정도 물에 불려 바구니에 건져 내어 놓았다 방앗간에 가서 떡가루 빻는 기계에 곱게 빻아서 햇볕에 말려 둔다. 필요시에 밀가루 풀처럼 끓여서 풀을 만들어 사용하면 편리하고 좋다.

*밀풀, 감자풀: 밀풀은 밀을 깨끗이 씻어 물을 부어 1주 이상에서 100일까지 놓아 둔다. 물을 부어 놓은 밀이 삭아서 겉과 속이 분리되면 체로 걸러 내어 밀 껍실과 속을 분리한다. 껍질은 버리고 하얀 속을 그릇에 모아 물을 부어 놓으면 앙금이 생긴다. 자주 물을 갈아 주어 삭으면서 생긴 잡스런 냄새를 없앤다. 이것을 말려서 분말로 갈무리하여 보관한다. 필요할 때 끓여 풀로 쓰는 고급풀이다. 밀풀은 얇은 천에 사용하면 참 좋고 찌꺼기가 없어 아주 곱다. 검정, 진청색에 쓰면 매깔이 곱다.

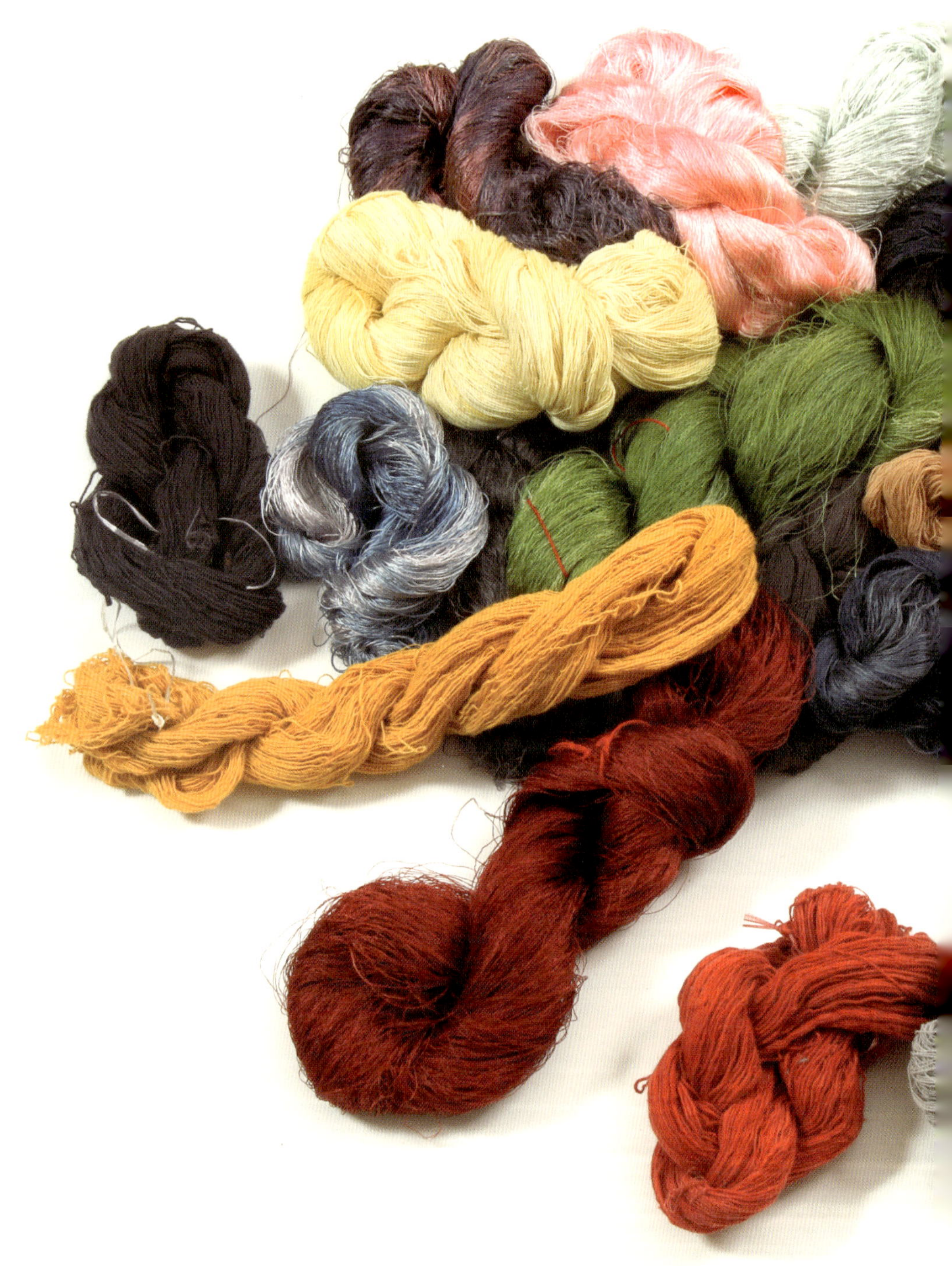

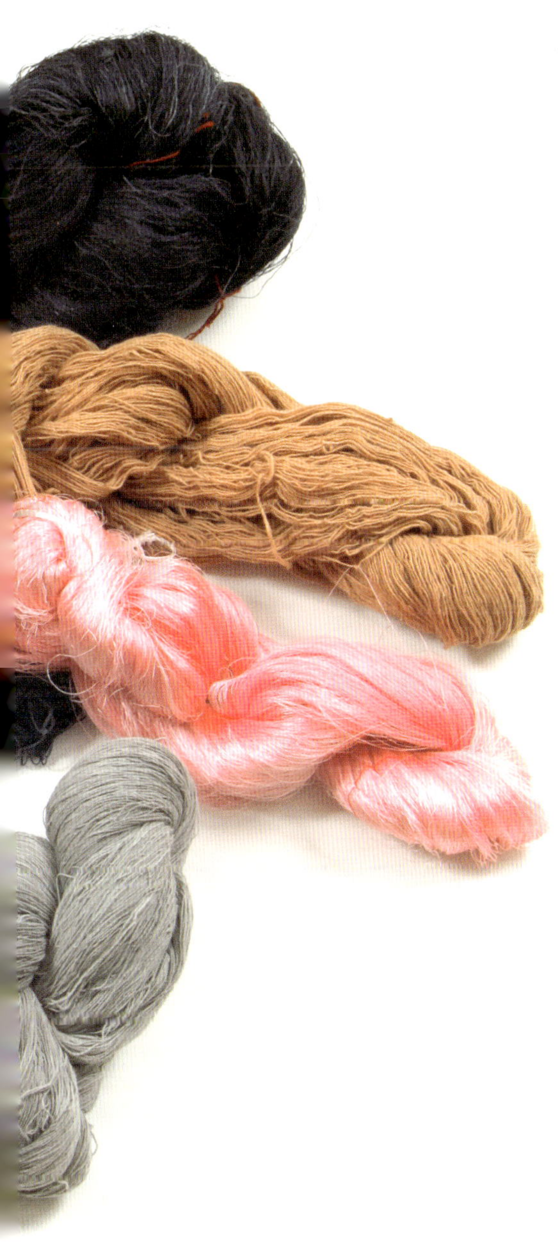

감자풀도 밀풀과 동일한 방법으로 하여 전분을 얻어 쓰지만 밀풀보다는 시간이 적게 소요되며 점도가 강한 편이다.

*밀가루풀: 요즘 가정에서 흔하게 쓰는 풀이다. 대중적으로 손쉽게 만들어 쓸 수 있다.

*해초풀: 우뭇가사리, 붉은 다시마 등을 명주나 얇은 천에 물들이면 좋고 색을 맑고 곱게 살려 준다. 우뭇가사리풀은 우무 30g에 물 2L 정도를 넣고 충분히 끓여 고운체에 걸러 내고 그 다음부터는 물을 약간 줄이고 2~3회 더 끓여 걸러 내 놓았다 사용한다. 식으면 묵처럼 굳을 수 있으니 따뜻한 물에 풀어 사용한다.

*아교풀: 무명처럼 두꺼운 한 필의 천에는 20g, 마나 명주처럼 얇은 천에는 한 필당 30g의 아교를 중탕으로 녹여서 미지근한 물에 풀어 천을 넣고 한 3분 정도 침염하고 천을 꼭 짜낸다. 아교물 5L에 명반 2g을 넣고 다시 천을 넣어 10여 분 매염하여 건조 후 사용한다. 아교에 매염만 하고 건조시켜 위와 같은 비율로 맑은 물에 명반을 넣고 매염하면 더 좋은 효과가 있다.

푸새, 다듬이질로 마무리하면 염색의 견뢰도를 높이고 천의 수명을 길게 하며 보존 상태가 좋아진다. 염색된 천을 풀하고 다듬이질하여 피막이 입혀져 있다면 색이 얼마나 잘 고착되어 있겠는가?

예전 세제가 발달하지 않았을 때 푸새는 때가 천 속까지 스며드는 것을 방지해 주었다. 또한 세탁을 하면 때 묻은 풀만 빠지면서 천을 튼튼하게 하여 색이 빠지지 않게 해 주었다. 푸새는 천에 중요한 역할을 하는 마무리 작업이다. 푸새가 안 되면 미완성처럼 어설프다. 현대 전통염색에서도 이 부분을 중요하게 여겼으면 좋겠다.

염색뿐만 아니라 우리 생활 속에서도 모든 일이 마무리가 잘 되어야 예쁘다.

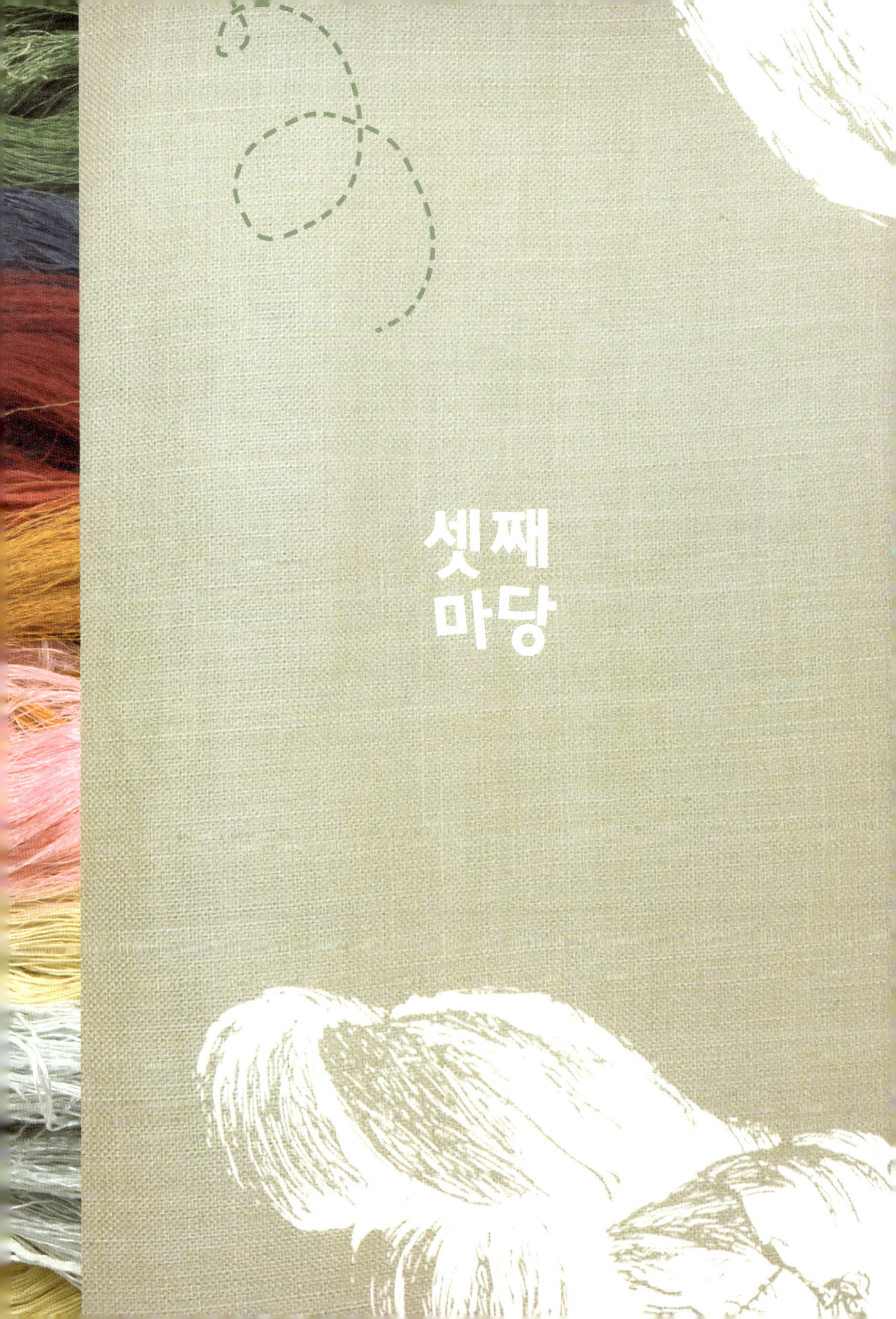
셋째
마당

❖ 오방색 중심의 전통염색

자연 속에 펼쳐져 있는 다양한 색을 가지고 우리는 음양오행 사상에 근거하여 오방색을 중심으로 오간색도 쓰면서 색 체계를 마련했다. 오방색은 요즘 우리가 쓰는 유채색인 빨, 노, 파 삼원색에 무채색인 흑, 백을 핵심적인 색으로 하고 있다. 원색인 삼원색에 무채색인 흑, 백으로 명도, 채도를 조절했고 오간색을 쓰면서 모든 색을 구사했다.

하루는 밤과 낮이다. 색으로는 홍과 청이다. 시간은 밤과 낮의 교차를 기본단위로 하며 밤은 청이고 낮은 홍이다. 그 중간이 녹이며 황이다. 녹은 빛에 의한 중간색이며 황은 색에 의한 중간색이다. 색의 삼원색인 빨, 노, 파의 혼합이 흑이요, 빛의 삼원색인 빨, 녹, 파의 혼합이 백이다. 흑, 백은 색의 총화로 얻어지는 집결체이다.

밤은 어두워 흑색이라 하지만 그 본은 진청(다크 블루)이다. 낮은 붉다지만 아주 진한 황색이다. 해가 지면 붉은 황색을 느낄 수 있고 해가 뜨려 하면 진한 청색을 느낄 수 있다. 홍은 황을, 청은 녹을 근간으로 하고 있다. 그 색이 우리 눈에는 해 뜨고 질 때 흑, 백의 혼합된 회색으로 시각화되어 느껴지며 보여지고 있다.

색은 우리가 입고 자고 먹는 것뿐만 아니라 하늘, 땅, 동식물 등 이 우주를 만드는 모든 자연 속에 있다. 순 우리말로 빛깔이라 말한다. 이 우주는 형과 색으로 이루어져 있으며 빛깔은 소리처럼 어떤 특정한 파장을 가지고 있어 우리의 몸과 마음에 영향을 주고 있다.

빛깔은 왜 이 세상에 존재하는가. 솔잎이 녹색으로 보이는 것은, 다른 색은 흡수하고 흡수하지 않은 녹색만 반사하여 우리 눈에 보이기 때문이다. 소나무가 다른 색은 필요해서 흡수하고 녹색은 필요가 없어 흡수하지 않았다는 결론이다. 모든 물체는 자신이 필요한 색을 흡수하고 필요치 않는 색은 반사하고 있다. 빛은 생명들의 중요한 에너지이며 파장을 가지고 있어 그 파장에 따라 에너지의 강도에 차이가 있다. 색도 다르게 보인다. 색은 한 물체가 필요한 에너지를 흡수하기 위한 통로라 할 수 있다. 물체가 어떤 색을 가졌다는 것은 그만한 필요가 있기 때문이다. 공기처럼 널려 있는 색은 생명의 중요한 근간이므로 잘 사용한다면 윤기 있는 아름다운 세상이 될 것이다.

이 세상은 온통 색이다.

우리는 부산히 실면서 나를 잃어버린 것처럼, 나의 빛깔도 잃어버렸다. 먼저 내 빛깔을 찾는 것이 나를 찾는 지름길이라 여긴다.

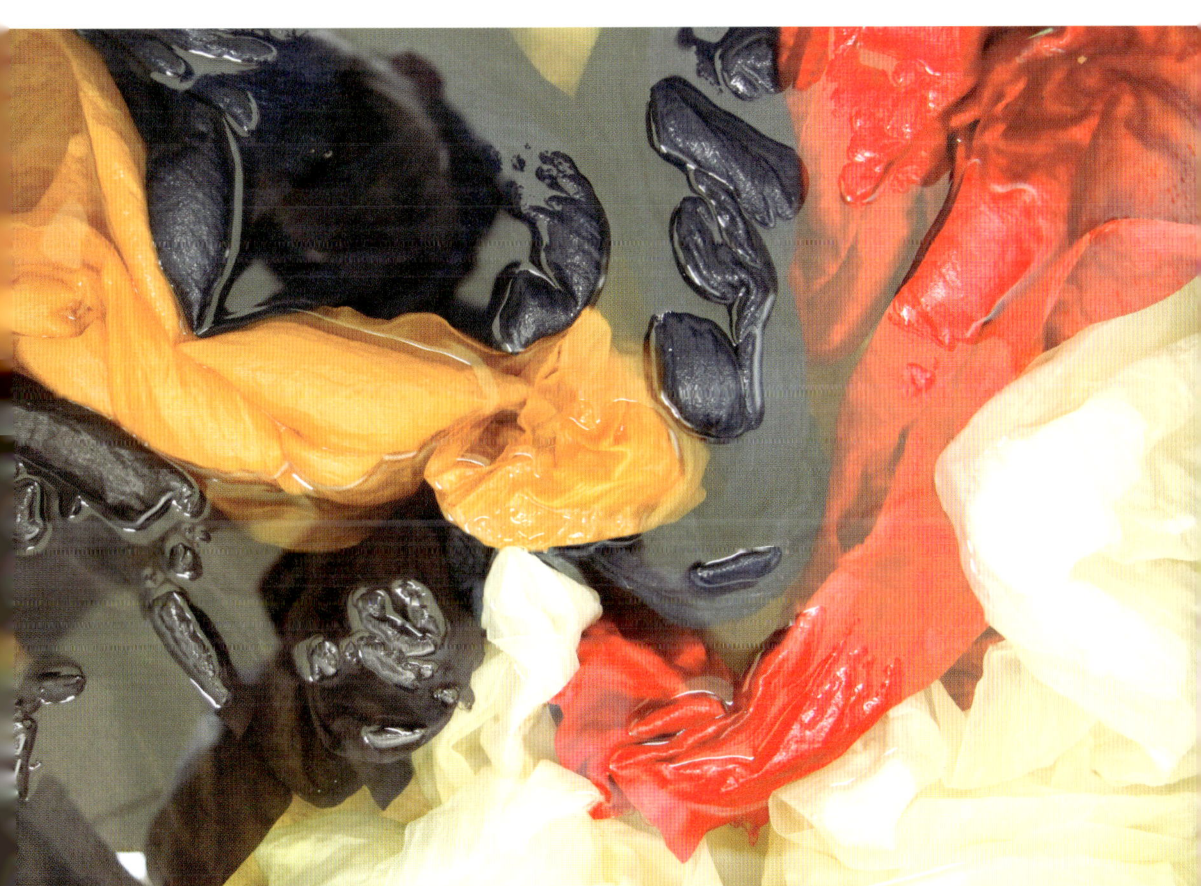

적색계

태초에 빛과 어둠이 있었고 빛과 어둠은 백색과 흑색이다. 그다음에 나타난 색이 적색으로 옛 고분에서 주로 쓰인 색상이다. 적색은 가시광선 가운데 제일 긴 파장을 갖고 있다. 아이가 태어나면 처음으로 느끼며 가장 먼저 지각되는 색이다. 사람의 마음을 즐겁게 하는 유희적 요소를 가지고 있어 무기력에서 벗어나 활동적인 생활을 유도한다. 인생을 좀 더 구체적이며 실천적으로 살게 하고 성기능을 증진시켜 주기도 한다. 패션에서 적색은 조금만 사용해도 강한 메시지가 있어 대담한 변화를 가져온다. 이미지가 확 바뀌게 만들기도 한다. 서양화의 대가였던 오지호 선생이 말하기를 그림에서는 약으로 사용해야 한다고 했다.

적색은 불火기운으로 계절로는 여름이다. 방향으로는 남쪽이며 인체로는 심장, 소장에 해당되고 양 기운이다. 오행 사상으로 보면 청색에 도움을 받고 황색에 도움을 준다. 흑색에 해를 당하고 백색에 해를 준다. 또한 생명력이 있어 에너지와 활력을 드러내는 색깔이며 여성적이다. 요가에서 보면 인체의 엉덩이 꼬리뼈 미골 아래쪽인 제1차크라에 속한다. 발바닥으로 지구와 우리를 연결하는 역할을 하고 초석이 되어 삶을 탄탄하게 해 준다. 발로 걷기는 지구와 연결되는 시작과 근원이며 발바닥의 중요한 기혈인 용천혈을 자극하여 신체적 건강에 크게 기여한다.

오행으로는 화 기운이지만 음양으로는 양 중에 양으로 양기가 제일 크다고 볼 수 있다. 몸의 심장과 소장이 여기에 속한다. 심장은 몸의 핵심적인 부분이며 태양과 같고 왕으로 성주격인 소장과 한 기운이다. 특히 심장은 혈맥과 혈액 순환을 주관함으로써 모든 장부가 영향을 받는다.

적색은 그 외에 혈압, 혈액순환 장애, 빈혈, 철분 부족, 만성피로와 변비, 신장염, 몸 하부의 이상, 생리불순통증, 성기능 저하 등에 영향을 미친다. 이런 경우에 치유가 필요하면 구체적으로 적색을 가까이 해서 도움을 받는다. 만약 적색 기운이 가지고 있는 장점이 필요하면 음식, 옷, 집과 생활용품에 사용하면 좋다. 적색 겉옷이 부담스러울 때는 속옷으로 입어도 좋고, 가지고 다니는 소지품 등을 의도적으로 붉은색이 많은 것을 소지하여 사용하는 것도 좋다. 적색은 물질적인 면에 관여하여 삶을 보다 실천적으로 살게 한다. 성이나 육체적 활기에 도움이 되며 생활의 무력감을 극복하여 활기를 얻고 싶을 때 필요한 색이다.

적색은 흥분하게 만들어 에너지를 발산시킨다. 선악을 초월한 강열한 힘의 근원으로 삶의 지주가 되기도 한다. 하지만 부정적 측면도 있다. 반항, 파격, 피, 공격, 희생, 죽음의 유혹 등의 속성이 숨겨져 있나. 돈이나 불복이 너무 강해지거나 상대를 곤욕스럽게 하고 장래의 불안감, 성적 욕구로 인해 폭력을 행사할 수 있다.

이런 경우엔 보색인 녹색 에너지를 활용하면 균형과 안정을 찾을 수 있다. 적색은 기운이 강해서 좀 과격하고 공격적인 부정적 현상이 나타날 수 있다. 이런 현상의 해결 방법은 숲길을 산책하면서 걷는 것이다. 이를 통해 지구와 연결되고 녹색의 도움으로 부조화를 이루면서 적색이 안정을 찾아 균형 감각이 생긴다.

우리는 우리의 부족함을 먼저 보여줌으로써 나의 부족함이 보여진다.

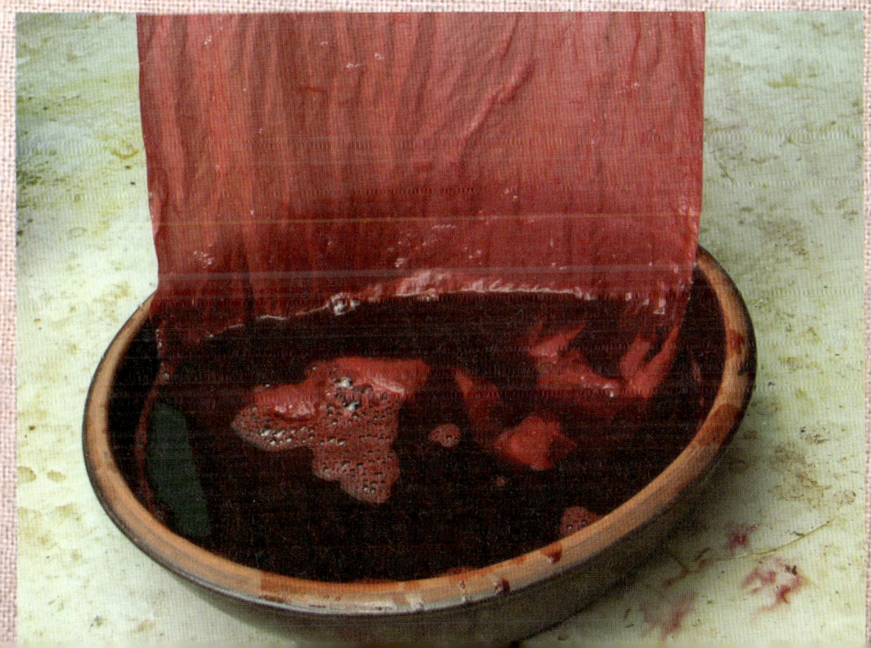

홍화 紅花 염색

홍화는 우리말로 잇꽃이라 불리며 이집트가 원산지로 알려져 있다. 중국 한나라 때 서역 이집트에서 처음으로 종자가 들어왔다. 그 후 우리나라와 일본에 전해졌다. 오나라에서 왔다고 하여 오람이라 불렸고 홍람, 황람이라고도 불려졌다. 꽃에는 황색, 홍색 두 종류의 색이 들어 있다. 황색은 수용성이기 때문에 물에 잘 녹아내린다. 명주에 잘 염색되지만 무명, 마 등 식물성 섬유에는 염색되지 않는다. 동물성 섬유인 견이나 모에는 염색이 잘 된다. 홍색은 물에 잘 녹지 않아 알칼리를 사용해야 염료가 나오며 명주, 울, 무명, 마 등에 모두 염색이 잘 된다.

홍화는 재배하면서 잎이 4~5엽 정도로 어릴 때 솎아 시금치처럼 나물로 먹을 수 있다. 일반 채소처럼 먹고 일부는 남겨 꽃을 구경하거나 약재, 염재로 쓰면 좋다. 씨의 껍질에는 백금 성분이 있어 뼈를 튼튼하게 만들어 주는데, 골다공증이나 부러진 뼈를 회복하는 데 효험이 있다. 홍화에서 나오는 황색은 방충성이 있어 염색한 천을 이집트 미라를 만드는 데 사용하기도 했다. 또한 책 표지 등에 물들여 쓰기도 했다. 혈액순환을 도와 부인병을 치료하고 황색소를 아이들의 속옷에 염색하면 피부병의 예방과 치료에 좋다.

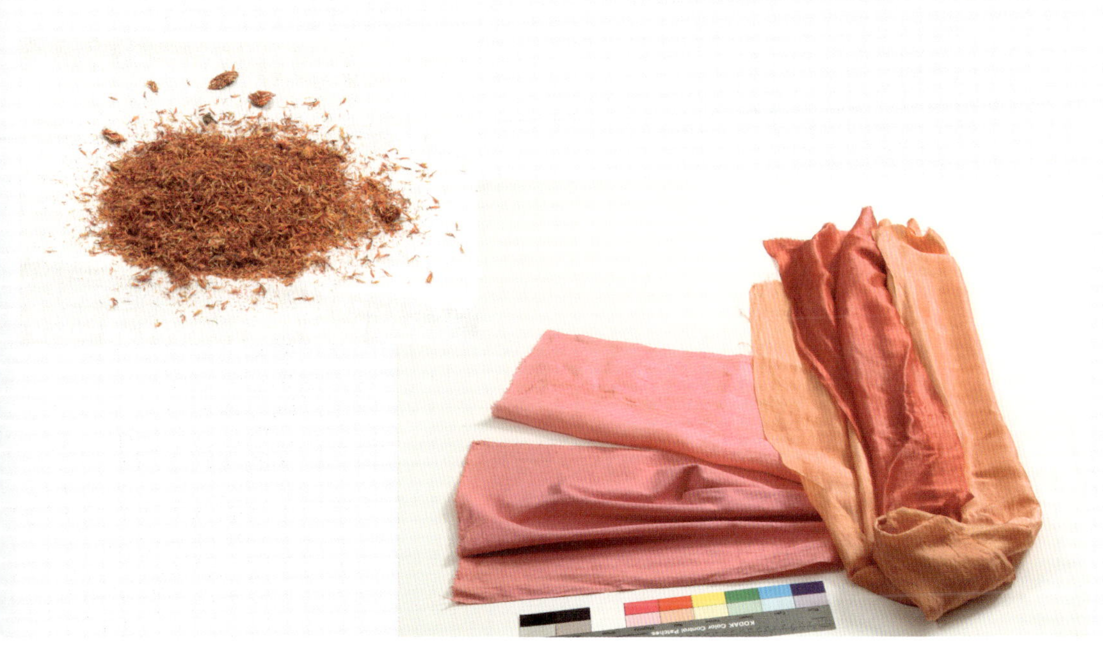

❶ 염료 만들기

가을에 파종한 것은 5월, 이른 봄에 파종한 것은 6월에 꽃이 핀다. 꽃은 처음에 노랗게 핀다. 시간이 지나면 붉어지고 더 지나면 보라색이 되며 결국에는 갈색으로 변해 버린다. 붉을 때 수확하는 것이 가장 색이 곱다. 그래서 이때 채취하면 좋다. 맑고 좋은 날을 택하여, 일시에 수확하지 말고 시차를 두어 세 차례 정도로 나누어 익은 꽃만을 채취한다.

채취한 꽃을 절구에 가볍게 찧어 꽃 부피의 2배 정도 되는 맑은 물을 붓는다. 그 위에 도꼬마리나 청고(개사철쑥) 잎을 덮고 모기장으로 주둥이를 싸서 일주일 정도 놓아둔다.

한 주 정도 삭힌 꽃을 항아리에서 거져 내 물을 잘 뺀 다음 얇은 빈대떡처럼 만든다. 이것을 빛이 좋고 바람이 잘 통하는 곳에서 말린다. 빈대떡처럼 홍병을 만들 때 손에 붙어서 얇고 곱게 만들어지지 않을 수 있다. 그럴 때는 얇은 비닐 사이에 홍화를 넣고 작은 접시 같은 것에 올려놓고 만들면 참 좋다. 즉 고추장, 된장 메주처럼 다루어 주면 된다. 말린 것을 홍화 떡, 병이라 하는데 이 떡은 습하지 않은 건조한 곳에 보관해 두었다 사용한다. 그냥 꽃을 따서 건조시켜 사용하면 좋은 염색을 할 수 없다. 최소한 꽃을 채취하여 절구에 찧어 말려 놓았다 써야 한다.

　여기서 중요한 것은 꼭 홍화 떡을 만들어 놓았다 사용해야 한다는 점이다. 홍화 떡도 최소한 한 달 이상 두었다 사용해야 좋은 결과를 얻을 수 있다. 여기에 발효 과학의 신비가 들어 있다. 요즘 세간에서는 중국산 홍화를 주로 쓰고 있는데 그것은 붉은 꽃이나 노란 꽃을 일시에 따서 말린 것이다. 아니면 국산이라도 그냥 건조시킨 꽃을 쓰고 있다. 이렇게 쓰는 것은 홍화에서 물드는 색은 이런 거야라며 물들여지는 색깔을 보여 줄 뿐이다. 그래서 온전히 염색되었다고 보기 어렵다. 이렇게 물들이면 뒤에 날거나 변색이 되어 버린다. 그로 인해 홍화염의 견뢰도에 대한 인지도가 약해져 있는 편이다. 한 번에 색을 내는 것이 아니고 반복 염색을 해야 견고하고 때깔 좋은 색이 나온다.

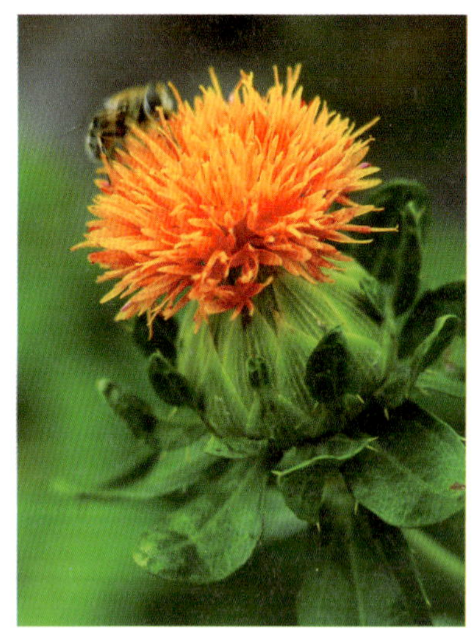

홍화꽃

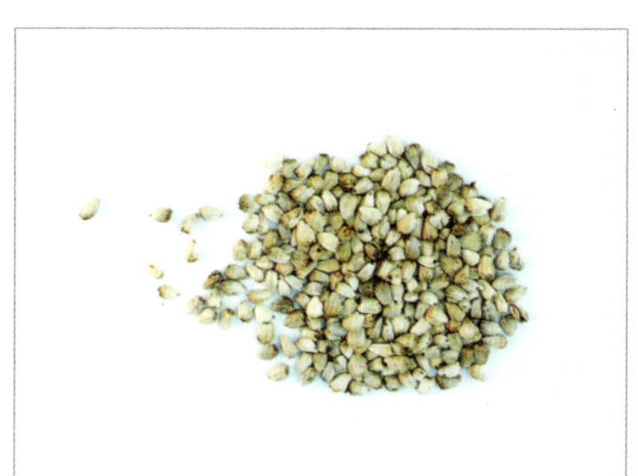

홍화씨

홍화는 잘 익히고 숙성시켜야 한다. 그래야 햇빛이나 열에 잘 변색되지 않는 튼튼하고 좋은 색을 얻을 수 있다.

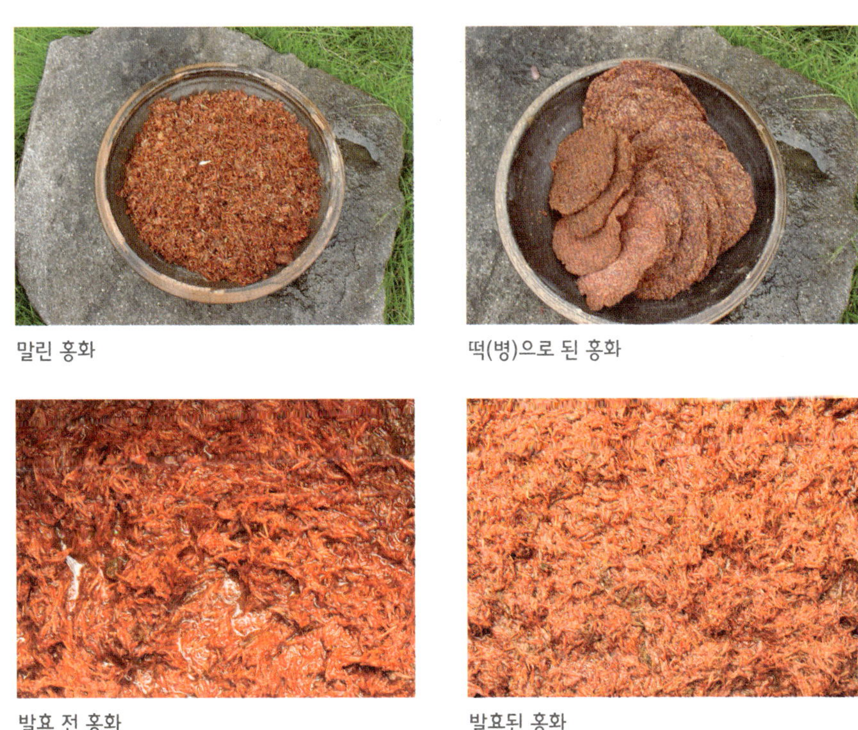

말린 홍화

떡(병)으로 된 홍화

발효 전 홍화

발효된 홍화

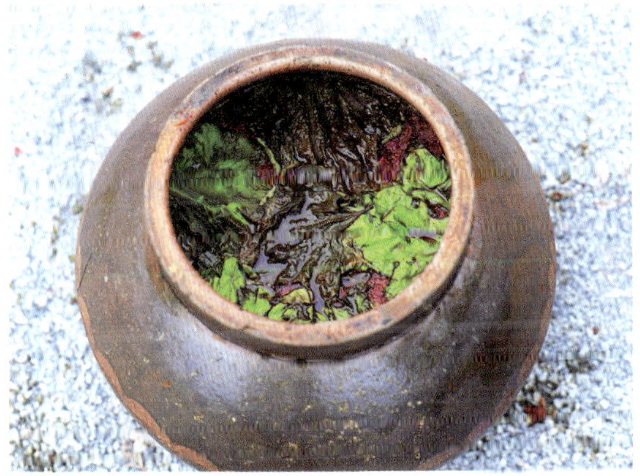

항아리에 발효시킨다.

홍화 꽃물 내리기

① 빈대떡 같은 홍화 떡을 잘게 부숴 물을 넉넉히 붓고 15~60일가량 발효시킨다. 발효 기간은 여름엔 짧고 겨울엔 긴 시간이 필요하다. 아무리 급해도 보름 정도는 두어야 한다. 육안으로 보거나 손으로 만졌을 때 꽃잎에 딱딱한 기가 없고 부드러워 부들부들해야 잘 익었다고 할 수 있다.

② 꽃이 다 익었으면 광목 주머니(약 30수)에 넣고 맑은 물에 수차례 주무르고 헹궈서 황즙을 빼낸다. 노란 황즙이 거의 나오지 않으면 끓는 맹물을 부어 남은 황즙을 빼내고 물을 바짝 짜낸다.

③ 홍화 1근에 잿물(ph9) 2~3L 정도를 붓고 가볍게 주물러 자루에 넣는다. 자루는 꼭 짜서 첫 물을 내리는데 이 물에는 홍색이 거의 없고 황색이 나온다. 이때 사용하는 잿물은 꼭 천연 잿물을 사용해야 변색의 염려가 없다. 특히 홍화대 잿물이 매우 좋다.

④ 다시 끓는 맹물을 부어 막대기로 저으며 꽃을 깨운다. 이것을 자루에 넣어서 물을 내려 준다. 이때 남은 황즙을 제거하고 홍색을 깨어나게 한다. 이 물에는 홍색이 약간 들어 있으므로 다른 그릇에 담아 놓는다.

⑤ 두 번째 잿물(ph11)을 붓고 잘 주물러 자루에 넣는다. 그런 다음 꽃물을 내려 빈 그릇에 보관한다. 이때는 홍색이 꽤 많이 나온다.

⑥ 끓는 맹물로 ④의 과정을 되풀이해서 ④의 그릇에 모아 둔다.

⑦ 세 번째 잿물(ph13)을 붓고 저은 다음 10여 분 정도 방치해 둔다. 그런 다음 잘 주물러 자루에 넣고 꽃물을 내린다. 이때 가장 좋은 홍즙이 나온다. 이 꽃물로 명주염색을 하거나 연지를 만들 수 있다.

⑧ 또 끓는 맹물을 ④처럼 하여 ⑦의 그릇에 모아 둔다.

⑨ 다시 잿물(ph11)을 부어 내린 꽃물을 ⑤에서 나온 물과 함께 모아 둔다.

⑩ 홍화 찌꺼기에서 붉은 꽃이 하나도 없고 전체가 누런 갈색이 될 때까지 ④와 ⑤처럼 끓는 맹물과 잿물을 반복해 부어 ④, ⑤염액 그릇에 모은다. 보통 4회에서 6회 정도 해야 색을 다 빼낼 수 있다.

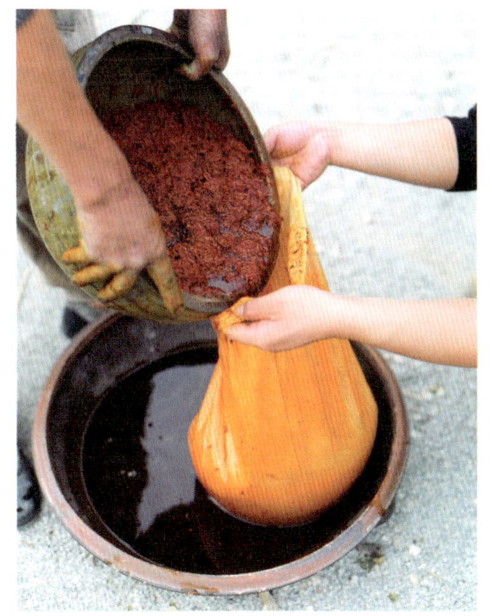

① 삭힌 홍화를 주머니에 넣는다.

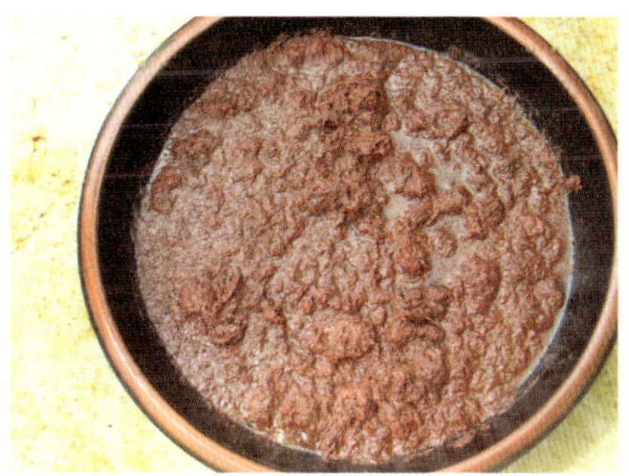

③ 잿물을 넣고 가볍게 저어 준다.

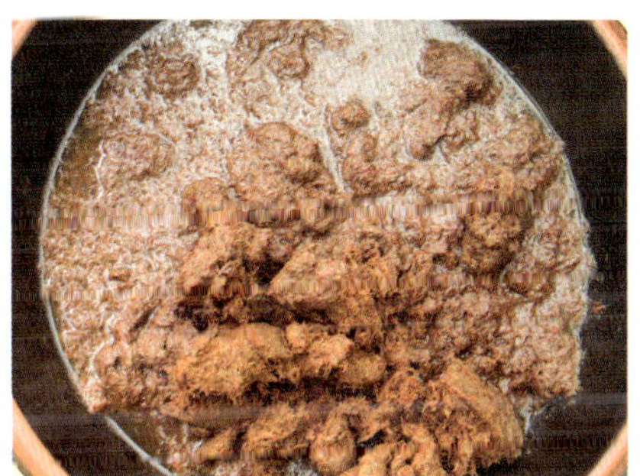

⑤ 뜨거운 맹물(백탕)을 넣고 가볍게 저어 준다.

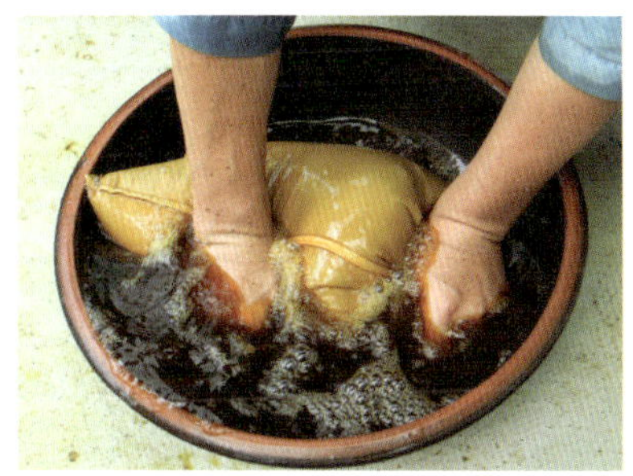

② 잘 주물러 황즙을 제거한다.

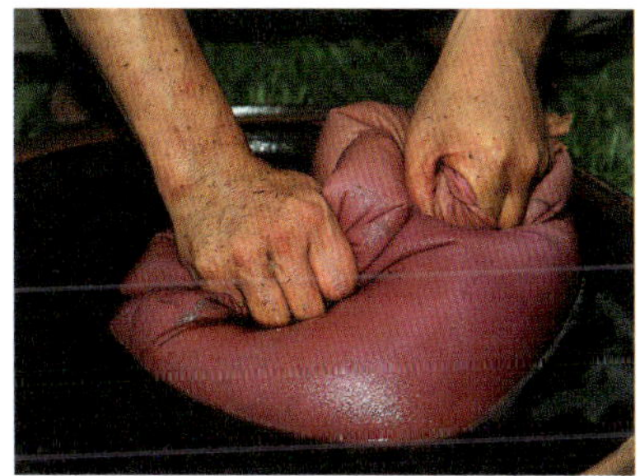

④ 홍즙을 내린다.

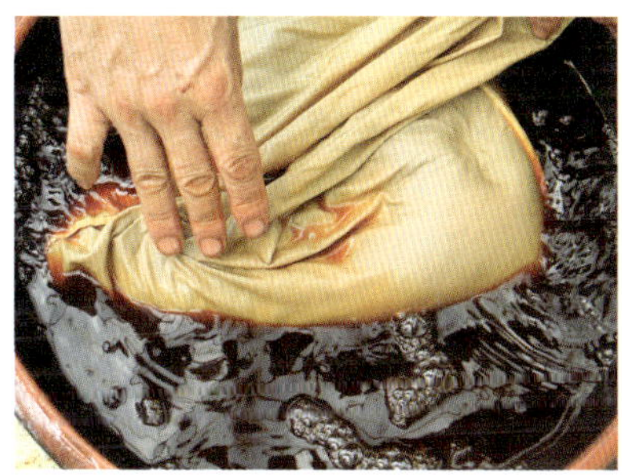

⑥ 백탕으로 꽃을 깨워 물을 내린다.

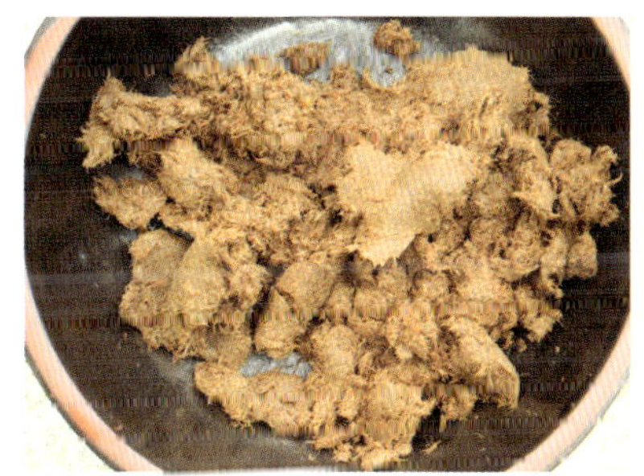

⑦ 홍색소가 다 빠지고 남은 누런 찌꺼기

오미자물 내리기

오미자 열매는 자연 건조시켜 표면에 하얀 분이 서려 있는 것이 좋다. 홍화 꽃물을 내리기 하루 이틀 전에 따뜻한 물에 담가 두어야 한다. 초벌 물(전국)을 내려 받아 놓은 다음 다시 따뜻한 물을 붓거나 끓여서 두 번째 물(후국)을 내린다. 이것은 따로 보관해 사용한다. 건조시킨 오미자를 바로 끓여서 신국을 내리기도 하지만 물의 색이 좀 어두워지고 탁해진다. 오미자 대신 매실초를 사용할 수도 있다. 빙초산 같은 화학 초산을 사용하기도 하는데 색은 화사하지만 자연스럽지 못하고 견뢰도에도 좋지 않은 영향을 미친다.

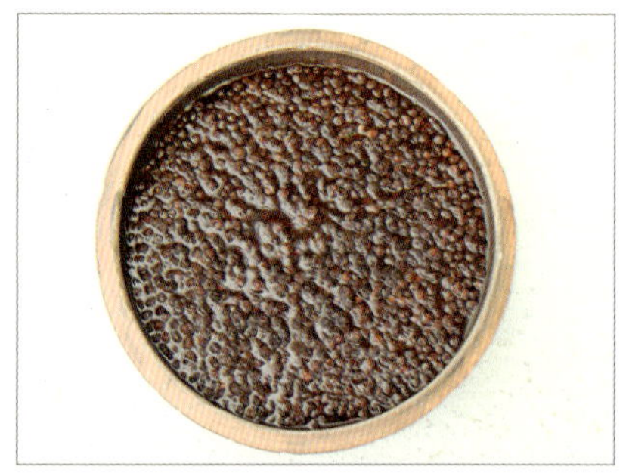

① 하루저녁 물에 불린 오미자

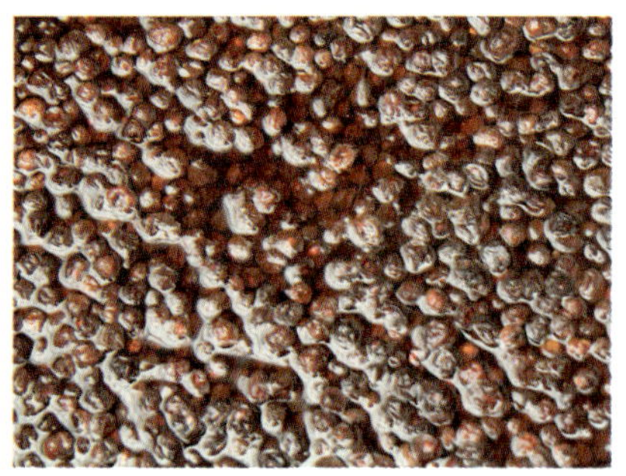

② 충분히 불린 오미자의 모습

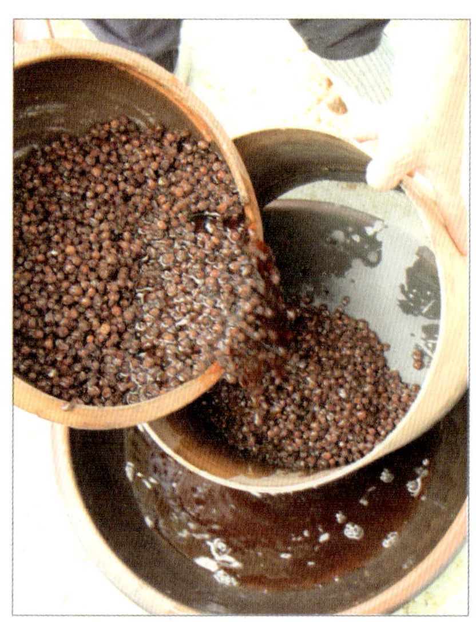

③ 잘 우려난 오미자를 고운체에 내린다.

❷ 물들이기

황즙으로 물들이기

앞의 ①, ②, ③에서 얻은 황즙에 명반을 약간(0.5%) 넣고 명주 실크에 물들이면 예쁜 황색이 물든다. 이때 염액의 온도를 50~60℃ 정도로 따뜻하게 하여 10~20여 분 침염하여 물들인다. 염액의 처음 농도는 매우 묽게 하여 물들이고 점점 농도를 높여 가며 물들인다. 그러면 얼룩 없이 곱게 물든다. 면이나 마에는 잘 물들지 않고 쉽게 빠지므로 물들이지 않는 것이 좋다.

황홍즙으로 물들이기

앞의 꽃물 내리기 ⑦, ⑧번 과정에서 내린 진한 홍즙을 제외하고 내려진 꽃물이다. 이 물에는 주로 면이나 마 종류를 물들인다. 온도를 30~40℃로 하여 준비해 놓은 오미자 두 번째 물(후국)을 넣어 ph4~5에 맞추고 잘 저어 염색한다. 염색할 때는 천을 염액에 넣어 잘 주물렀다가 꺼내서 짜내고 다시 넣기를 여러 차례 반복한다. 염액이 붉은 기가 없으며 누런빛이 남고 맑아질 때까지 하면 된다. 건조 후 잘 수세하면 누런색은 빠지고 붉은색으로 물든다.

앞의 ⑤, ⑥에서 나오는 물로 명주에 물들이면 예쁜 주황색을 얻을 수 있다.

홍즙으로 물들이기

앞의 ⑦, ⑧에서 내린 꽃물은 잡티(누런색)가 없는 진한 홍즙이다. 냉수를 넣어 잿물과 염액의 농도를 낮추고 오미자 전국(초벌물)을 넣어 잘 저은 다음 명주에 물들이면 좋다. 오미자를 넣어 꽃물을 ph4~5 정도로 맞추면 염색이 잘 된다.

순홍색으로 물들이기

잡티가 없는 온전한 홍색을 얻으려면 연지와 개오기 법을 이용해야 한다. 홍화에서 얻은 꽃물은 ⑦, ⑧의 물과 그 외의 물로 구분한다. ⑦, ⑧의 물은 연지용으로 쓰고 그 외는 개오기 용으로 쓴다.

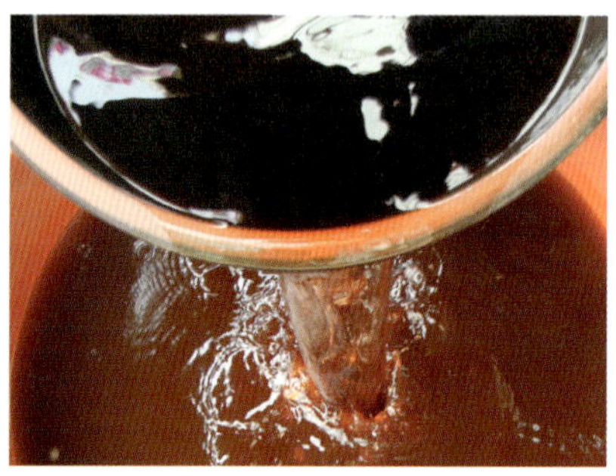

① 홍즙에 오미자(신국) 물을 넣는다.

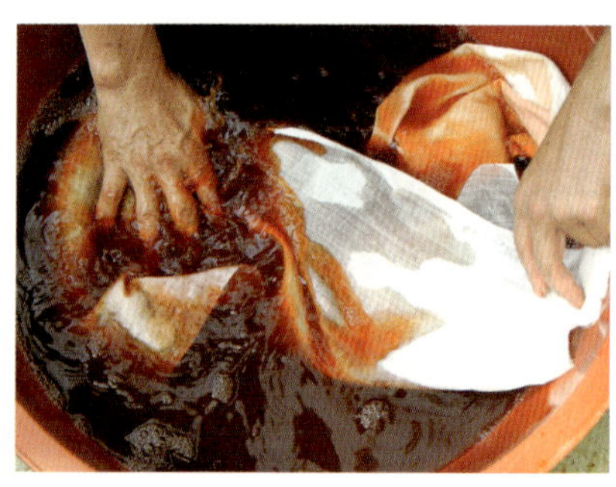

② 천을 넣고 염색한다.

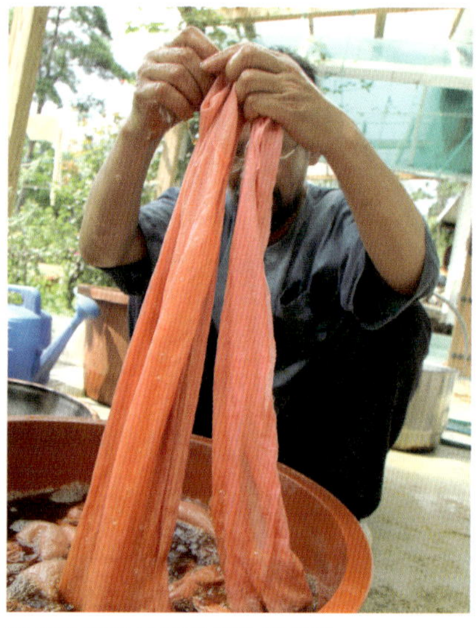

③ 염색 중에 꼭 짜서 바람 쳐 준다.

연지로 물들이기

연지법은 화장품을 만들거나 명주염색을 할 때 쓰였다. 지금은 화장품으로는 쓰지 않고 명주염색에 쓰이기는 한다. 앞의 꽃물 내리기 ⑦, ⑧에서 얻은 잡티 없는 꽃물(홍즙)에 차가운 냉수나 얼음을 넣고 가볍게 저어 준다. 그다음 오미자 전국(첫물)을 부어 ph4~5 정도로 맞춘다. 거품이 일도록 세게 저어 30분가량 가만히 놓아둔다. 그러면 위에 누런 물이 올라오고 아래는 붉은 연지가 가라앉으며 분리가 일어난다.

위에 뜬 누런 물을 조심스럽게 따라 버리고 바닥에 남은 붉은 물을 남겨놓는다. 그런 다음 소쿠리에 튼튼한 한지(배접지)를 깔고 잘 따라 내어 놓아둔다. 한참 있다가 물이 완전히 빠져 꼬들꼬들한 상태가 되면 한지에 거의 붙지 않는 상태가 된다. 이때 한지에서 때어 사기그릇에 보관하여 연지로 사용하고, 염색용은 보통 그릇에 두었다 쓰면 된다.

연지는 잡티가 섞여 있는 수용 상태의 염료를 고체화하여 순도를 높인 것이다. 고체화된 연지를 풀어 쓰려면 따뜻한 물을 부어 불린다. 사용이 가능하면 쓰고 용이하지 않으면 그 물에 잿물을 넣어 용해시킨 다음 오미자, 매실, 식초를 첨가해 약 산성으로 사용하면 된다.

- -

Tip 개오기 법

면이나 마에는 어떤 꽃물로 물들여도 고운 홍색을 얻을 수 있지만 명주는 그렇지 않다. 면, 마는 수용성인 황색을 수세하면 빠지고 붉은 홍색만 남는다. 하지만 명주는 수세를 해도 황색이 빠지지 않고 그대로 남아 물들어 버린다. 그래서 온전한 홍색을 얻기가 어려운데 개오기 법을 이용해 물들이면 고운 홍색을 얻을 수 있다.

개오기 법은 잡티가 섞여 있는 꽃물에서 순수한 홍색을 얻을 때 쓰는 방법이다. 앞에서 설명했듯이 면에 꽃물을 입색하여 수세하면 수용성 황색이 빠지고 홍색만 남는 성질이 있는데 바로 이 짐을 이용한 것이다. 개오기 법은 '게우기'라는 말로, 먹었던 것을 다시 토해 낸다는 의미가 있다. 즉 무명에 물들여 잡티를 제거하고 순 붉은색을 토해 내게 하여 명주에 물들게 하는 방법이다. 일정한 양의 무명 천을 개오기 전용 천으로 사용하는 것이 염료의 손실을 방지하고 편리하다.

① 앞의 잡티가 섞이지 않은 ⑦, ⑧ 이외의 꽃물을 모두 합하여 무명에 진하게 물들이면 주황색이 물든다.

② 이 무명을 건조, 수세하여 누런 황색을 제거한 후에 잿물(ph11 이상)에 넣고 잘 주무른다. 한 10여 분 방치했다가 꼭 짜낸 후 따뜻한 맹물에 다시 헹구어 낸다.

③ 이렇게 나온 잿물과 맹물에 냉수를 넣고 함께 섞어서 가볍게 저어 준다. 그런 다음 오미자 신국을 부어 ph4~5 정도로 맞추어 명주 천에 염색하면 붉은색이 아주 곱게 물든다.

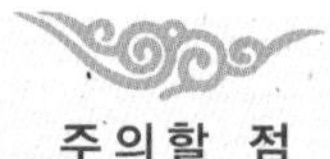

주 의 할 점

① 꽃을 따서 바로 말리지 말고 가볍게 절구질하여 물을 넣고, 한 주 정도 삭히고 익혀서 탈수한 다음, 빈대떡처럼 홍화 병을 만들어 한 달 이상 보관 숙성시켜 사용해야 한다. 이렇게 하려면 홍화를 재배해야 온전히 할 수 있다. 시중에 그냥 건조시킨 꽃은 많이 부족하여 탈색, 변색의 우려가 있다. 오랫동안 변색되지 않는 홍화염색을 하려면 병(떡)을 만들어 하지 않으면 안 됨을 명심해야 한다.

② 홍화 병을 15~60일 정도 발효시켜 익혀야 한다. 꽃이 익지 않으면 불완전하여 변질되고 견뢰도가 떨어진다.

③ 꽃물을 내릴 때 일반 천연 잿물을 쓴다. 하지만 홍화대, 동백, 노린재의 천연 잿물을 이용하면 매우 좋다. 꽃을 깨울 때는 끓는 물로 해 주어야 한다. 천연 잿물은 매염 역할을 하고 쉽게 빠지지만 화학 잿물은 쉽게 제거되지 않아 변색을 일으킨다.

④ 본 염색시 하루 이틀 만에 원하는 염색을 완성하려 하지 말고 몇 차례로 나누어 염색해야 한다. 10만큼 염색하겠다고 마음먹었으면 우선 3 정도만 염색하고 며칠 뒤에 3을 더하고 또 며칠 뒤에 나머지 3을 염색한다. 이렇게 점진적으로 완성하는 것이 정말 좋은 염색을 얻을 수 있는 방법이다. 앞에서 언급했듯이 천과 염료가 익어서 결합할 수 있게끔 시간을 주어야 한다.

⑤ 면이나 마는 염색 후 잘 수세하여 황색을 제거해 주어야 한다. 그리고 염색한 모든 천은 잿물을 빼 주고 천연 식초를 0.5% 정도 넣은 물에 10~30분 정도 담가 놓으면 좋다. 특히 명주나 울 같은 종류는 더 신경을 써야 한다.

⑥ 홍화물을 물들여 바로 사용할 수도 있다. 하지만 염색된 천을 잘 건조시킨 후 접어서 깨끗한 종이에 싼 다음, 상자에 넣어 습이 없는 곳에 장시간 보관했다가 필요할 때 푸새, 마전하여 사용하면 아주 좋다.

⑦ 끝으로 간편 물들이기나 화학적인 방법이 실험용이나 교육용으로 사용되기도 하지만 변색되어 견뢰도가 약하다. 본 염색은 지금까지 설명한 전통적인 방법을 꼭 지켜서 튼튼한 염색을 했으면 좋겠다.

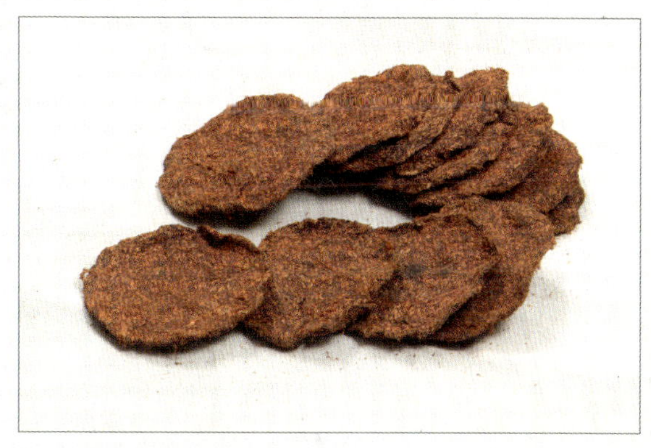

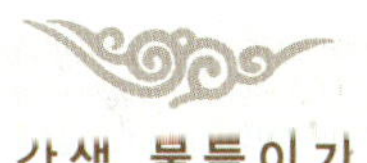

산색 물들이기

홍화는 엷게 물늘이면 연분홍 핑크빛이 돌고 여러 번 반복하여 진하게 물들이면 대홍, 진홍색이 나온다. 아주 진해지면 보랏빛이 돌기도 한다.

쪽물을 곱게 물들인 후에 홍화염을 해 주면 보라색이 된다. 치자 등 노란색을 염색해 주면 밝은 주황색이 되는데, 먼저 노랑 물을 들이는 것이 색이 균일하고 곱다.

콩과에 속하는 관목(두과수목)이며 중형 수종으로 잎은 타원형을 이룬다. 봄에 적자색의 꽃이 핀다. 원산지는 동인도, 미얀마, 태국, 라오스, 캄보디아, 베트남, 중국 남부 등 고온 다습한 동남아시아에 널리 분포되어 있다. 우리나라의 경우 고려시대 아라비아인들을 통해 전해졌다고 한다. 그러나 이미 3세기 신라 때에 소방전이 있었던 것으로 보아 아주 오래전부터 사용한 염재라 할 수 있다. 소목은 단목, 목홍, 적목, 소방, 다목 등으로 불려졌고 홍화보다 순적색이 난다.

고려시대에는 태국산 소목이 다량으로 쓰였다. 조선 세종조에는 홍색의 착용이 최고에 달해 수입이 매우 많았고, 홍색의 착용을 제도적으로 제한하기도 했다. 성종조에는 토홍직령 후 다시 수입이 증가했다. 철 매염으로 자색이 나오기는 하나 자초염에 미치지 못하므로 조선조에는 홍색염을 하는 데 사용했다. 큰 것은 어른 다리만 하다. 겉은 갈색이요 심재(心材)는 주황빛이 나며 많은 색소가 들어 있다. 전즙(煎汁)에 산을 가하여 염색하고 명반으로 후매염을 한다. 울, 견, 종이에 염색이 잘 되는 편이다. 하지만 여기서는 면, 마에도 잘 되는 염색법을 소개하려 한다.

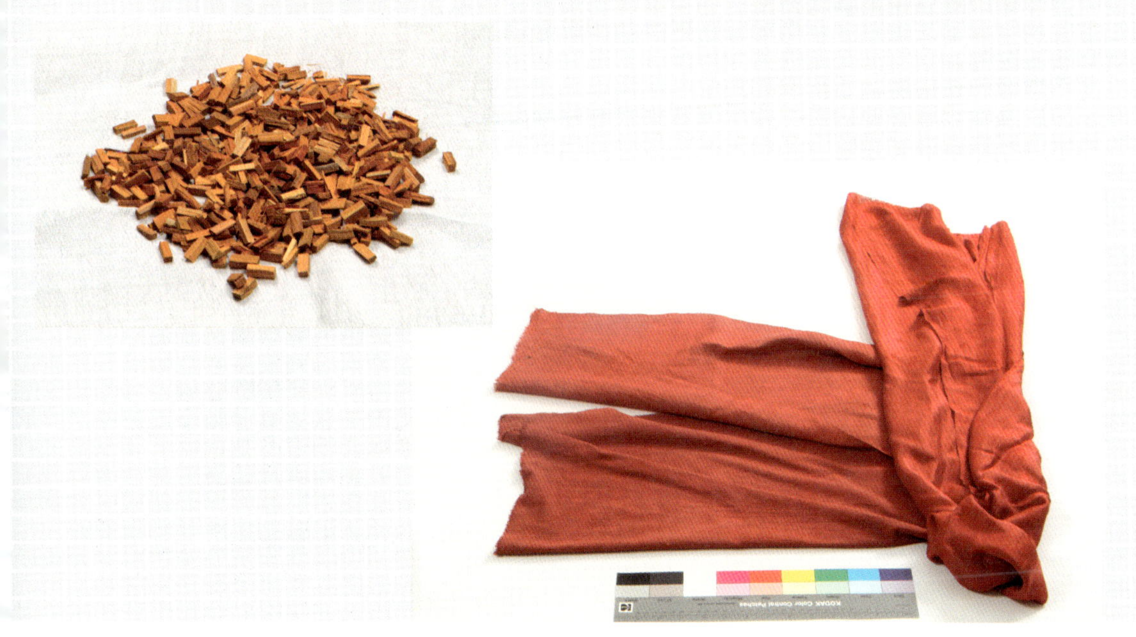

 **Tip** 염색 전 준비하기

보조 선매염

① 면이나 마는 식물성 섬유이기 때문에 단백질이 없다. 그러므로 콩즙이나 우유로 처리를 해야 한다. 물에 우유나 콩즙을 40:1의 비율로 희석한다. 염색할 천이 충분히 적셔질 만큼의 양을 준비하여 천을 넣고 약 5분 정도 가볍게 수물러 선매엄한다.

② 천을 건져 내 꼭 짠 다음 가볍게 털어서 바람 쳐 준다. 그 물에 식초를 약간 넣고 잘 저은 다음, 다시 천을 넣고 약 5분 정도 가볍게 주무르다 꼭 짠다. 그 후 공기 중에서 털어 주고 다시 한 번 앞의 과정을 반복한다. 우유에 넣고 짜서 바람 치기를 3회 정도 해 준다.

③ 이렇게 세 번 반복하면 물이 맑아지게 될 것이다. 우유로 선매염한 천은 햇빛 좋은 곳에서 건조시킨다.

④ 우유나 콩즙으로 하는 단백질 선매염은 날씨가 화창한 날 해아 히고 흐린 날은

절대 하지 말아야 한다. 그리고 염색하기 3일 이전에 해 두어 천에 충분히 흡착되도록 해야 한다.

본 선매염

① 미리 단백질로 보조 선매염한 천을 소다(중탄산)와 명반으로 선매염한다. 면과 마는 물 2L에 소다 2g, 명반 2g, 명주와 울은 각각 1g씩을 따뜻한 물(40~60℃)에 잘 풀어 염색할 천을 넣는다. 가볍게 주물러 30분 동안 방치해 두었다 꼭 짜서 바람 쳐 준다.

② 앞에서 매염한 물에다 침염을 30분 정도 하고 꼭 짜서 바람 치기를 2회 더 반복하여 총 90분 동안 처리한다. 그런 다음 햇빛이 잘 드는 곳에 건조시킨다. 침염하는 30분 동안에는 직사광선이 들지 않는 곳에 두어야 한다.

③ 이 매염도 마찬가지로 염색하기 3일 전에 미리 준비해 두어야 한다.

④ 매염시 한 번에 90분 동안 침전하여 방치하면 어떨까라고 생각할 수도 있지만 그건 게으른 사람이나 할 법한 생각이다. 30분 간격으로 꼭 짜서 바람 치는 것은 대수롭지 않은 일 같지만 매우 중요하다. 꼭 짤 때 매염제가 깊숙이 침투하고 바람 칠 때 공기 중의 햇빛과 산소의 작용으로 산화, 고정이 이뤄진다.

⑤ 바람 치는 일이 매우 하찮게 여겨질 수도 있지만 대단한 것은 늘 하찮은 것에 있기 마련이다. 중요한 것은 옆에서 하고 있어도 잘 모르는 하찮은 것에 있다.

"바람 치다"를 기억했으면 좋겠다.

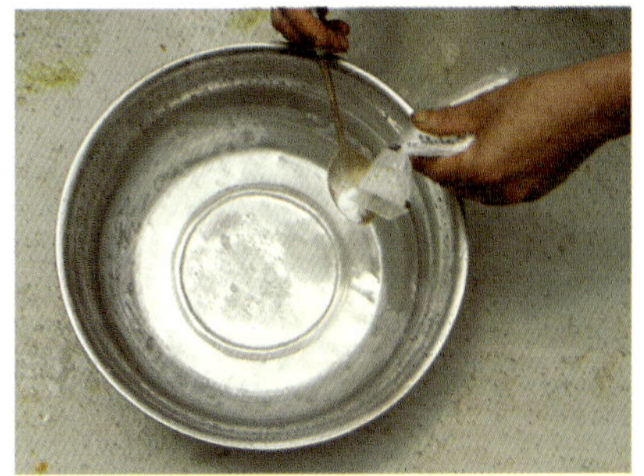

① 명반을 넣는다.

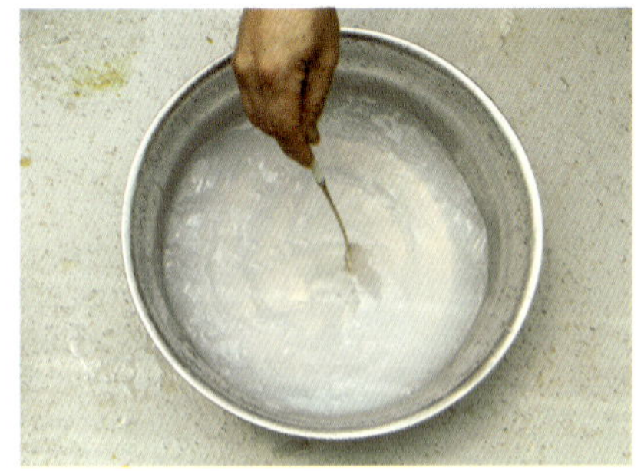

② 명반에 소다를 넣는다.

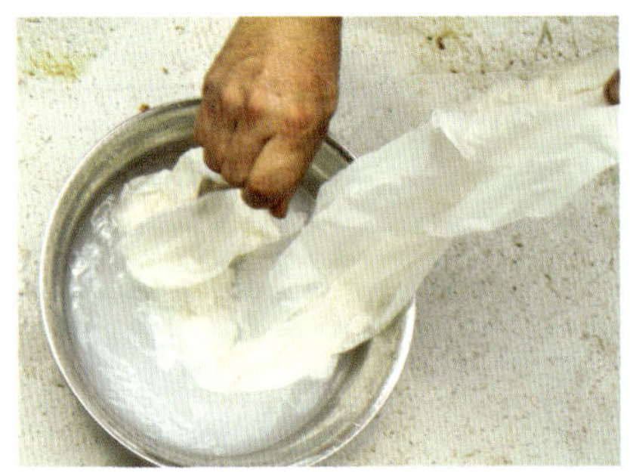

③ 명반과 소다를 녹인 후 천을 넣고 선매염한다.

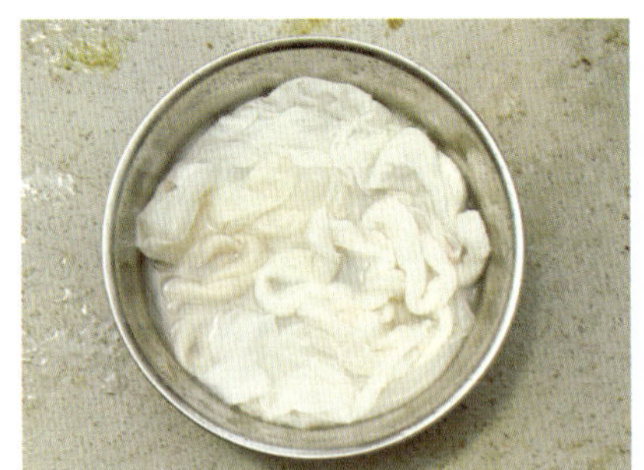

④ 천을 넣고 30분 동안 침염한다.

❶ 염료 만들기

① 구입한 염재를 깨끗한 물에 두세 번 헹구어 염재에 묻어 있는 먼지나 이물질을 제거해 준다. 그리고 소목 1근에 물 16L를 넣고 1∼3일 정노 남기 놓아야 한다. 목질로 뵌 염재라 단단하므로 그냥 끓여도 되지만 염액이 잘 추출되도록 충분히 불려서 끓이면 염액이 잘 추출된다.

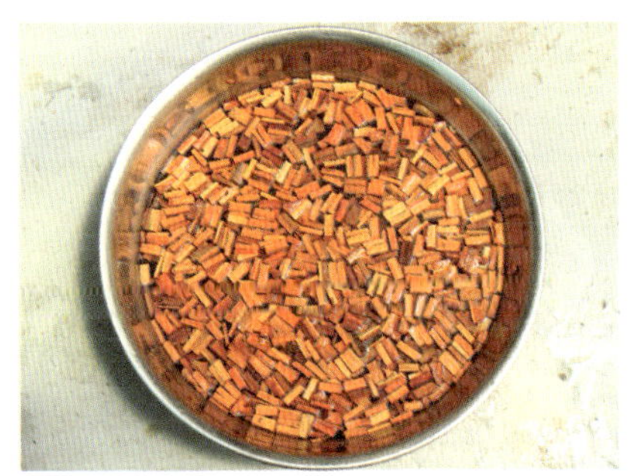

① 소목에 물을 붓는다.

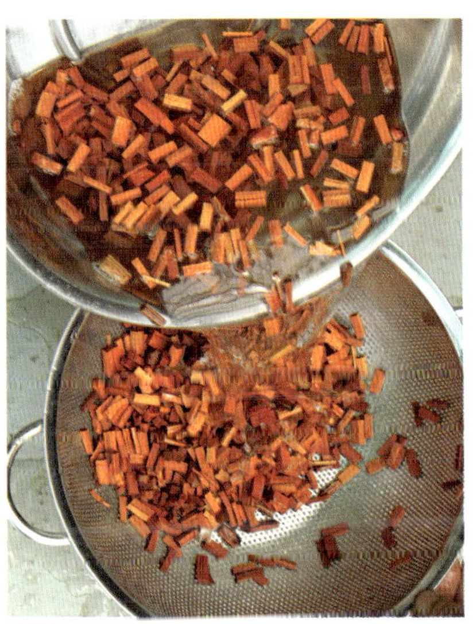

② 성긴 체로 걸리시 씻는다.

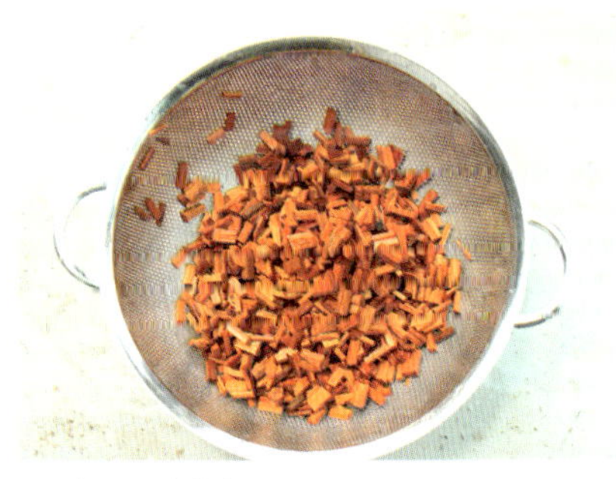

③ 깨끗이 씻겨진 소목

② 염재를 불리기 위해 담가 두었던 물은 따로 보관해 두고 새 물을 넣어 끓여야 한다. 온전한 붉은색을 얻으려면 염재를 불리기 위한 첫물은 버리거나 따로 보관해 두고 두 번째 이후에 물을 부어 끓여 낸 염액을 사용해야 한다. 첫 물은 붉은 색소보다 노란 색소가 함유되어 있어 순수한 붉은 염색을 하는 데에는 문제가 된다. 소목은 심재가 주황빛으로 곱고 겉은 노란빛이 나며 색이 연하다. 생산지에서는 겉피를 제거하고 쓸 수 있지만 우리가 쓰는 것은 나무 전체가 파쇄된 것을 수입하여 사용하고 있다.

③ 염재를 끓일 때는 강한 불로 시작했다가 끓기 시작하면 중불로 놓고 40여 분 더 끓인다. 그 후 성긴 바구니에 거르고 다시 고운체로 걸러 낸다. 이와 같이 3회 정도 더 끓여 내린다.

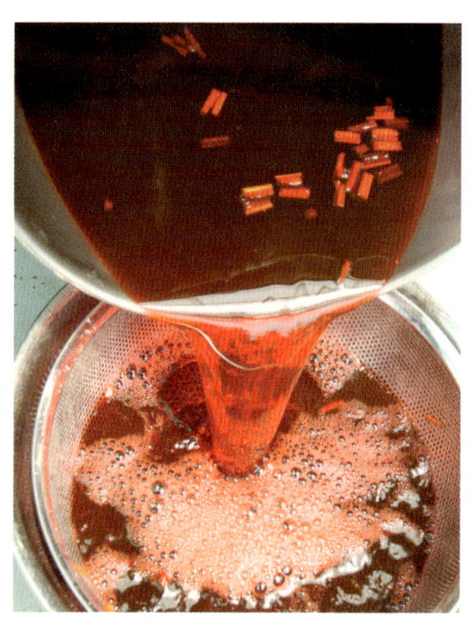
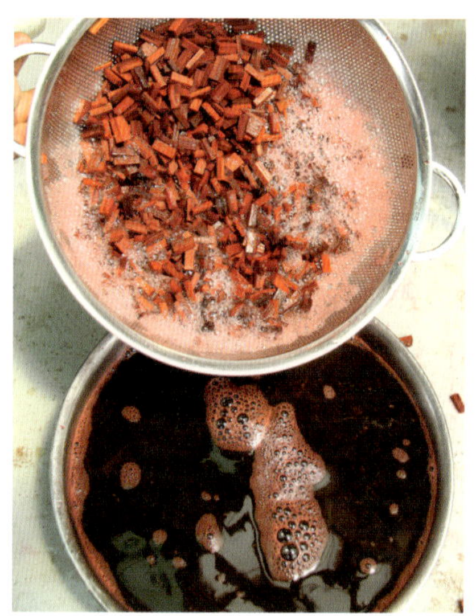

염료를 불에 끓여 고운체에 거르기

④ 4회부터는 물을 10L로 줄여서 색소가 나오지 않을 때까지 여러 차례 반복해서 끓여 낸다. 염료를 추출하려고 끓일 때는 색이 나오지 않을 때까지 여러 차례 끓여주는 것이 좋다. 뒤에 나오는 염액이 농도는 낮아도 견뢰도는 높은 편이다.

⑤ 이렇게 걸러 낸 염액은 바닥이 좁고 굽이 높은 통에 넣어 둔다. 하루 이상 놓아 두었다가 염색을 할 때 조심스럽게 윗물을 따라 내어 사용한다. 이렇게 하는 것은 불순물이 침전되게 하여 깨끗한 염액을 쓸 수 있게 하기 위한 방법이다.

⑥ 소목은 나무로 된 염재라 여러 차례 충분히 끓여 염액을 뽑아 내야 한다. 뽑히지 않는 것은 건조시켜 놓았다가 나중에 다시 끓여 염액을 사용할 수 있다.

모든 염재는 깨끗이 씻어 쓰고, 색소가 나오지 않을 때까지 여러 차례 반복하여 끓여 낸다. 염액의 불순물을 침전시켜 쓰는 것이 정말 좋다.

❷ 물들이기

① 준비된 염액에 천을 담글 때는 천이 염액에 완전히 잠길 수 있도록 충분한 양을 쓴다. 첫 염색은 염액을 매우 묽게 사용하며, 천을 맹물에 직시지 않고 사용한다.

② 첫 번째 염색에서 염액의 온도는 60℃ 정도로 맞춘다. 여기에 천을 넣어 가볍게 주무르고 5분 정도 방치해 둔다. 그런 다음 꼭 짜서 바람 치고, 처음과 같이 다시 염액에 넣어 2회를 더 반복하여 15분 동안 염색한다. 그 후 햇볕이 드는 곳에서 건조시키되 접히지 않게 잘 펴서 말려야 한다.

③ 두 번째 염액은 좀 진하게 해서 쓴다. 온도는 60℃ 정도로 하여 천을 넣고 ②처럼 가볍게 주물러 5분간 방치해 둔다. 꼭 짜서 바림 친 나음 다

시 천을 염액에 넣고 가볍게 주무른다. 그 후 불에 올려놓고 염액의 온도를 100℃까지 올린다. 그 후 약한 불로 10여 분 더 끓여 준다. 그사이 중간 중간에 천을 뒤적거려 준다.

④ 10여 분 후에 불에서 내려놓은 염색통을 가끔씩 뒤적거려 준다. 고무 장갑을 끼고 짤 수 있을 온도까지 내려갔을 때 꺼내서 꼭 짠다. 바람 치기를 2회 정도 더 반복하여 햇빛이 드는 곳에 말린다.

⑤ 세 번째 염액은 진하게 쓰며 ③처럼 하되, 염액의 온도를 100℃까지 올린다. 끓으면 불을 아주 약하게 하여 30여 분 더 끓여 주고, 수시로 천을 뒤적거려 준다. 30여 분 후에 불에서 내린 염색통을 ④처럼 처리한다.

⑥ 처음에는 상온에, 뒤에는 끓는 염액에 2회 염색하고 말린 천을 후매염한다. 염색한 천이 적셔질 정도의 물에 명반을 넣는데 물 2L에 명반 1~2g을 넣는 것이 적당하다. 완전히 녹으면 염색 천을 담가 가볍게 주무른다. 10~15분 방치한 후 꼭 짜고 잘 펴서 빨랫줄에 한 5분 정도 바람 쳐 준다. 그러고 나서 바로 말리지 말고 먼저 맑은 물에 수세한다. 수세할 때는 가볍게 헹구기를 3회 정도 하고 햇빛이 드는 곳에서 건조시킨다.

⑦ 다시 염색을 하여 색을 진하게 하고 싶으면 본 선매염할 때의 ①과 같이 물 2L에 면과 마는 소다(탄산) 2g, 명반 2g을, 울과 명주에는 각각 1g씩을 따뜻한 물(40~60℃)에 잘 풀어 놓는다. 염색한 천을 넣고 가볍게 주물러 준 다음 30분 동안 방치한다. 그동안 천이 위로 나오지 않는 것이 좋다. 꼭 짜서 건조시켜 중간에 매염을 한 번 더 한다.

⑧ 새 염액으로 ③, ④처럼 1회 염색하고 2, 3회는 ⑤, ⑥처럼 다시 염색한다.

⑨ 위의 ⑧처럼 다시 염색을 한다. 이렇게 하면 9번을 염색하게 되는 것이고 이는 27번을 짜서 바람 치고 염액에 넣기를 한 셈이다. 염색을 연하게 하려면 원하는 색이 나올 때까지 횟수를 조절하면 되지만 염액을 묽게 사

용해서 9번을 한다면 매우 좋은 결과를 얻을 수 있다.

⑩ 마지막 염색이 끝나면 색소가 나오지 않을 때까지 깨끗이 수세하여 말린다. 염색이 끝난 천은 3일 이상부터 수개월 동안 묵혀서 숙성시킨다. 그런 다음 필요할 때 다시 한 번 세탁하여 말린 후 푸새, 마전하여 마무리한다. 그러면 이 세상에 단 하나뿐인 훌륭한 소목염이 완성될 수 있을 것이다.

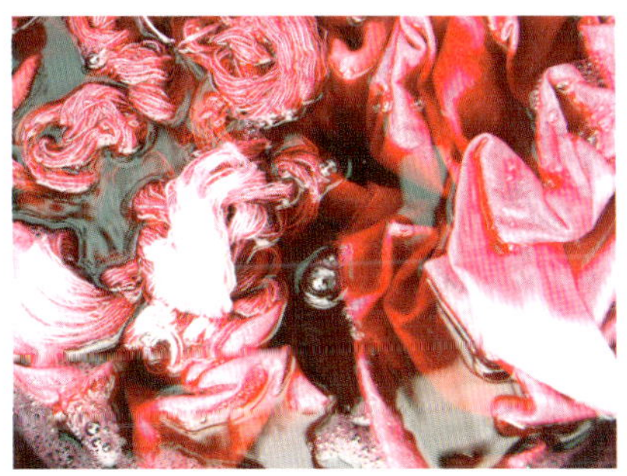

명주, 마, 면 천이 염액에 잠긴 모습

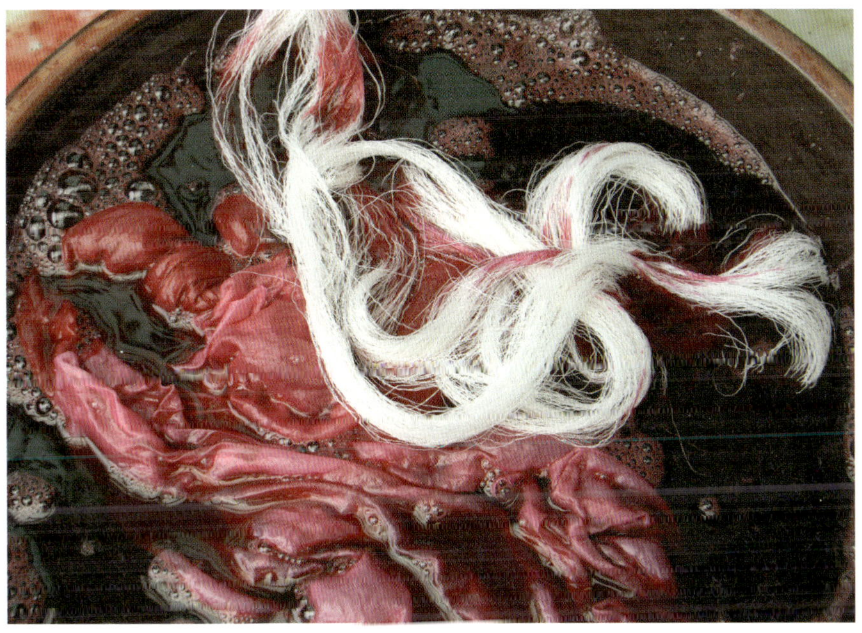

천과 실이 염액에 담겨 있는 모습

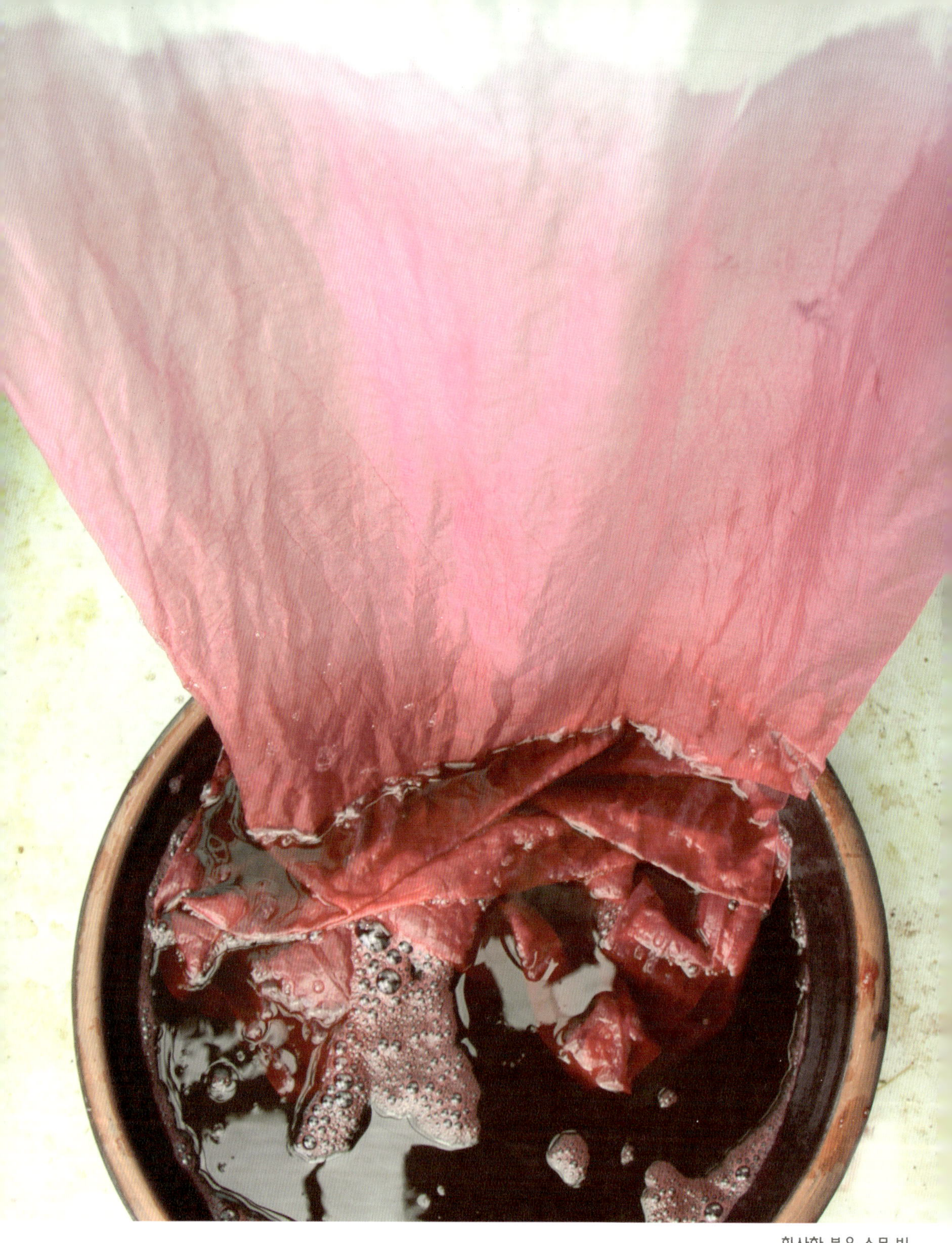

화사한 붉은 소목 빛

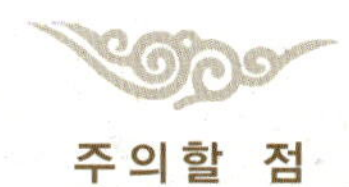

주 의 할 점

① 소목은 다색성 염료다. 색의 다양함에 매료되기도 하지만 햇빛에 잘 발하며 물이 잘 빠지고 변색이 많아서 견뢰도가 매우 떨어지기도 한다. 소목염을 할 때 어떤 색이 나오느냐도 중요하지만, 일단 견뢰도 문제를 해결한 상태의 색이 소목의 본색이라 할 수 있다. 그 외는 염색이 고정되지 않은 불안정한 잡색이다. 소목은 단지 붉은색을 내는 데 사용하는 것이 좋다.

② 염색을 하여 건조할 때는 음지에서 말리지 말고 해가 있는 양지에서 천을 접히지 않게 잘 펴 놓고 말려 주어야 한다. 햇볕에 나는 것을 염려하지 말고, 햇볕에 나는 것은 날려 버려야 한다. 햇볕에 나는 정도의 염색은 완성 후 얼마든지 문제를 일으킬 수 있다.

③ 수세할 때 빠지는 색은 빼 버려야 한디. 즉 물에 빠지는 색은 빼고 빛에 나는 색은 날려서 남은 색을 취해야 좋은 염색이다.

빠지고 날아도 남을 것은 남아서 우리에게 한 색을 선물로 준다.

④ 책에서 설명한 대로 염색하면 면, 마는 적자색으로 울, 명주는 적색으로 물들여진다. 1~3회 염색 때는 주황빛으로 진하며 무거우나 4~6회부터는 붉은빛이 돌며 맑고 투명해진다. 염색 횟수가 적으면 예쁜 붉은색을 얻을 수 없다는 것이다.

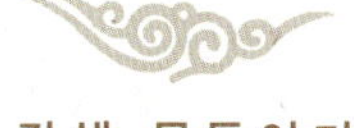

간 색 물 들 이 기

소목염색한 친에 치자염식할 때 쓰는 명반이나 알루미늄을 사용하면 참 좋다. 명반이니 알루미늄은 누 염색에서 같이 쓰이는 매염제이기 때문이다. 두 색의 결합을 통해 우리 주변에서 구하기 힘든 주황색을 얻어 쓸 수 있다.

쪽염색한 친에 소목엄을 하년 늦자주색을 얻을 수 있다. 철이나 석회수 매염제를 이용힌 자주식은 매우 불안정한 염색이다.

락 Lac 염색

락(Lac)은 동물성 염료로 염색과 화장품에 쓰이며 티베트, 인도, 중국, 동남아 일대에서 대추나무, 참나무 등의 가지에 서식하는 깍지 진딧물이다. 인도 등에서는 카펫(모직)염색에 주로 쓰였다. 락이란 말은 힌두어로 10만이라는 뜻이며 수없이 많다는 의미다. 락충은 산란기 때 가지에 알을 낳아 소세지처럼 뭉툭하게 붙어 있다. 부화하면 어린 나뭇가지에 붙어 수액을 빨아 먹으면서 자라는데 나무인지 벌레인지 잘 알 수 없다. 락은 우리나라에서 나오는 오배자, 남미에서 나오는 코치닐과 함께 현재 우리 천연염색에서 대표적으로 쓰여지는 동물성 염료이며 염색성이 우수하다.

락은 탄산소다에 삶아서 액은 염료와 화장품으로 쓰고 찌꺼기는 래커, 니스의 원료로 쓴다. 중국 남부에서는 락으로 화장품을 만들어 썼기에 연지벌레라고도 부른다. 특히 기원전 시기에 흥한 중국 연나라는 특산품으로 연지 화장품을 만들었다고 한다.

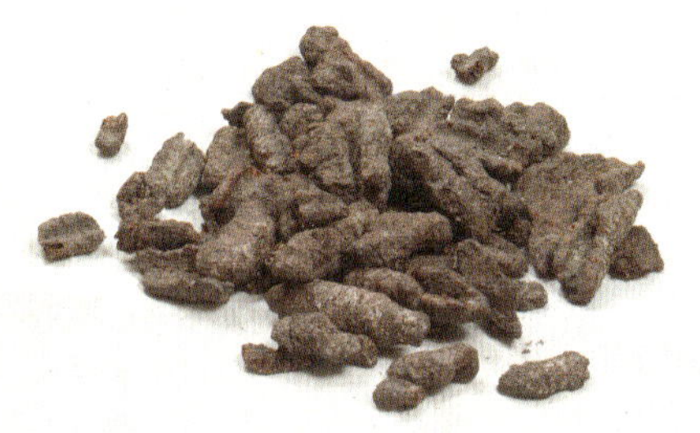

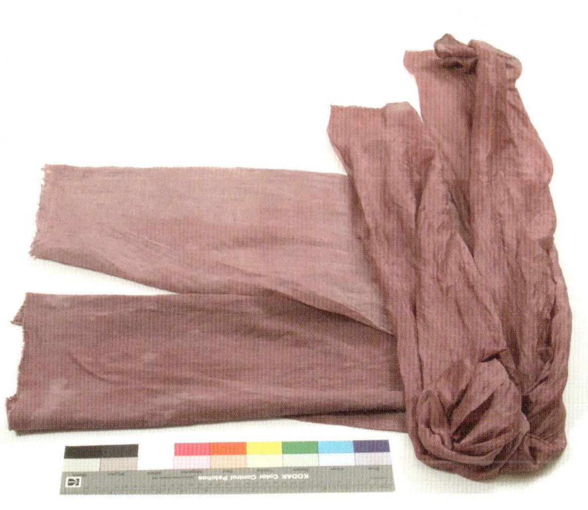

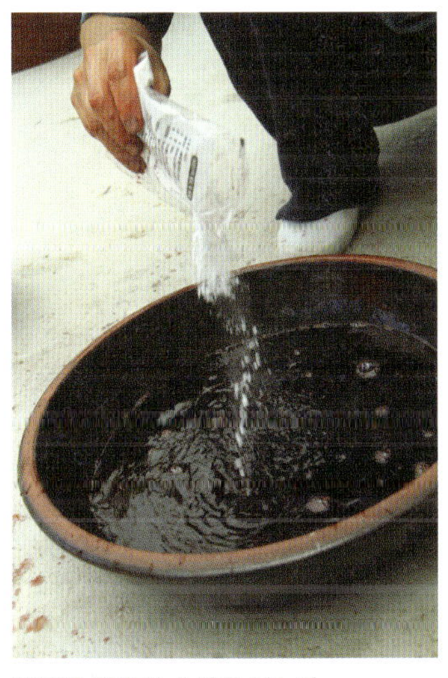
맹물에 명반과 소다를 넣는다.

Tip 염색 전 준비하기

소목처럼 소다(탄산)와 명반으로 선매염을 한다. 비율은 따뜻한 물 2L에 면과 마는 소다 4g, 명반 2g을 넣는다. 울과 명주는 소다, 명반의 양을 반으로 줄이고 녹을 때까지 잘 저어 준다. 그런 다음 염색할 천을 넣고 가볍게 주물러 10분 간격으로 짜서 바람치기를 하여 30분 정도 담가 둔다. 30분 후에 건조시키는데 본 염색하기 3일 이전에 선매염을 해 두어야 한다.

❶ 염료 만들기

락 산지에서는 산란기에 나뭇가지에 붙어 있는 알 뭉치를 꺽어서 건조시킨다. 건조시킬 때 바짝 건조시키지 않으면 상해서 색이 탁하다. 생으로 염색하면 색이 더 곱다.

건조시킨 알 덩어리를 절구에 넣고 깨알처럼 잘게 부순다. 래커, 니스의 성질이 있어서 그런지는 몰라도 꽤 시간이 걸린다. 잘게 부순 락을 따뜻한 물(60℃ 이하)에 담가 1~2일 방치해 놓았다가 고운체로 걸러 낸다. 색이 나오지 않을 때까지 반복하여 염액을 모은다. 찌꺼기는 물을 약간 넣고 끓여서 모기장 같은 것에 거른다. 이것을 식히면 딱딱한 갈색의 투명한 칠이 나오는데 그릇이 락 칠로 들러붙어 지저분해지기 때문에 사용하기 힘들어진다.

요즘 시중에 분말로 된 락이 나와 있다. 이 분말 락을 물 18L에 약 100g을 넣고 풀어 놓는다. 불에 올려 30분 정도 끓인 다음 1~2일 정도 방치했다가 염색할 때 다시 온도를 높여 사용한다.

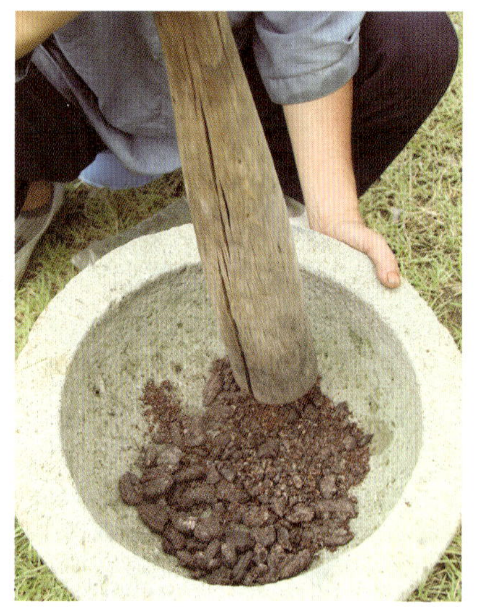

① 락 염재를 절구통에 넣는다.

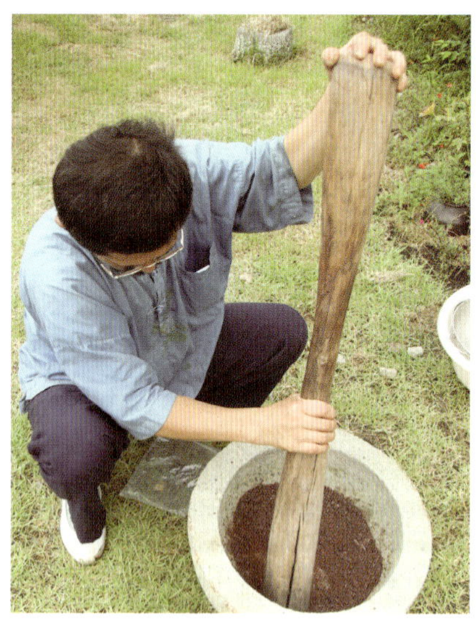

② 절구질을 곱게 한다.

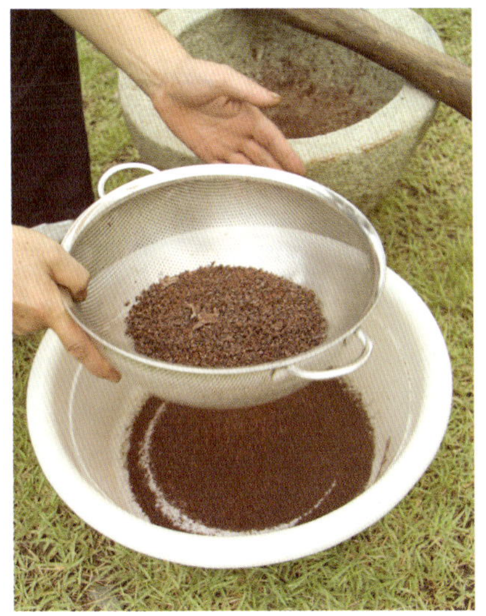

③ 체로 걸러 낸다.

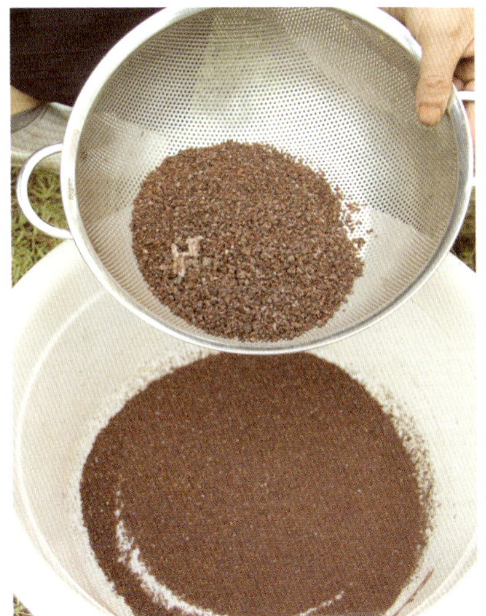

④ 체로 거르는 모습

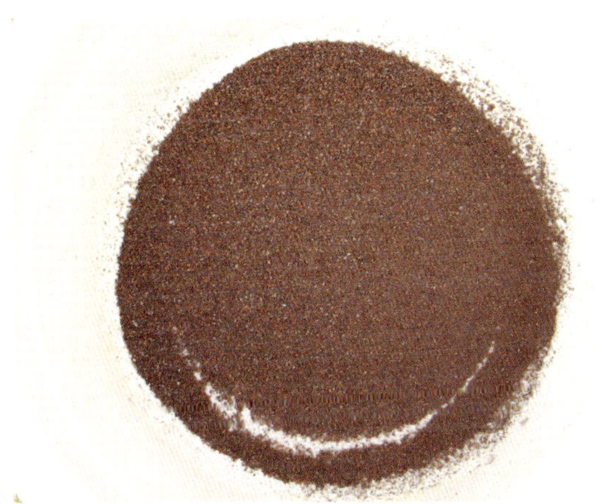

⑤ 곱게 체질된 염료

❷ 물들이기

① 염색하기 전에 천이 충분히 잠길 만힌 양의 엄액을 순비한다. 염액은 아주 연하게 하여 60℃ 정도로 따뜻히게 힌 다음 엄색을 시작한다.

② 가볍게 주물러 15분 정도 침염하는데, 5분 간격으로 꼭 짜서 바람 치기를 3회 정도 하여 건조시킨다.

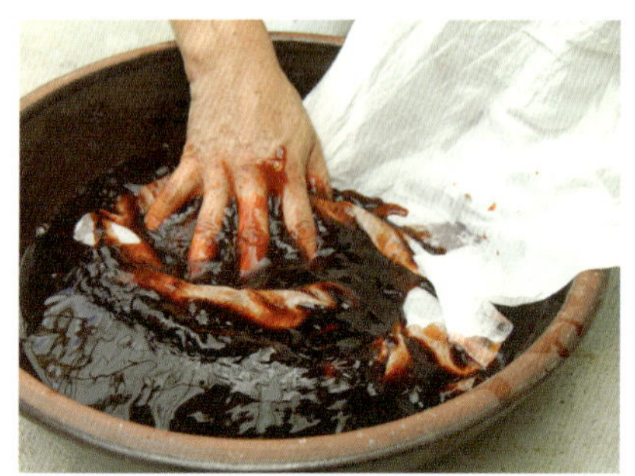

선매염된 천에 본 염색하기

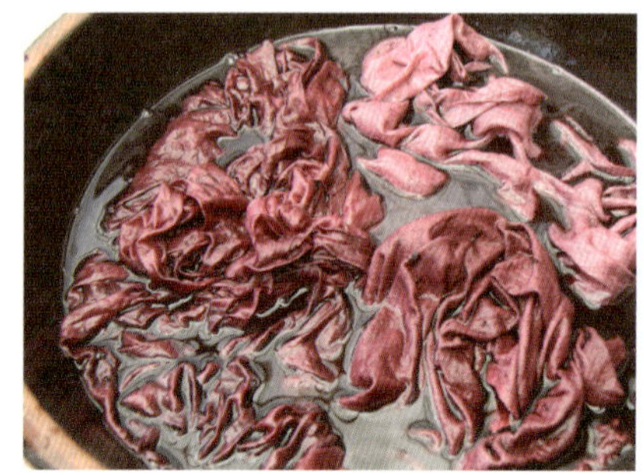

본 염색이 된 천의 모습

③ 위와 같이 2회 염색하는데 염액의 농도는 약간 높이고 온도는 60℃로 하여 천을 담근다. 100℃가 되면 불을 끄고 막대기로 가끔씩 뒤적거려 준다. 고무장갑을 꼈을 때 짤 수 있는 정도가 되면 5분 간격으로 3회 정도 짜고 바람 쳐 준 다음 건조시킨다.

④ 3회 염색은 염액의 농도를 정상적으로 높여 불에 올린다. 온도가 60℃ 정도 되면 천을 넣고 저어 준다. 그런 다음 100℃에서 불을 최소로 낮추고 30분 정도 끓이며, 수시로 막대기를 가지고 뒤적거려 준다. 30분 후에 불을 끄고 가끔씩 뒤적거려 주다가 짤 수 있는 온도가 되면 3회 정도 짠다. 바람 치기를 하고 가볍게 수세하여 건조시킨다.

⑤ 3회까지 염색한 후에 후매염을 한다. 미지근한 물 2L에 명반 2g을 넣고 잘 저어 명반이 물에 녹아 풀리게 한다. 천을 넣으면 붉은색이 되고, 철 매염을 하면 자주색이 나온다. 매염 후 한 5분 정도 빨랫줄에 잘 펴서 널어 바람 친 다음, 가볍게 3회 정도 수세하여 건조시킨다. 명반으로 중매염하면 분홍색이 나오는데 이때는 건조 후 수세한다.

⑥ 위의 ④처럼 3번 염색하고 ⑤와 동일하게 매염하여 처리한다.

⑦ 위의 ④, ⑥처럼 3번 염색하고 ⑤와 동일하게 매염하여 처리한다.

⑧ 이처럼 9번 염색하여 마무리한다. 완성된 천을 깨끗한 종이로 포장한 후, 습이 없는 실내에 최소한 한 주에서 수개월 동안 묵혀서 염료와 천이 잘 결합하도록 숙성시킨다. 그런 다음 필요할 때 깨끗이 수세하여 푸새한 후 사용한다.

⑨ 연한 색을 물들이려면 염액을 묽게 하면 되지만, 최소한 5번은 염색을 해야 견뢰도가 어느 정도 보장된다. 염액을 좀 연하게 하여 반복 염색을 해 나갈수록 좋은 염색을 얻을 수 있다. 3번 염색하고 하루 이상 묵혀서 재염을 해야 한다. 시간이 있으면 더 긴 시간을 묵혀 가며 염색하는데 이렇게 할수록 좋은 염색을 할 수 있다.

사람이 염색을 한다고 여기지만 시간이 물을 들인다.

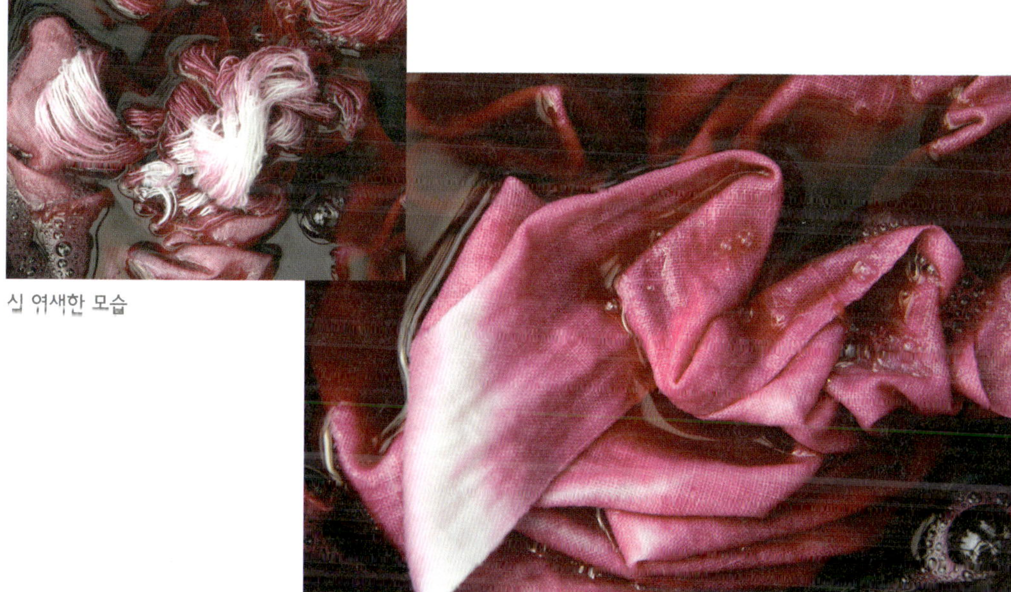

실 여새한 모습

면으로 염색한 모습

심신의 스트레스를 완화시키는

청색계

우리가 보통 "푸르다"라고 말하는 색이다. 주로 "하늘이 푸르다", "바다가 푸르다"라고 표현하지만 숲도 "푸르다"라고 말하기도 한다. "푸르다"라는 표현을 녹색과 병용하여 사용하는 것은 한자 문화권인 중국과 일본도 매한가지다. '천자문' 책의 서두에 나오는 '천지현황天地玄黃'이라는 사자성어에서 알 수 있듯이 하늘은 검고 땅은 누렇다. 황색은 주황, 적색과 같이 명도 채도가 높아 확대적으로 보이지만, 푸른 하늘색은 회색, 흑색과 같이 명도, 채도가 낮아 어두우며 탁해서 축소적인 색이다. 온화하며 평화적인 색으로 휴식과 안정감을 준다.

하늘은 깊어서 검고 바다도 깊어지면 검푸르고 쪽물도 깊어지면 어두워진다.

오행에서 청은 녹과 함께 목木 기운으로 계절은 봄, 방향은 동쪽이요 장부로는 간, 쓸개다. 양의 기운으로 남성적인 색이다. 오행 사상으로는 흑색에 도움을 받고 적색을 도와 준다. 백색에 해를 당하고 황색에 해를 준다.

연한 청색은 요가에서 제5차크라이며 몸과 목 부분의 소통을 주관하기에 부모와 불화가 있을 때 목에 이상이 올 수 있다. 말문이 막히면 소통에 관한 문제이기에 여기와 연관되어 있다. 성숙한 부모 역할을 하기에 보호, 양육, 헌신 등의 의미를 가지며 맑은 하늘같은 마음이다. 하늘과 연결되는 관문이라 우울, 고립, 내향성이 있으며 신비하고 영적인 사고로 전환된다. 단순 명료하고 창조적이다. 간 기능과 감기, 갑상선, 편도 등 목과 관련된 질병이 나타난다. 부자간의 문제, 애정 결핍, 진정한 평화와 휴식을 원할 때 필요하다. 심신의 흥분을 억제하여 진정시키고, 신체적 스트레스를 완화시켜 주며 쇼크, 불면증, 통증에 도움을 준다.

목에 쪽염색된 파란 스카프를 두르거나 책상 앞에 손수건을 걸어 놓고 짬짬이 바라보면 효과가 있다. 상체에 파란 조끼나 옷을 입는 것은 더 효과적이다.

진한 청색은 제6차크라로 제3의 눈이라 불리는 이마에 해당된다. 청색 3에 적색 1 정도가 있으면 높은 단계의 정신세계와 관련이 있어 텔레파시, 치유 등 초능력이 있다. 또한 집중력이 높으며 깊은 명상 속에 평화를 얻어 낸다. 눈, 코, 귀, 이마 등 감각기능이 매우 높아진다.

지나치게 자기 생각에 빠지며 고독감을 느낄 수 있다. 몸으로는 눈과 목에 관계가 있으며 간, 천식, 소화기를 치료해 주며, 부족하면 기억력, 두통, 뇌졸중, 편집증이 나타난다. 정신적인 부분과 깊은 연관이 있어 균형을 잃으면 정신적인 손상을 크게 입을 수 있다. 준비되지 않은 가운데 제3의 눈이 열린다면 고독, 분열, 우울, 불신 등이 나타나며 심한 이상주의로 좌절을 겪을 수 있다. 부정적인 면이 드러나 위험이 오면 보색인 황금색을 쓰는 것이 좋다. 배꼽이 있는 배 수변이 제2, 제3차크라로 명상 등을 통해 노랑과 주황으로 단전 부위에 마음을 모아 주면 좋다.

청색계는 환원성 염재인 남염藍染으로 여귀과에 속하는 쪽풀藍草, 인도쪽이라고 하는 목람木藍, 유구람琉球藍, 대청大靑, 산람山藍 등이 있다. 그 외로는 환원성이 아닌 취목臭木과 심ㅅ나무 열매로 색을 내기도 한다.

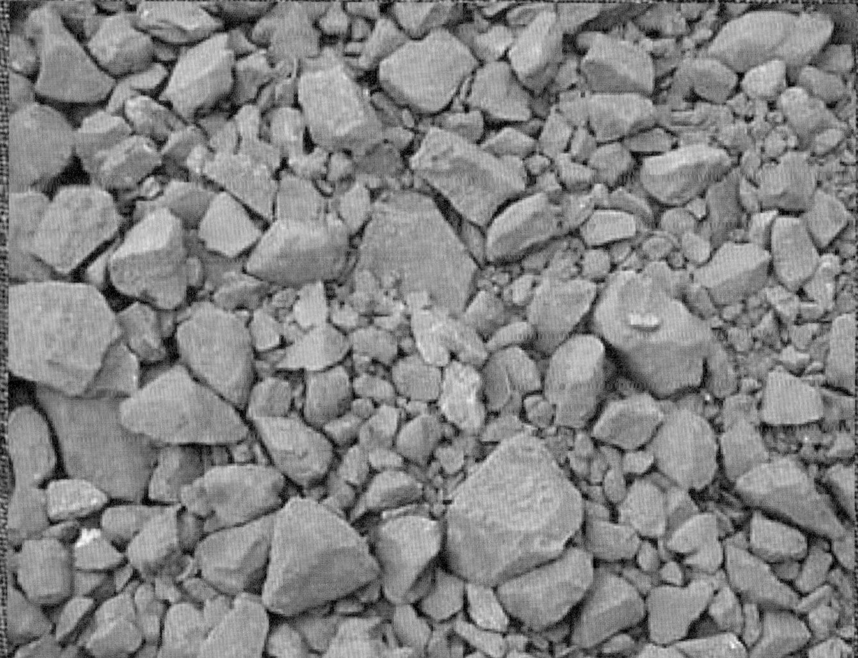

쪽^藍 염색

옛날에 쪽은 십자화과에 속하는 대청大靑과 여귀과에 속하는 쪽풀藍草이 사용되었으나 현재는 주로 남초藍草를 사용하고 있는 편이다. 쪽 자체가 따뜻한 지방에서 자라는 식물이라 북부에서 재배한 남초보다 남부에서 재배한 남초가 염료 양이 많이 나온다. 대청은 추위에 강한 편이어서 북부 재배가 용이하나 남부 지방보다 염료 양은 적고 엷게 물드는 편이다. 목람도 재배는 가능하나 우리나라 기온이 낮아 인도, 동남아 등 따뜻한 지역에 비해 작물의 크기가 작고 염료 양도 좀 적은 편이다. 유구남이나 산람은 일반재배가 어려워 보온 시설이 필요하다. 산람은 염료 양이 적은 편이어서 발효쪽을 만들 때 우리 단술처럼 생잎을 조금 넣어 주면 쪽발이 잘 세워진다. 취목, 심나무 열매는 남부 산하에 분포되어 있다. 여기서는 우리가 주로 사용하는 여귀과의 쪽풀인 남초염색을 주로 다루며 다른 쪽 이야기도 하려고 한다.

아직까지도 전통 쪽염색은 몇몇 염장인의 전유물로 되어 있다. 일부가 화학 환원제를 이용해 간편 쪽염색을 하고 있는 실정이다. 염색이 어렵다고는 하나 딱히 그렇지도 않다고 생각한다. 중국이나 동남아는 20세 전후

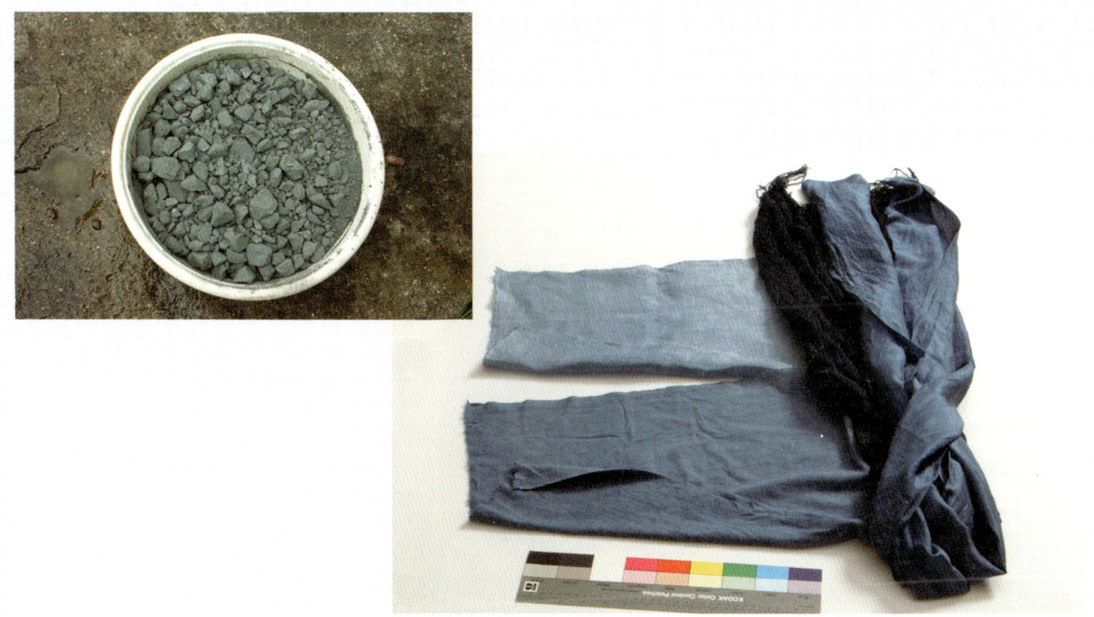

의 젊은이들이 쪽염을 잘하고 있다. 쪽염은 천연염색에 있어 매우 중요하다. 청색을 얻는 데 다른 방법이 별로 없기도 하지만, 전통 천연염색의 근본적 원리가 들어 있기 때문에 모든 염색인들은 할 수만 있으면 꼭 한번 쪽을 집고 넘어갔으면 하는 바람이다. 산화, 환원, 숙성, 발효, 물 등을 알 수 있다. 특히 산과 알칼리의 관계를 이해하는 것은 매우 중요한 문제이다.

전통 천연염색은 자연을 얼마나 잘 아느냐의 문제인데 쪽염은 그 자연의 흐름을 너무 잘 알게 하는 염색이다.

염색은 물과 염료가 서로 사랑하는 염액으로 만들어 다시 천과 염액이 사랑하는 사이로 만드는 것이다. 여기서 매염제의 역할이 있지만 산이나 알칼리가 사랑의 중요한 에너지가 되어 염색을 중성 상태로 마무리하게 한다.

남초 (藍草, 쪽)

지금 국내에서 재배하는 쪽은 여귀과의 한해살이 풀로 크기는 1m 전후이며 잎이 어긋나 붙어 있다. 잎끝이 둥글고 꽃이 붉은색이 피는 것, 잎끝이 뾰족하고 꽃이 붉은색과 흰색이 피는 것, 이렇게 세 종류가 있다. 잎끝이 둥근 것은 우리 쪽이라고들 한다. 붉은 꽃이 피는 쪽은 염료가 더 나오고 붉은 기가 있어 미세한 자줏빛이 돌며 무겁고 진한 청색이 나오는 편이다. 흰 꽃이 피는 쪽은 염료가 좀 적게 나오며 맑고 순수한 청색이 나와 더 경쾌한 느낌이다. 세 종류의 쪽을 따로 분류, 재배하고 염료를 만들어 염색을 할 필요도 있다. 그냥 청색을 염색하는 것도 좋지만 푸른색의 미묘한 차이를 느껴 보는 재미는 우리에게 새로운 에너지를 제공해 준다.

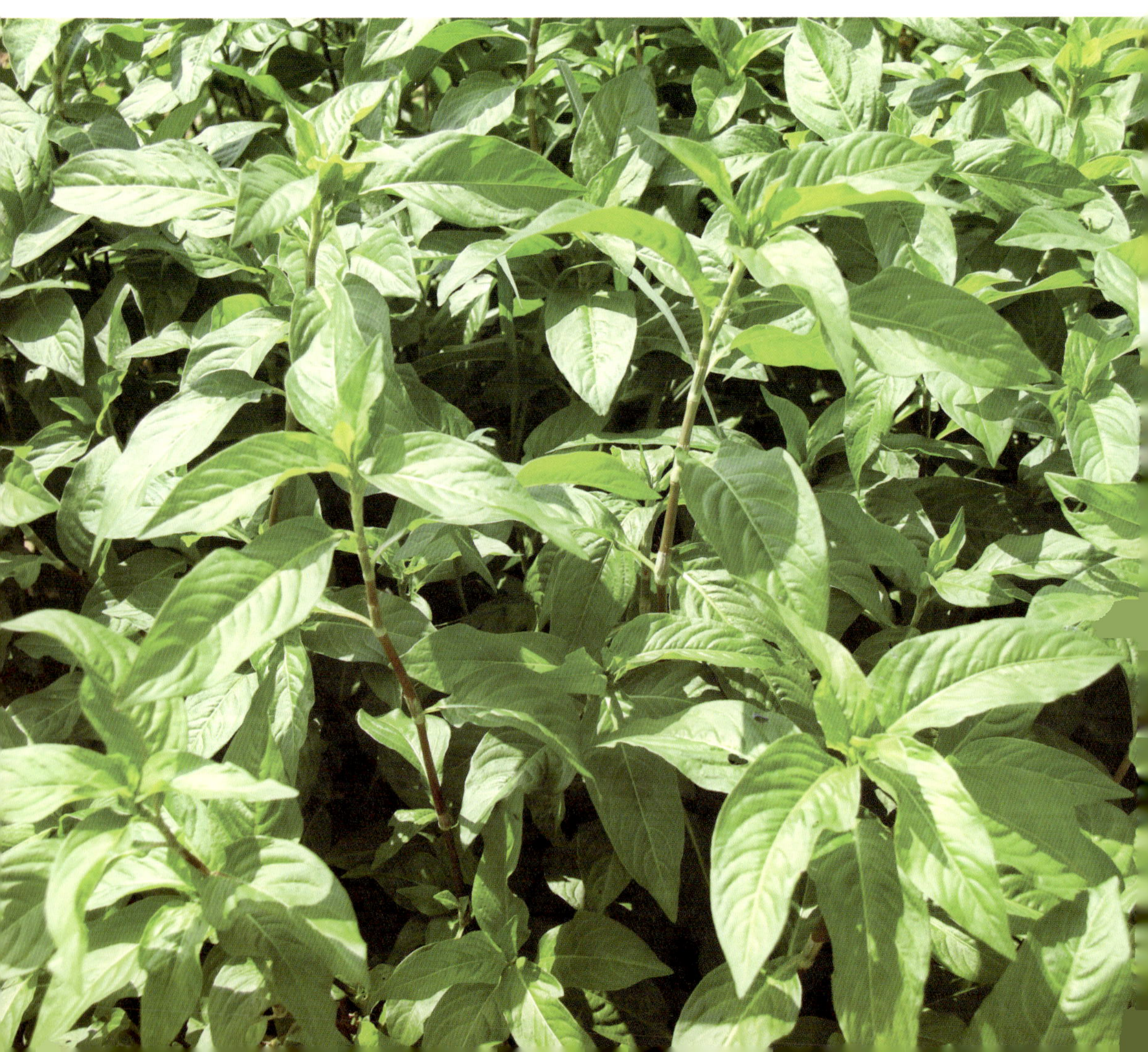

❶ 염료 만들기

쪽을 베는 시기는 7~8월 중 모종 때 심었던 모순에서 꽃대가 가끔 하나씩 보이기 시작할 때가 적기다. 베는 시기는 씨앗을 언제 파종하여 언제 본밭에 정식했느냐에 따라 차이가 있으므로 꽃대를 보고 베는 시기를 정하는 것이 좋다. 재배법 등은 『내 손으로 하는 천연염색』에 자세히 소개되어 있다.

① 베어 온 쪽을 한 섬(약 200L) 이상 되는 항아리나 고무통 안에 차곡히 가득 채운 다음 크고 평평한 돌로 누르고 물을 가득 붓는다. 그리고 투명 비닐로 덮고 고무줄로 묶어 준 다음 손가락으로 비닐에 구멍을 뚫어 숨 구멍을 만든다. 이때 쓰는 물은 하루 전 통에 빋아서 햇볕에 놓은 것을 쓰는네, 물의 온노가 높아서 쪽잎을 익힐 때 많은 도움이 된다. 특히 큰 통에 작업을 하는 경우 뒤집기를 할 수 없는데 물의 온도를 좀 높여서 반 정도를 채워 주면 더 많은 양의 염료를 얻을 수 있다.

② 햇볕이 좋으면 2~3일이면 되지만 흐리고 비가 오는 날씨에는 한 주를 놓아두기도 한다. 하지만 쪽물이 많이 탁해지기 때문에 그리 좋은 쪽을 얻기는 힘들다. 통이 작을 경우 매일 오후 3~4시쯤 한 번씩 뒤집어 주면 잘 익는다.

③ 항아리 위 표면에 청색 피막이 생기고 쪽잎에 녹색 기운이 사라지고 누렇게 되면, 쪽대를 건져 내는 시기가 온 것이다. 쪽대를 건지는 시기는 날씨에 따라 차이가 있나. 잠시 옛 이야기를 하자면, 예전 인간문화재 심의를 할 때 하루냐 이틀이냐의 시비가 있었다. 하지만 그것은 옛날에 행해진 일이다. 그때는 조갯가루를 만들 때 낮은 화도에서 꼬막을 구웠기에 알칼리 농노가 낮았다. 쪽잎이 너무 익으면 산이 높아져 많은 양의 석회가 들어가고 염료의 농도가 낮아지기 때문에 그랬을 뿐이다.

지금은 나무가 흔하고 도자기 가마 같은 곳에서 높은 온도로 꼬막을 굽기에 알칼리 농도가 높은 조갯가루가 얻을 수 있다. 굴 껍질보다 꼬막 껍질에서 더 좋은 석회를 얻을 수 있다. 쪽잎을 하나 떼서 햇빛에 비추어 육안으로 봤을 때 70%가 투명하고 30%가 어두우면 적기라고 봐야 한다. 잎이 투명해진 것은 염료가 빠져나가고 섬유질만 남았기 때문이다. 어두운 부분은 염료가 남아 있으나 그것까지 다 빼다 보면 쪽이 너무 탁해진다. 이렇게 익은 쪽대는 항아리 속 쪽물에 헹구어서 넓은 통에 작대기 두 개를 걸치고 그 위에 건져 낸다. 건져 낸 쪽대는 햇볕 좋은 공터에 말려 놓았다가 나중에 잿물을 만들 때 쓰면 매우 유용하다.

④ 쪽대를 건져 낸 쪽물을 작고 성긴 체로 떨어진 잎과 줄기를 건져 내고 다른 통에 고운체를 받쳐 고운 부스러기까지 깨끗이 걸러 제거한다.

⑤ 옛날에는 쪽물 한 섬(약 200L)에 조갯가루 한두 되를 넣었지만 지금은 패각회(조개, 꼬막 가루)의 농도가 높아져 반 되 정도만 넣어도 된다. 날씨가 고르지 못해 쪽을 익히는 기간이 길어지면 산도가 높아져 회灰를 더 넣어 주어야 한다. 패각회는 만드는 사람, 굽는 온도에 따라 차이가 있으므로 자신이 쓰는 패각회의 정량을 알아 두어야 한다.

소석회를 쓰는 경우 한 섬(200L)에 3~4홉을 넣는데, 이것도 제조 회사와 시기에 따라 알칼리 농도 차가 있으므로 쓰는 사람이 감을 잘 잡아야 한다.

⑥ 바가지에 쪽물을 떠서 패각회를 풀어 넣거나 체에 패각회를 넣고 풀어 주는 것이 좋다.

패각회나 석회를 적게 넣으면 쪽물 안의 색소를 충분히 잡지 못하고, 많이 넣으면 색소가 잘 잡힌다고 할 수도 없고 염색을 위해 쪽발(환원)을 세울 때 문제가 생긴다. 어쨌든 쪽염색하는 사람이 쪽물에 번지는 석회의 농도를 육안으로 알 수 있는 감이 있어야 한다. 중국이나 동남아는 온도가 높은 지방이라 회를 좀 강하게 써서 알칼리 농도가 높다. 그곳들은 더운 지방이

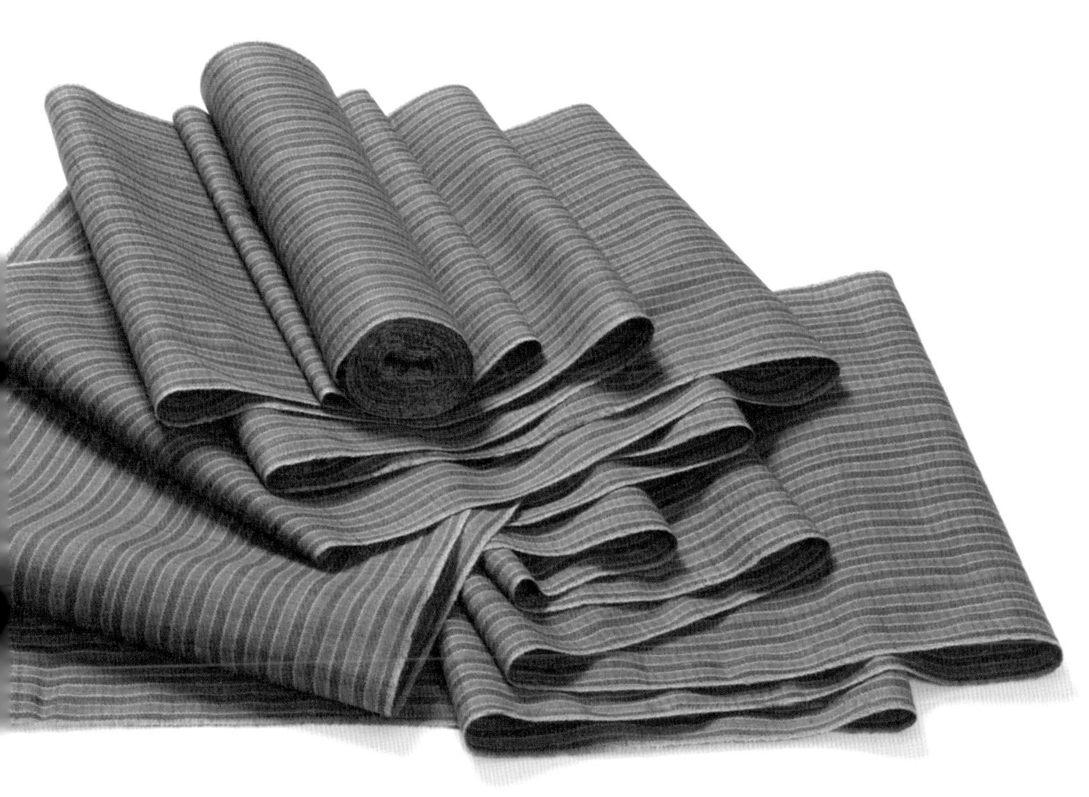

라 그렇게 하지 않으면 쪽죽 상태일 때 부패, 변질이 오고 염색을 위해 쪽 발을 세울 때도 과 발효로 인해 환원이 일어나지 않고 부패가 일어난다.

⑦ 패각회를 넣고 처음에 고무래질을 서서히 해 주면 물빛이 황색이 돌다가 연녹색으로 변한다. 이때부터 밑으로 내려길 때는 강하게, 위로 올릴 때는 보통으로 물을 끌어올리듯이 고무래질을 한다. 고무래질을 하면 공기가 들어가 산화 현상이 일어나고, 패각회가 색소와 결합해서 염료화 되는 것이다. 고무래길은 공기를 넣어 주는 행위이다. 중국은 묘족, 태국은 메우족이라 하는 소수민족은 큰 통대나무 아래쪽을 잘게 쪼개 부챗살처럼 펼쳐서 물질을 한다. 대나무를 항아리에 넣고, 올리고 내리기를 반복하여 공기를 넣으면서 기포를 일으킨다. 그리고 석회는 꼬막이나 조개 대신 석회암을 불에 구워 만들어 쓴다. 우리 패각회보다 안칼리 농도가 높은 편이다.

⑧ 계속 고무래질을 하면 황색물이 연녹에서 진녹, 연청, 진청으로 변한
다. 기포는 계속 늘어나는데 연한 청색에서 진청으로 변하면서 점점 줄어
들면 고무래질 속도를 좀 느슨하게 해 준다. 물빛이 진청색에서 흑청색으
로 되고 맑은 기포가 조금씩 생기면 색소와 물이 완전히 분리되어 염료화
되었다고 보아야 한다(혹시 색소와 물의 분리가 덜 되었다 싶으면 마무리로 작은 거름망에 석
회를 넣어 쪽물 위에다 한 번 돌려 가며 뿌려 주고 한 5분 정도 아주 가볍게 살랑살랑 저어 준다).

고무래질하기에 어중간한 소량의 쪽물이면, 석회를 넣고 가볍게 저어 준
다음 바가지로 쪽물을 떠서 위로 올려 부어 주기를 거듭하면서 공기와 접
촉시킨다. 어두운 물빛이 나면 하룻밤 방치한다. 다음 날 윗물을 따라 내면
염료가 된다.

대량으로 염료를 만들 때 고무래질을 하면서 만들면 매우 힘들다. 그래
서 공기를 만드는 컴프레서를 이용해 기폭식으로 만드는 것이 좋다. 이때
는 컴프레서 공기 호스를 통 바닥 둘레보다 약간 작게 원형으로 만들어 2
~3cm 간격으로 바늘 구멍만 하게 구멍을 뚫고 수직으로 공기 유입호스를
연결하면 된다. 사용할 때는 바닥에 닿는 원형 부분에 철 토막을 묶어 주어
야 물 위로 뜨지 않는다.

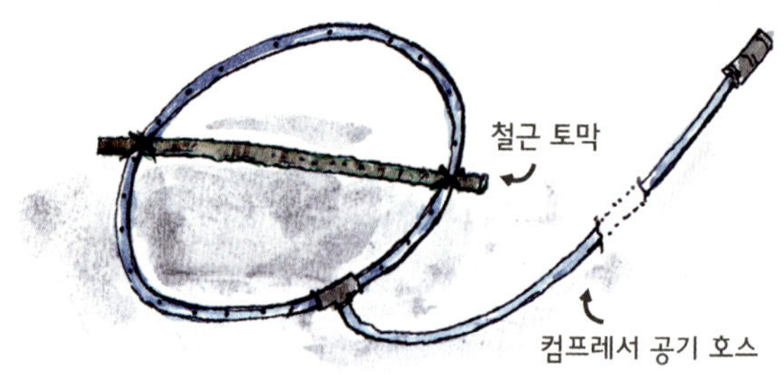

컴프레서 공기 유입호스

⑨ 고무래질이 다 끝난 쪽물은 하루 저녁을 방치한다. 다음 날 아침에 항아리를 가만히 옆으로 뉘어 가며 청색 염료가 나올 때까지 누런 윗물을 따라 내고 바가지로 한 말(약 20L) 양동이에 옮겨 놓는다.

⑩ 양동이에 담겨 있는 염료를 2~3일 방치해 놓으면 더 침전이 된다. 하루에 한 번씩 누런 윗물을 따라 내고, 윗물이 안 생기면 바구니에 20~30수의 광목을 깔고 염료를 부어서 남은 물을 뺀다.

⑪ 바구니에 담긴 상태로 며칠을 놓아두면 가뭄에 논바닥이 갈라지는 것처럼 쩍쩍 갈라지면서 청색 펄이 된다. 죽처럼 말랑한 기가 있을 때 양동이에 넣어 서늘한 곳에 보관해 놓는다. 쪽죽(니람) 상태로 보관하면 풀어 쓰기가 좋고 보관하는 동안 숙성이 되어 좋은 점이 있지만 처음 하는 사람은 주의해야 한다. 양동이 안 쪽죽 표면에 쪽에서 나온 물이 1cm 정도 있는 깃이 잡균을 막아 주는 역할을 한다. 옛날 같지 않아 요즈음에는 석회를 강하게 쓰기에 건조시키면 돌처럼 딱딱해져 쓰기 불편하다.

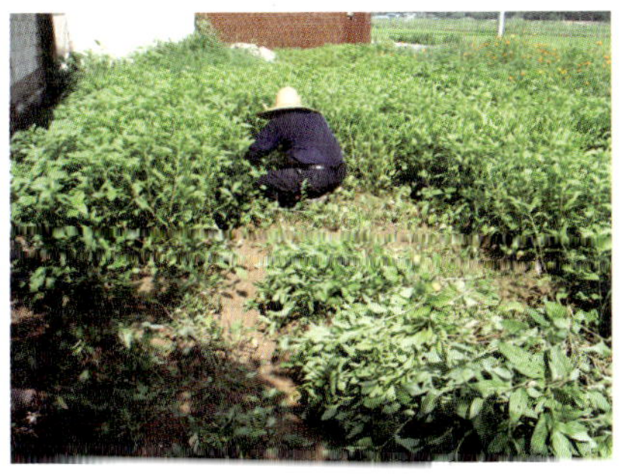

① 쪽 베기

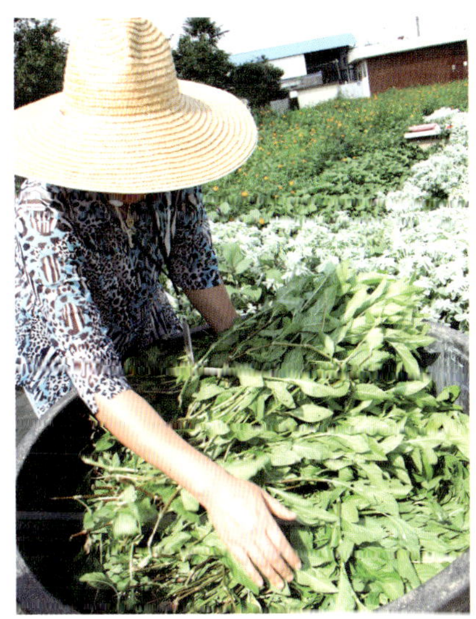

② 쪽 담그기

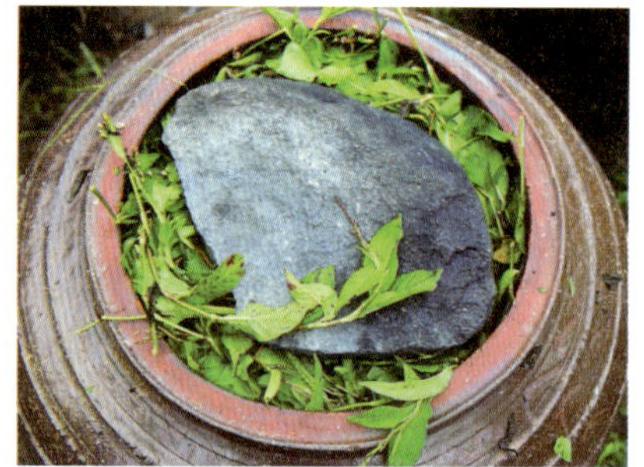

③ 돌로 눌러 주고 물을 채운다.

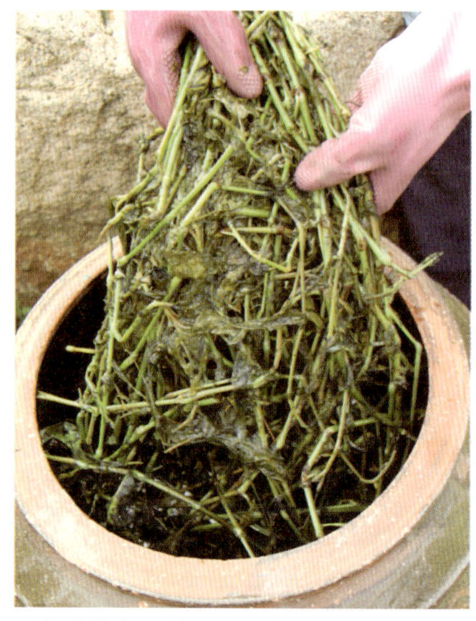

④ 2, 3일 후 쪽대를 건져 낸다.

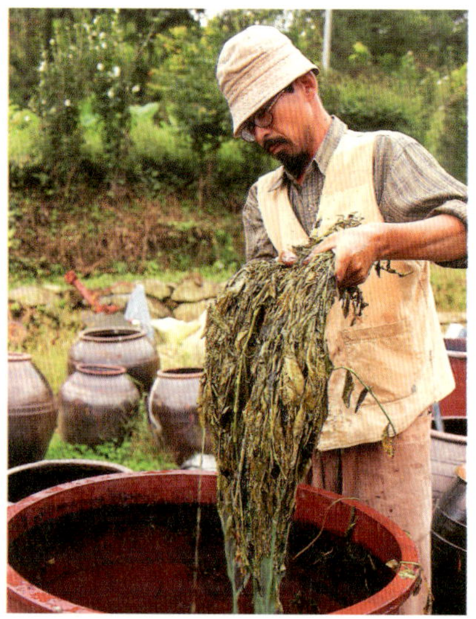

⑤ 쪽대를 건져 내는 모습

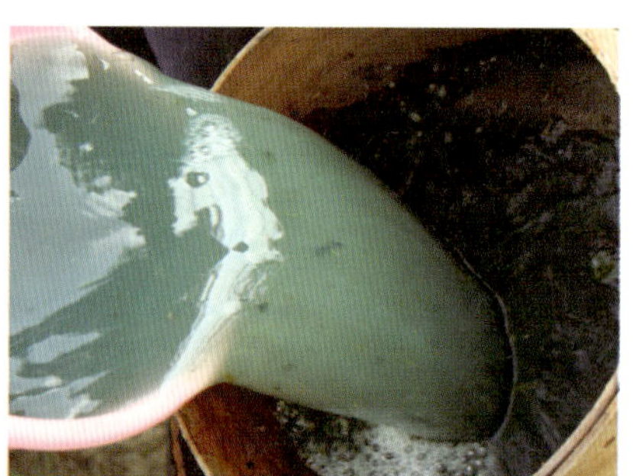

⑥ 쪽대를 건져 낸 물을 고운체에 걸러 작은 찌꺼기를 제거한다.

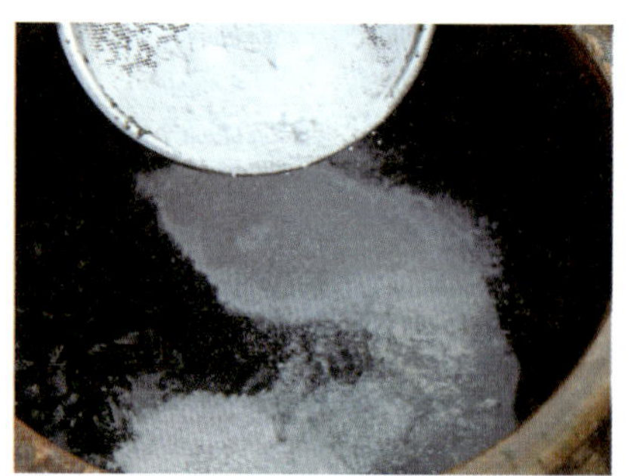

⑦ 찌꺼기를 제거한 쪽물에 석회를 넣는다.

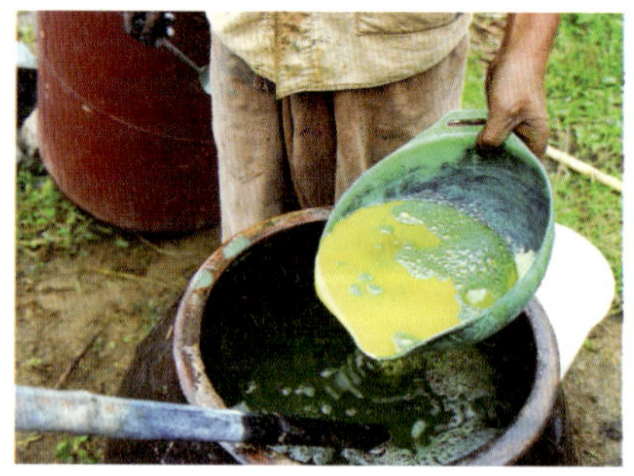

⑧ 쪽물에 석회를 풀어서 넣는다.

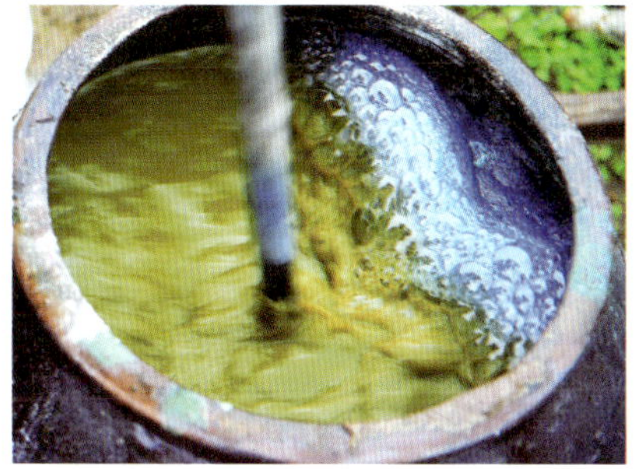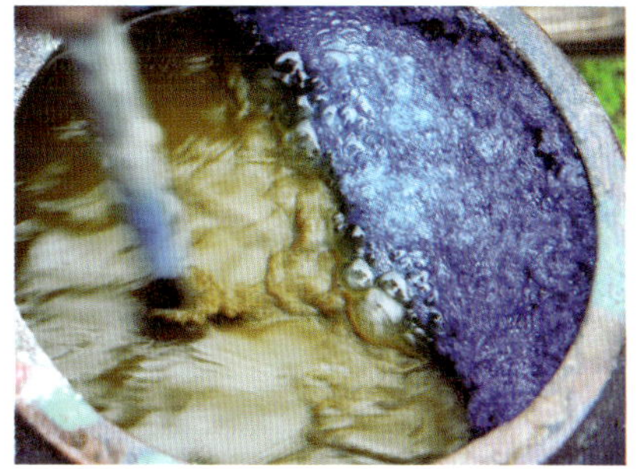

⑨ 고무래질을 한다. 처음에는 물이 누르스름하고 연한 하늘색 거품이 생긴다.

⑩ 계속 저으면 물색이 진해지며 거품도 진청색이 된다.

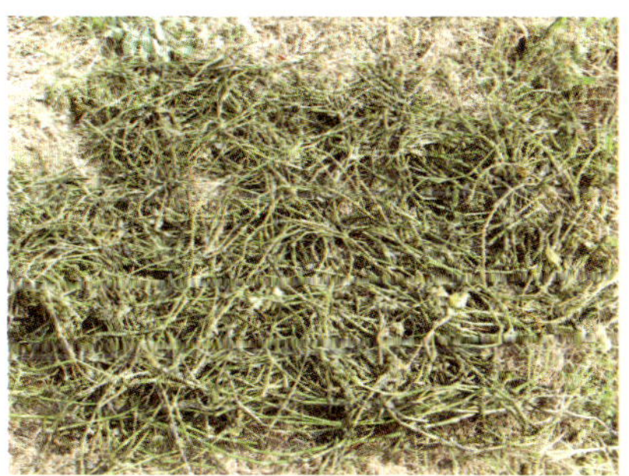

⑪ 쪽대는 건조시켜서 잿물용으로 사용한다.

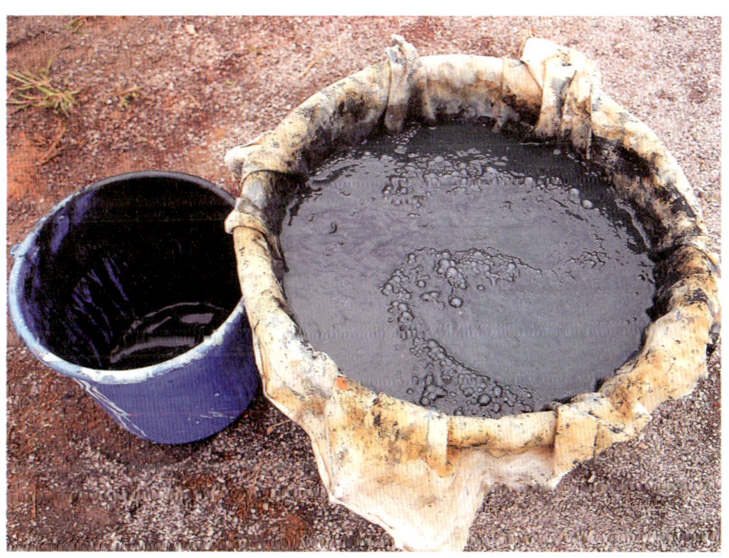

⑫ 만들어신 쪽 염료를 바구니에 넣어 수분을 제거한 쪽죽

❷ 물들이기

① 염색을 하려면 쪽을 안쳐서 쪽발을 세워야 한다. 쪽을 안칠 때는 항아리에 쪽죽을 잿물에 풀어서 넣는다. 쪽과 잿물의 비율은 옛날에는 1대 4~5배 정도였으나 지금은 1대 6~7배로 하는 것이 좋다.

앞에서 말했듯이 옛날에는 염료를 만들 때 석회가 많이 들어갔기에 색소의 농도가 약했다. 하지만 지금은 석회가 강해 조금 넣어도 염료를 만들었을 때 농도가 진한 편이다. 쪽물의 농도가 진하면 염색도 진하고 빨리 염색되기는 하지만 그만큼 견뢰도는 떨어진다.

② 잿물은 ph11 정도로 하고 온도는 40℃ 정도로 맞추어 쪽을 안친다. 그리고 쪽 항아리 속 온도는 25~30℃를 계속 유지시켜 주며 매일 5회 정도 가볍게 저어 준다. 한여름에는 서늘한 곳에 두어야 하고 겨울에는 보온을 해서 온도를 유지시켜 주어야 한다. 온도가 30℃를 넘으면 과 발효되어 부패하고 상하게 된다. 한여름에는 쪽죽과 잿물의 농도를 좀 높여 항아리 안 쪽물의 ph가 어느 정도 높은 것이 좋다.

이때 쪽죽의 알칼리 농도가 높으면 잿물이 더 강해야 한다. 그렇지 않으면 쪽죽이 잿물에 녹지 않아 따로 따로 놀면서 쪽죽은 아래에 있고 잿물은 누렇게 위에 있다. 그러면 쪽이 잘 환원되지도 않지만 환원이 되었다 하더라도 위에까지 쪽발이 서지 않아 어설프게 염색이 된다.

③ 쪽을 안치고 나서 하루 뒤 100L에 매실 효소액 100cc 정도를 넣어 주고 가볍게 젓는다. 한 3일쯤 지나면 진한 청색의 물이 약간 변하려는 기미가 보인다. 매실 효소액은 약산과 당이 있고 천연 효모균이 있어 쪽발을 세우는 데 많은 도움을 준다. 매실 효소액 대신 물이 섞이지 않은 막걸리 밑술을 넣어 주어도 된다.

④ 한 10여 일을 매일 5회씩 저어 주며 관리해 준다. 그러면 녹색 빛이 점점 많아지며 항아리 표면에 청색 피막이 생기고 물발이 위에까지 선다.

고무래질을 하면 환원된 꽃물이 공기 중에서 산화되며 청색 기포가 생기고 청색 물발이 실오리처럼 갈라지며 보인다. 만약 쪽발이 잘 안 선다면 단술을 만들어 한 컵 정도 넣고 저어 준다.

⑤ 항아리 표면까지 쪽발이 가득히 서면, 하루에 아침저녁으로 두 번만 저으면서 한 3일 정도 푹 익힌다. 그다음 염색에 들어 간다.

⑥ 오전에 쪽을 젓지 않고 준비한 그릇 위쪽의 맑은 쪽물을 약 3분의 1 정도 바가지로 떠낸다. 폭이 좁고 굽 높은 그릇을 써야 천이 노출되지 않고 충분히 침염이 된다. 바가지로 쪽을 천천히 조심스럽게 떠내어 염색통에 가만히 부어 준다. 공기를 최대한 적게 접할수록 산화가 덜 된다.

⑦ 천을 천천히 넣고 천이 밖으로 나오지 않게 하여 한 15분 정도 방치한다. 중간에 한두 번 뒤적서려 준다. 천을 선셔 내면 녹빛이 노는데 가볍게 짠 후에 공기 중에 산화시켜 착·발색한 다음 다시 꼭 짜서 건조시킨다.

⑧ 염색이 끝난 염액은 다시 조심스럽게 항아리에 넣는다. 염색으로 줄어든 염액만큼 잿물을 붓고 고무래로 가볍게 저어 준다.

⑨ 하루 이틀 동안 아침저녁으로 한번씩 저어 주다 물발이 좋아지면 ⑥, ⑦과 같이 반복 염색해 준다. 이렇게 2~3회 반복 염색한 후에 수세를 한다. 원하는 색이 나올 때까지 반복 염색하여 완성한다.

⑩ 반복 염색하여 원하는 색이 나오면 2~3일 이상 흐르는 물이나 큰 대야 물에 천을 담가 잘 우려내야 한다. 특히 염색한 천 안의 잿물을 잘 빼내는 것이 매우 중요하다. 그렇게 하지 않으면 나중에 천이 삭거나 하얗게 변하는 백화 현상이 생긴다. 옛날에는 약간 유속이 있는 시냇가에서 대나무나 돌에 걸어 우려내기를 했다. 이렇게 잘 수세한 천은 말려서 보관해 놓는다. 필요할 때 다시 따뜻한 물에 3~4시간 담근 후 수세해서 말리고 푸새하여 쓰면 참 좋다.

⑪ 여러 치레 염색을 히다 보면 염액이 묽어지는데 그럴 때는 쪽죽을 껫

물에 풀어 넣어 준다. 그리고 시간이 지나 ph가 낮아질 때도 이렇게 조절
해 주면 된다. 염액의 농도를 높이지 않고 쪽물의 신선도를 유지하려면 패
각회를 조금 넣고 잿물을 보충해 주는 것이 좋다.

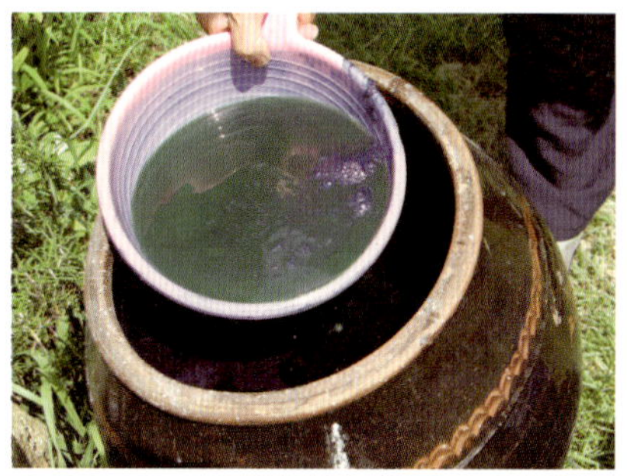

① 잿물과 쪽물을 넣어 10여 일가량 두면 녹색
물발이 선다.

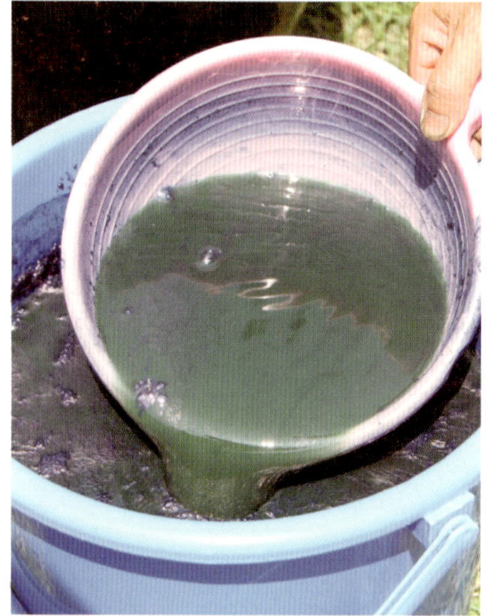

② 물발이 서있는 쪽물을 그릇에 떠낸다.

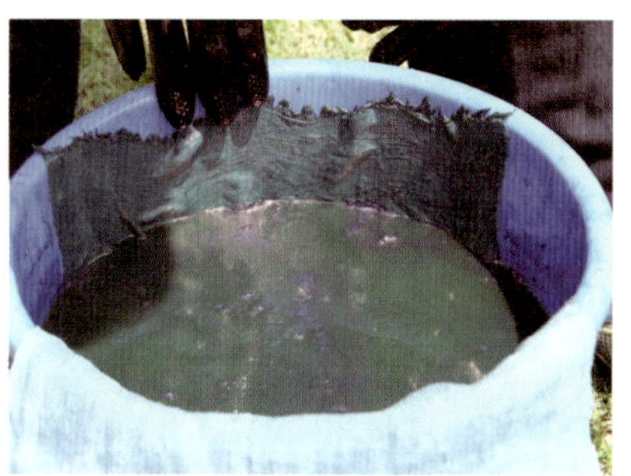

③ 물발(환원)이 선 물에 천을 넣는다.

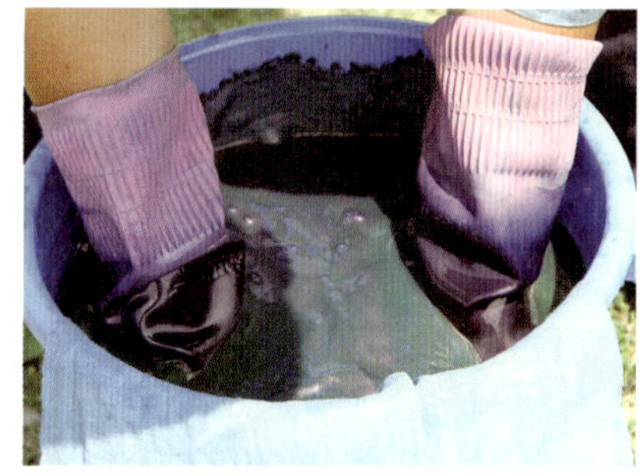

④ 서서히 조금씩 천을 쪽물에 담근다.

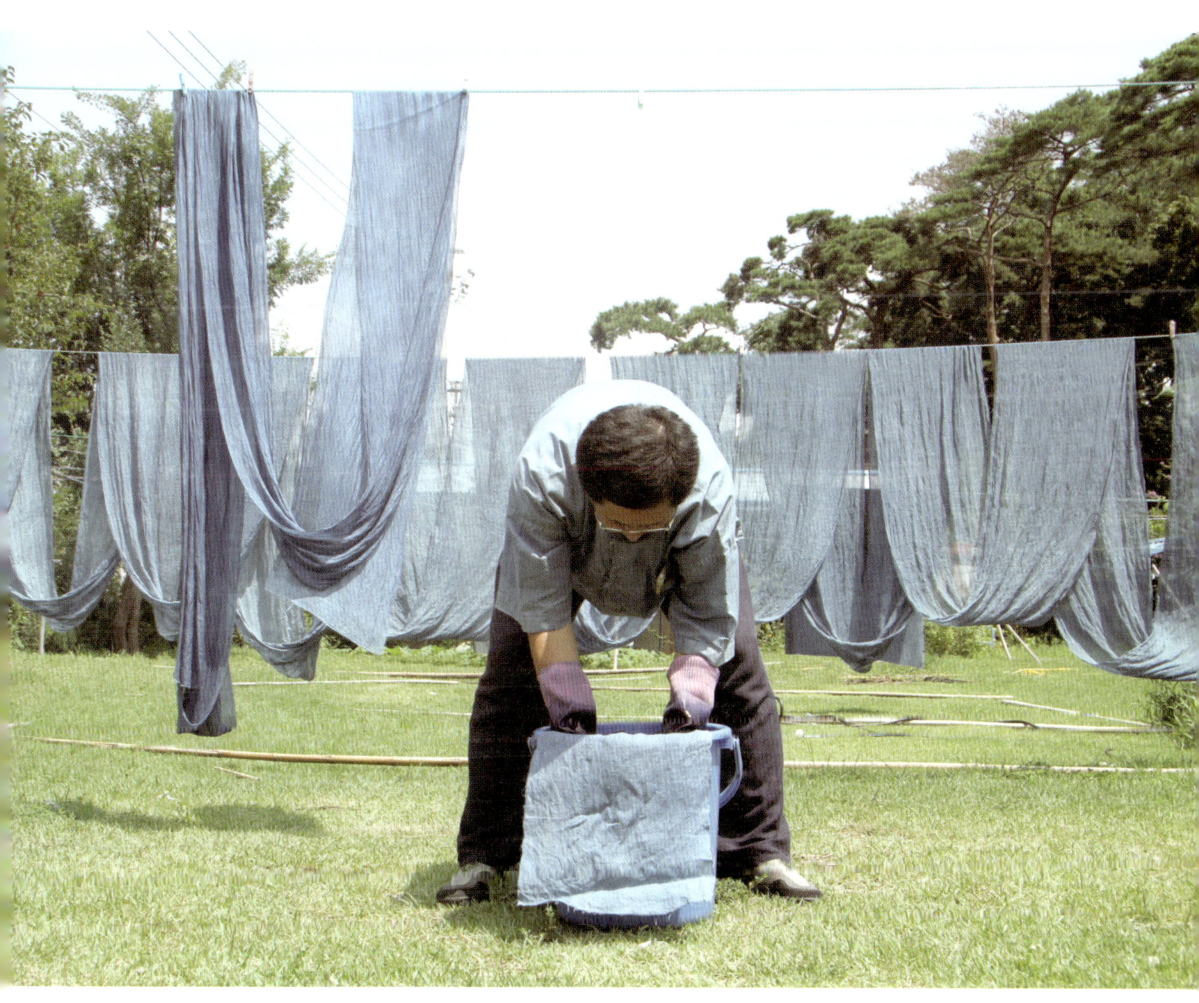

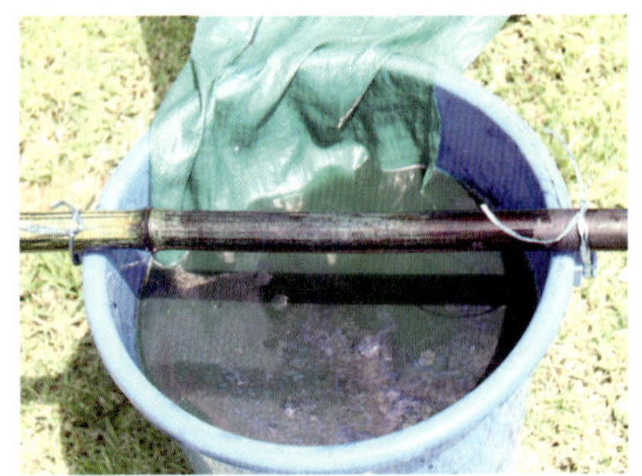

⑤ 염색한 천이 환원된 쪽물처럼 녹빛이 된다.

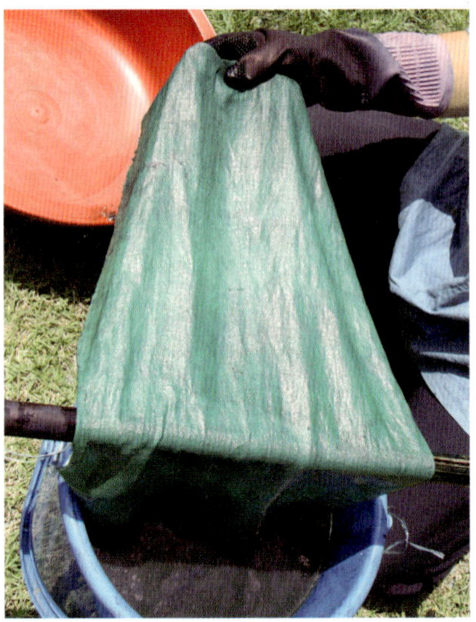

⑥ 염색한 천을 공기 중으로 끌어낸다.

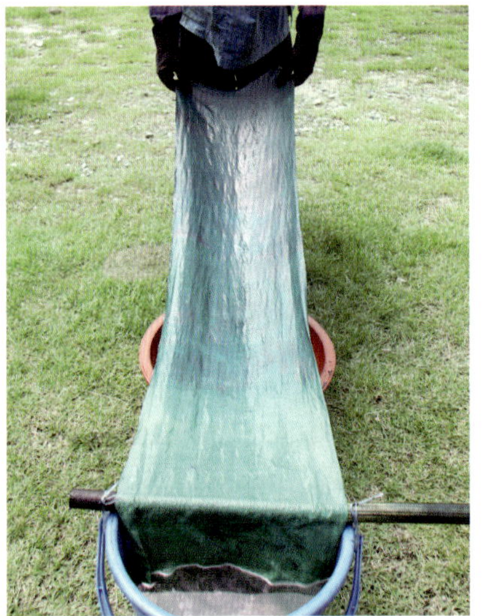

⑦ 천이 공기를 만나 산화되어 청색이 된다.

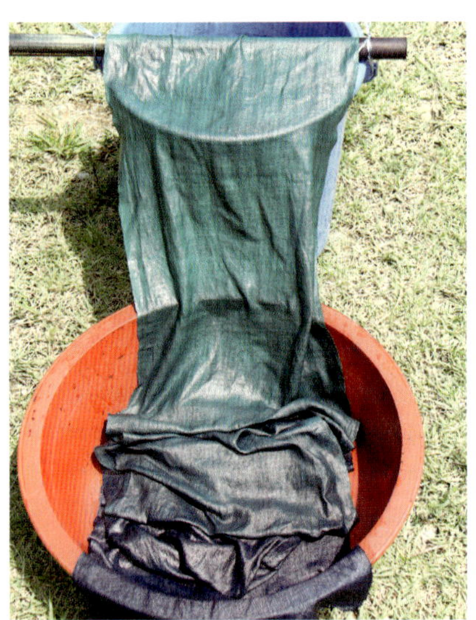

⑧ 염색한 천이 공기를 만나 산화된 모습

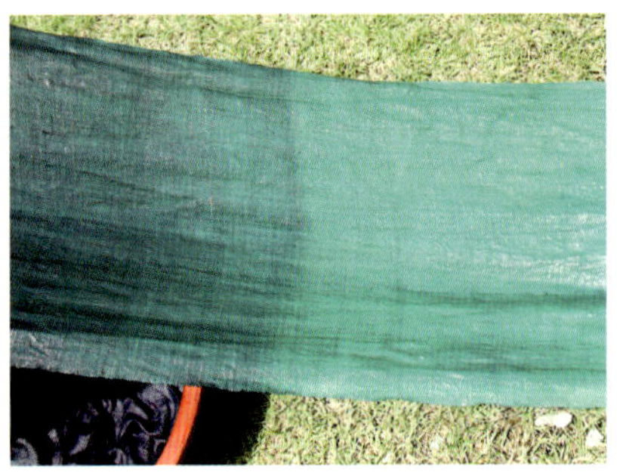

⑨ 환원 염색된 천의 근접 촬영 모습

❸ 반물紺染 물들이기

반물은 쪽염藍染의 다른 이름이다. 쪽죽尼藍을 만들지 않고 익은 쪽물로 염색하는 것을 통상 그렇게 부르고 있으나 아주 진한 남색을 말하는 것이다.

① 쪽을 베어 빈틈없이 항아리에 넣고 물을 채워 비닐로 밀봉해서 약 24시간 정도 해가 잘 드는 곳에 방치해 둔다. 중간에 쪽을 한번 뒤집어 준다. 만 하루 24시간을 침염하여 쪽을 익히는 것으로, 너무 짧게 놓아 두면 쪽잎에서 인디코 색소가 나오지 않는다. 조금 오래 익혀 두면 색소는 많이 나오는데 산도가 높아져 잿물이 많이 들어가 염액의 농도가 떨어지고 환원 발효가 잘 안 된다. 만약 쪽물의 농도를 진히게 하고 싶다면 하루 만에 쪽대를 건져 낸 쪽물로 다시 밭에서 생쪽을 베어 와 전날처럼 쪽을 안친다. 하루가 지난 후 쪽대를 건져 내면 쪽물의 농도가 2배로 높아져 있다. 아니면 처

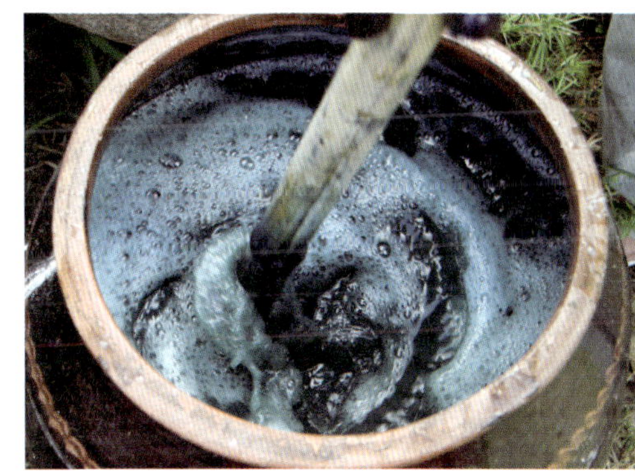

쪽물에 잿물을 넣고 저어 준다.

음부터 쪽대를 버리고 쪽잎만 따서 익히면 된다. 쪽잎을 해에 비추어 보면 반 정도가 투명하고 반은 어두운 편이다. 그러니 인디코 색소가 반반 나왔다고 보아야 한다.

② 만 하루가 지나면 쪽대를 건져 내어 깨끗이 거른 쪽물에 40℃ 정도의 따뜻한 잿물(ph13 이상)을 많이는 1:1, 식게는 2.1 정도의 비율로 넣고 대나무 작대기나 고무레로 잘 저어 준다. 이때 잿물은 강하게 내린 것이 좋다. 젓는 시간은 물빛이 어두워질 때까지 저어 준다. 물 양에 따라 시간의 차이가 있겠지만 통상 30분에서 1시간가량이다. 나음 날 매실 효소액과 단술을 100L에 각각 100cc 정도 넣어 준다. 내실효소가 없으면 단술이나 조청, 꿀

을 넣어도 된다.

③ 항아리의 온도는 25~30℃ 정도를 유지해 주어야 하며 매일 5회를 저어 준다. 3~4일 후에는 녹색 물빛이 보이며 청색 기포가 나타나기 시작한다.

④ 7~10여 일이 지나면 누런 연녹빛이 돈다. 청색 기포가 진하게 생기면 염색을 해도 된다.

⑤ 천이 크면 항아리에 통째로 넣어 염색을 해도 되고 따로 떠내어 염색을 해도 된다. 쪽물에 천을 넣을 때 기포가 들어가지 않도록 하고 물 위로 천이 나오지 않게 해야 한다. 그렇지 않으면 얼룩이 생길 수 있다. 15분 정도 넣고 침염했다가 건져 내어 가볍게 짜고 바람을 쳐 산화, 발색해 준다. 한두 번 정도 위와 같이 반복해 주면 더 진하게 물이 든다. 그런 다음 줄에 널어 충분히 바람 쳐 주고 완전히 산화, 발색시킨 다음 맑은 물에 수세한다. 건조하지 않고 수세하는 이유는 생 쪽을 익히면서 쪽풀에서 나온 섬유 색소가 천에 남아 쪽색을 탁하게 하기 때문이다.

⑥ 염색하고 난 뒤 항아리 안의 쪽물은 줄어들었을 것이니 염색하기 전만큼 강한 잿물을 보충해 주고 가볍게 저어 놓는다. 하루나 이틀이 지나 다시 물발이 서면 위와 같이 염색을 한다.

⑦ 색을 진하게 하기 위해 염색을 더 해야 할 때도 위와 같은 방법으로 반복 염색하고 침염 시간을 30분 정도 더 길게 잡아 놓는다. 침염 시간 동안 10여 분 간격으로 천을 뒤적거려 준다.

⑧ 원하는 색이 얻어지면 2~3일 물에 담가 잿물이나 이물질을 우려낸 다음 수세 건조하여 사용한다.

⑨ 얼마 동안 염색을 하다 보면 알칼리 농도가 낮아져 ph가 산 쪽으로 가면서 쪽발이 서지 않거나 변질이 오는 경우가 있다. 그러면 패각회나 석회를 넣고 잘 저어 앞의 쪽염료 만들 때처럼 하여 쪽죽을 만들어 놓으면 된다.

생 쪽生藍 물들이기

쪽이 무성하면 이른 아침에 쪽을 베어 와 쪽잎만 따서 물들일 수 있다. 생 쪽잎을 칵테일용 얼음과 함께 물고추를 가는 기계에 갈아서 녹즙을 내어 천에 물들이면 된다. 이른 아침에 쪽을 베어 내야 잎이 꼬들꼬들하여 절구질하거나 갈 때 좋다. 갈아 놓은 쪽잎이 미끄러워 즙을 내리기 불편하니 양파 망 같은 것에 넣어 손으로 짜거나 짤순이로 짜면 제일 편하다. 즙이 녹색 상태일 때 염색이 잘 되고, 어두워지면 염색이 잘 안 되고 빠진다. 이때 패각회를 물에 풀어 약간 넣어도 좋다. 면이나 마보다 명주에 물이 잘 들고 녹색 기기 남아서 맑은 청옥색이 나는 편이다. 천을 넣고 가볍게 주물러 물들이고 꺼내 가볍게 짜서 바람 쳐 준다. 그런 다음 과산화수소 4% 액에 침염했다가 맑은 물에 수세해 주면 산화, 발색이 잘 된다.

염색을 하고 나서 산화되어 녹색 물빛이 많이 어두워져 버리면 패각회를 넣고 열을 가해 물들여도 되고, 온도가 60℃ 정도에 환원제(하이드로)를 약간 넣어 염색해도 된다. 하지만 처음 차게 물들이는 것보다는 질이 떨어진다. 이때는 명주보다 면이나 마로 물들이는 것이 좋을 수 있다.

익은 생 쪽生藍 물들이기

쪽을 베어 항아리에 빈틈없이 넣고 물을 채워서 주둥이를 비닐로 싼다. 한 3일 정도 해가 잘 드는 곳에 방치해 놓았다가 쪽대를 건져 내고 그물에 천을 담그면 염색이 된다. 쪽잎이 익는 동안 환원이 되었기에 염색이 되는 것이다. 이 물에 패각회를 넣고 고무래로 가볍게 저어 주다가 황색물이 연녹빛이 나면 그때 천을 넣고 염색한다. 천이 노출되지 않게 해야 하며, 10여 분 간격으로 꺼내서 가볍게 짜고 바람 쳐 준 다음 다시 쪽물에 넣기를 몇 차례 반복해 준다. 그런 다음 잘 수세하여 건조시킨다. 쪽물을 다 쓰고 나면 거기에 염료 만들 때와 같이 패각회나 석회를 넣고 고무래 질하여 주는데 그러면 쪽죽이 된다.

여기서 쪽물을 진하게 하려면 쪽잎만 따서 항아리에 넣으면 된다. 처음에 넣은 쪽대를 건져 낸 물에 다시 새 쪽을 베어 넣고 익혀서 건져 내면 물이 두 배로 진해진다.

"생 쪽물이나 익은 생 쪽물을 이용한 염색은 불안전하고 그리 좋은 염색법은 아니다. 쪽이나 홍화염은 발효 과학의 신비가 들어 있는 염색이다. 반물법도 좋지만 쪽죽을 만들어 하는 것이 매우 좋은 방법이다. 앞에서 언급했듯이 가장 좋은 염색은 일차로 생 쪽잎 상태에서 발효, 이차로 죽 상태에서의 숙성이 되어야 한다. 염색하기 위해 항아리에서 숙성, 발효시키면 염료가 안정되고 최상의 유익한 균이 형성돼 우리에게 좋은 염색을 허락한다.

쪽이나 홍화염은 천연염색의 대 원리가 들어 있으므로 잘 참구한다면 온전한 염색을 할 수 있다."

주의할 점

① 쪽 염색은 항아리 속 물발을 계속 유지해야 하는데 이것이 쉬운 일은 아니다. 쪽을 배워 쪽물을 들이는 사람들이 처음에 쪽발을 세웠다 하더라도 그 물발을 유지하면서 물을 들이기는 쉬운 일이 아니다. 그래서 쪽염색 일을 하지 않으려 한다. 물발에 문제가 있는 것은 쪽죽과 잿물의 농도가 낮아 부패하거나 탄수화물이 없어 배고파 죽는 경우이다. 쪽물의 ph를 유지해 주고 시장기가 느껴지면 가끔 배고프지 않게 단술을 만들어 넣어서 탄수화물을 공급해야 한다.

쪽물 항아리를 어린 자녀처럼 여겨야 한다. 애들을 놓아두고 너무 장시간 출타하면 안 되듯이 매일 두 번씩 고무래로 뒤적거려 주어야 한다. 늘 청결히 해야 하며 배고프면 먹여 주어야 한다.

② 천에 쪽염색을 계속 해서 완성하기보다 한 3회 정도 염색 후 수세하여 묵혀 놓았다 다시 염색하기를 반복하면서 천천히 염색하는 것이 좋다. 그러면 견뢰도 높은 물이 들여진다.

③ 쪽염은 일 년에 3분의 1 정도만 염색하고 묵혀 가며 3년 동안 물들이면 최고의 염색을 얻을 수 있다. 옛날에 쪽물을 들이다가 완성하지 못한 천을 그다음 해 다시 물들여 완성하면 그리 물빛이 좋았다고 한다.

④ 잿물도 중요하지만, 석회 성질이 쪽물의 신선도를 유지하는 데 아주 중요한 역할을 한다. 특히 온도가 높은 한여름철에는 잿물의 농도가 좀 높아야 한다. 석회의 농도가 높아 과 발효로 인한 부패를 방지하여 쪽발을 유지하며 염색이 가능하다.

⑤ 쪽쟁이는 자신의 쪽 종균을 가지고 있는 것이 중요하다. 오랫동안 발효 쪽 항아리를 유지하다 보면 자신의 종균이 있다. 새로운 쪽을 안칠 때 묵은 쪽물을 넣어 주면 쪽발이 잘 세워지고 좋다.

⑥ 쪽일을 일 년 내내 하지 않고 어느 때 쉬고 싶으면 온도를 15℃ 이하로 떨어뜨리고 100L 쪽물에 패각회를 1홉 정도 잘 풀어 놓는다. 천천히 10여 분 이상 고무래질을 하여 완전 산화시켜서 방치해 둔다. 윗물이 맑아지면 침전된 쪽만큼의 물을 남기고 떠내어 버린다. 나중에 다시 쪽일을 하려면 낡은 물도 떠내고, 맨 치음 새 쪽을 안칠 때처럼 잿물을 넣고 온도를 맞추어 관리해 주면서 염색을 한다.

⑦ 염색을 한참 동안 하다가 가끔 한 번씩은 발효 쪽 항아리를 청소해 주어야 한다. 깨끗한 대야에 고운체를 놓고 쪽 항아리 염료를 바가지로 떠서 체에 걸러 주어야 한다. 이때 염색하면서 천에서 떨어진 보풀들이나 석회가 경화된 찌꺼기가 제거되면서 맑아진다. 항아리도 쪽물이 닿지 않은 주둥아리 부분에 잡균이 있으니 삶아서 빤 타올로 잘 닦이 주고 불로 소독하면 더욱 좋다. 걸러 낸 쪽물을 항아리에 넣고 며칠을 관리해 주면 다시 쪽빛이 살아난다.

⑧ 앞에서도 언급했듯이, 원하는 농도의 쪽염색을 한 다음에 뒷마무리가 매우 중요하다. 쪽염을 진하게 하는 경우 여러 차례 반복하기에 처음 4, 5회까지는 기억이 나지만, 그 후로는 몇 회를 염색하느냐가 중요한 것이 아니다. 원하는 색이 나올 때까지 하다보면 천이 많이 약해진다.

염색 천에서 뒤에 백화 현상이 생긴다면 큰 문제다. 백화 현상이 일어나는 데는 주로 두 가지 원인이 있다. 하나는 충분히 쪽발이 서지 않은 물로 염색해서 빠지는 데 있고, 또 하나는 잔류한 잿물을 잘 제거하지 않았기 때문이다. 쪽발이 섰다는 것은 환원이 잘 되었다는 것인데, 환원되지 않은 쪽물은 천에 물들었다가도 안료처럼 다 빠져나간다. 그래서 쪽발을 잘 세워 염색해야 하고 빠지는 물색은 깔끔하게 빼내야 한다. 쪽발이 잘 세워진 물로 염색해야지 그렇지 않으면 쪽팔리는 염색이 나온다.

천에 염색된 물 색에 취해서 잿물을 빼는 문제를 소홀히 하면 안 된다. 앞에서 말했듯이 염색이 다 완성된 천은 물에 며칠씩 담가 잿물을 빼 주고 건조시킨다. 그런 다음면, 마는 목초산 희석액에 삶아 주어 남은 잿물을 제거해 주고 잘 수세하여 건조시킨다. 마지막에 산을 넣어 삶아 주는 것은 목초산이 남은 잿물을 중화시키고 천에 누런 기가 빠지면서 가장 안정된 상태가 되어, 쪽빛이 맑고 청하며 깊은 맛을 내기 때문이다. 물에 목초산의 농도를 ph5 정도로 맞춘다. 목초산이 없으면 양조 식초를 사용해도 되지만 목초산보다는 못하다.

산을 가해 천을 삶아 낼 때와 그렇지 않을 때의 색깔의 깊이는 상당히 크다.

목초산은 나무를 태울 때 나오는 따뜻한 연기가 밖의 찬 공기와 만나면서 생긴 증류수이며 산성을 띠고 있다. 여기에는 식물에서 나온 아주 미세한 끈기가 있어 그것이 주는 맛이 솔찬하다.

지금까지 면, 마에 관해 이야기했는데 명주 종류는 백화 현상이 더 심하다. 명주는 산성 섬유라 알칼리와 친화하지 못하여 약하다. 그래서 아주 잘 환원된 쪽물에 염색해야 하고, 염색 후에 바람 쳐서 산화 발색 후 바로 건조시키지 말고 수세해 주어야 한

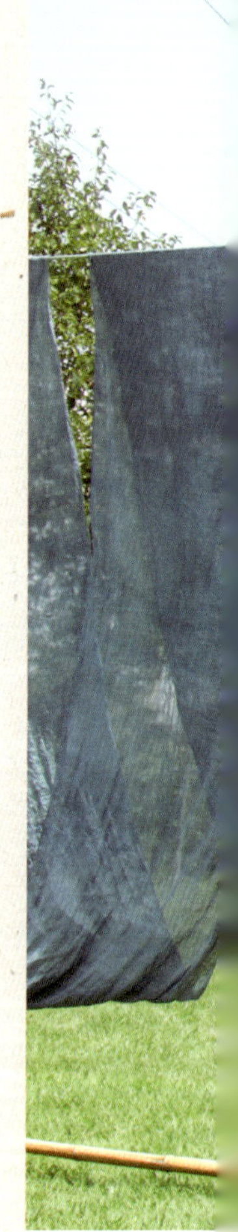

다. 반복 염색 후 원하는 물색이 나오면 물에 담가 잿물을 빼 주고 건조시킨다. 그런
다음 따뜻한 물에 목초산을 희석해 한 시간 정도 침염해 놓았다가 잘 수세한 후 건조
한다. 이때 면, 마처럼 삶으면 안 된다.
만약 하이드로 등을 이용해 간편 쪽염색하는 경우는 명주 천을 물에 적셔 탈수한 다
음 염색하고 전통 쪽처럼 처리해 주면 된다.

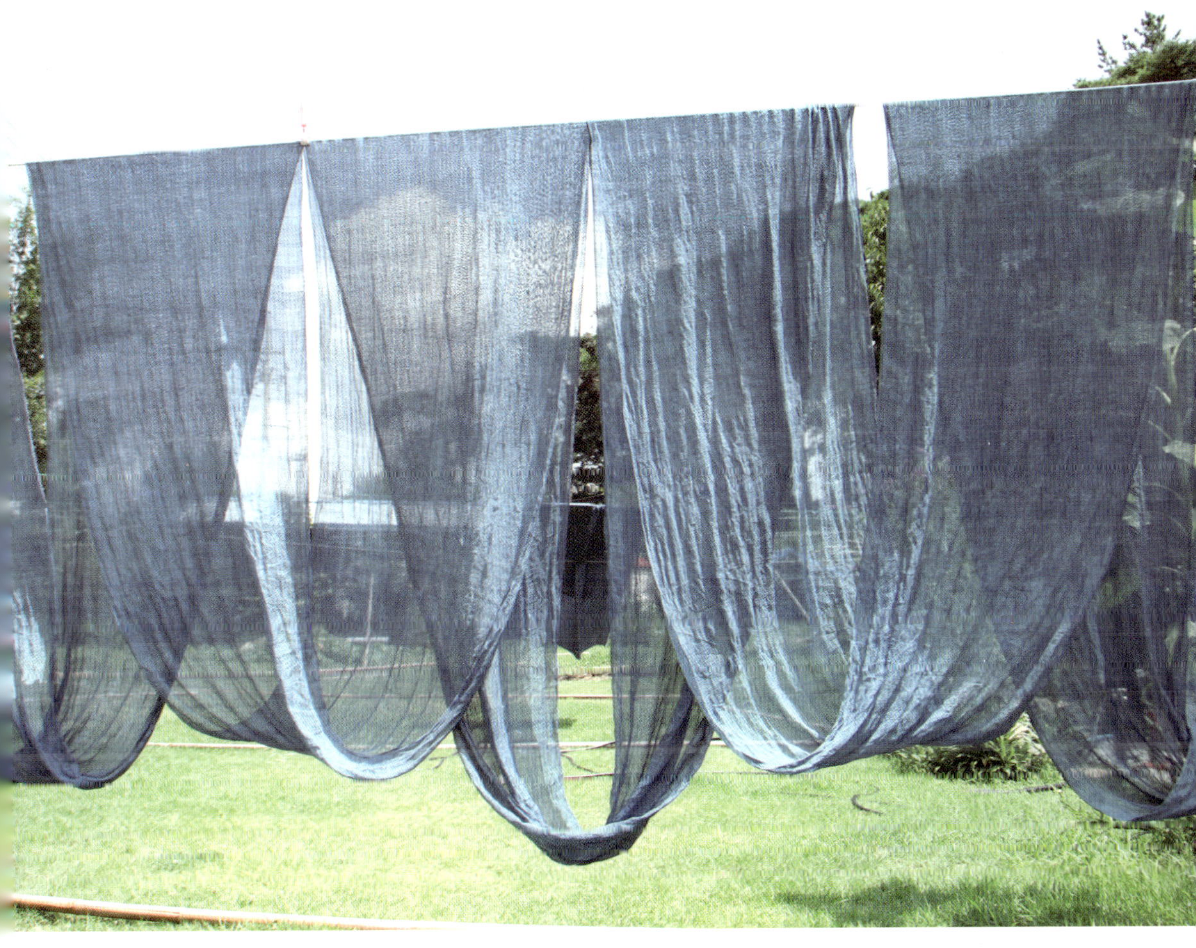

황색계

산야에 있는 식물들 대부분에서 황색이나 갈색이 나온다. 황색계통은 자연에서 가장 흔한 염료로 식물들이 녹색을 띠고 있지만 그 속에는 주로 황색이 숨겨져 있다고 보아야 한다. 고려시대에는 보라색을 상색으로 여겼으나 조선시대에는 황색을 왕의 색으로 여겨 왕의 옷 중 곤룡포는 황금빛 황색이 쓰였다. 색 중에 가장 중앙의 색으로 핵심적이고 소중하게 여겼다.

음양오행 사상으로 보면 흙土 기운으로 계절은 한여름長夏, 방향은 중앙, 인체로는 지라와 위에 속하며 양의 기운을 가졌다. 오행으로는 적색에서 도움을 받고 백색을 도와 주는 색이다. 청색에 해를 당하고 흑색에 해를 끼치는 색이다. 요가명상에서 보면 제3차크라로 배꼽 위에서 가슴 아래 부분에 속하며, 생활에 기쁨과 자신감을 주므로 매우 행복하게 하고 소화기에 영향을 주어 위를 강화하여 장을 도와 준다. 위로는 태양의 빛색이며 아래로는 사람의 색이다. 과하면 오만이나 음식과다 비만이 오고 적으면 심한 열등감, 식욕부진, 허약이 오기에 심한 변화차를 드러 낸다. 이것은 토土기운으로 그 자리가 정중앙이기 때문에 어느 쪽으로 치우침에 매우 민감하고 예민한 편이다. 과하거나 부족하지 않게 밸런스를 잘 맞추어야 한다.

매우 지성적인 색으로 생활에서 긍정적인 면은 임상, 검증된 지혜를 얻어 행복과 즐거움을 준다. 하지만 부정적인 면은 임상 검증이 없는 지식으로 있을 때 강한 비판, 야유, 비아냥거림으로 날카롭고 피곤하게 나타난다. 이때는 보색인 보라, 청색의 도움을 받아야 한다. 황색이 부족하면 구토, 메스꺼움, 과식, 비만 등이 올 수 있다. 불안과 공포로 두려움에 사로잡혀서 생기는 심한 스트레스 때문에 신경성 질환이 생길 수 있고, 그로 인한 소화불량 등 소화기 장애도 올 수 있다. 여기서는 많은 황색염료 중에서 치자를 핵심으로 하여 괴화, 황백도 다루려 한다.

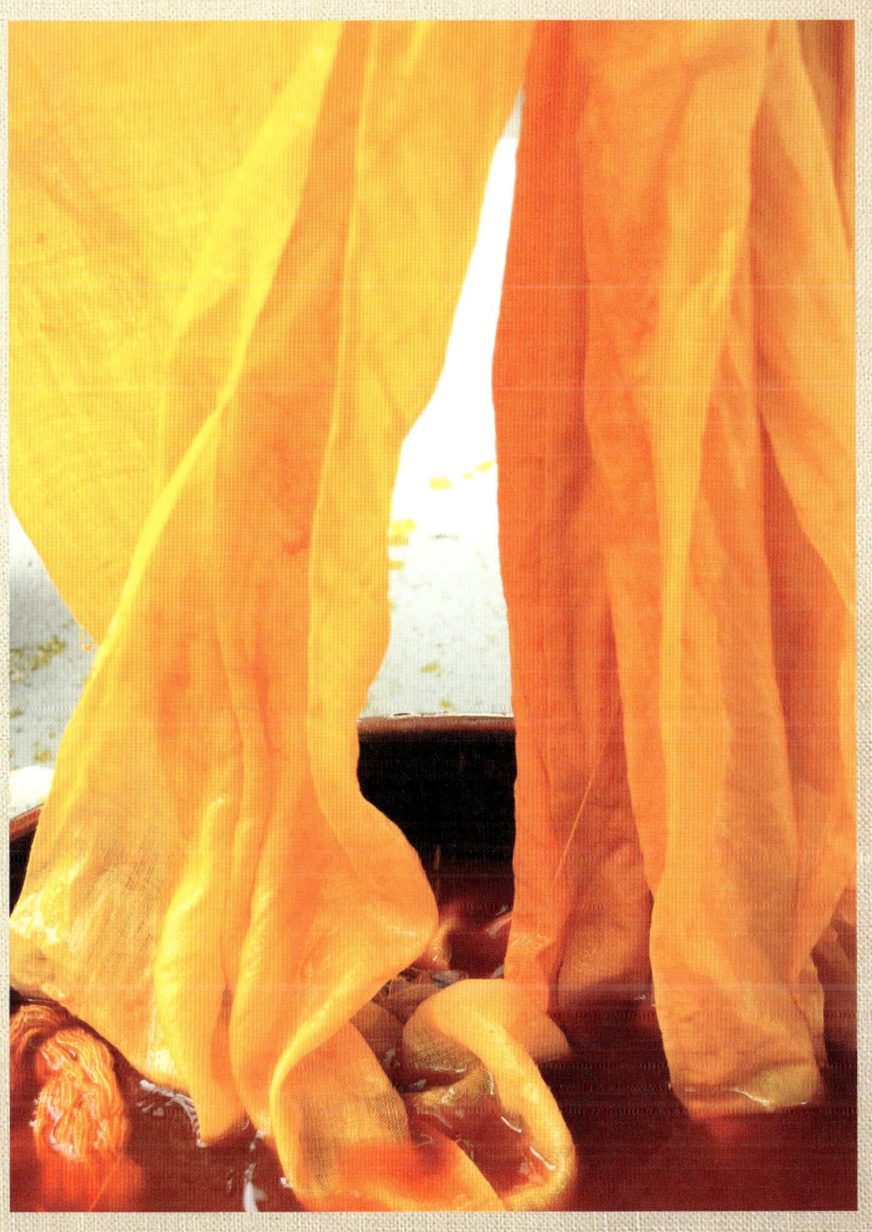

치자 梔子 염색

꼭두서닛과의 사철 푸른 나무로 따뜻한 지역에서 자란다. 붉은 꽃도 있다고 하지만 주로 흰 꽃이다. 가만히 보고 있으면 밝고 청초함이 있으며 꽃향기가 매우 풋풋하고 싱그럽기 그지없다. 매염제 없이 물들여지는 직접 염료로써 노란색이지만 붉은빛이 도는 황색이다. 중국은 주나라 이전부터 사용했으며 우리나라도 500년경부터 종이, 직물과 식용색소로 쓰기 시작했다. 20세기 들어와 전통염색이 다 사라질 때도 수의, 음식 등 생활 속에서 사용했다. 홍화, 쪽과 함께 우리 전통염색의 기둥 같은 중요한 염색이다. 염색은 쉬우나 변색이 잘 되는 문제가 있다. 하지만 여기서 서술해 놓은 기법은 그러한 문제를 많이 해결했으며 견뢰도 좋은 염색법이다. 국산 치자는 붉은빛이 많이 도는데, 가을 저온에서 오랫동안 농익어 건조되면 그러하다. 중국산이 노란색을 띠는 것은 따뜻한 기후에서 빨리 건조됐기 때문이다. 요즘은 국산도 온열 건조기를 사용하기에 붉은빛 치자가 적은 편이지만, 농익어 붉은빛 나는 것이 더 좋은 편이다. 치자는 황색계의 대표적인 염료로써 매우 가치가 있는 염재다. 잘 익은 것을 사용해야 색이 곱고 변색이 적어 안정되고 견뢰도 높은 염색이 가능하다.

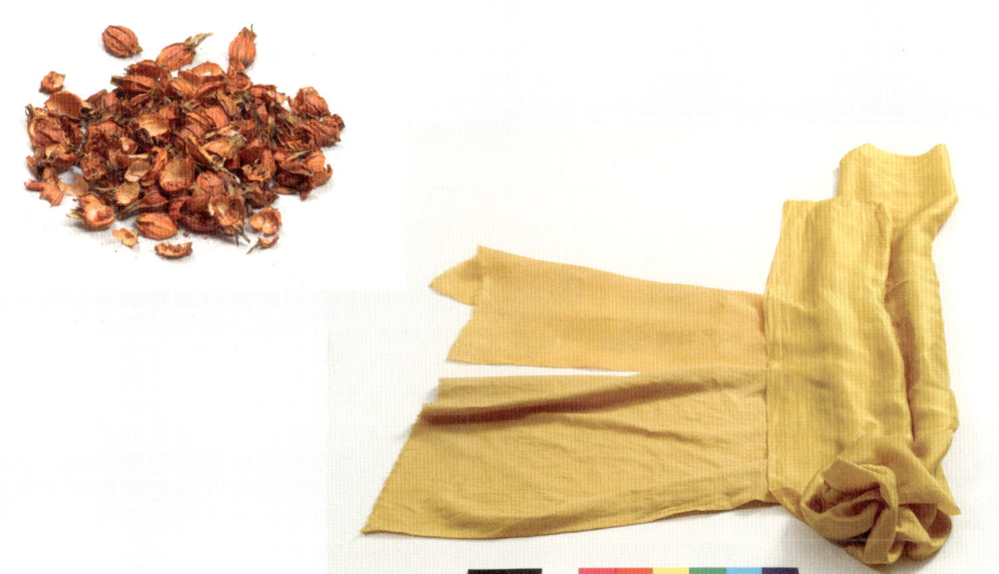

❶ 염료 만들기

① 잘 익고 때깔이 좋으며 부패하지 않은 치자를 구입하여 1~2회 깨끗한 물에 헹궈 먼지나 불순물을 씻어 준다.

② 잘 씻은 치자의 부피 3~4배 정도가 되는 따뜻한 물을 부어 통에 넣고 뚜껑을 덮어 숙성, 발효시킨다.

③ 계절에 따라 발효 기간의 치이기 있다. 히지만 보통 3~6일 시이 수시로 뚜껑을 열어 봤을 때 표면에 곰팡이가 약간 피기 시작했다면 발효가 다 되었다고 보아야 한다. 이때 치자 1근에 물 16L 정도를 넣고 끓여서 아주 고운 망이나 체로 염액을 추출한다. 보통 3회 정도 끓여 내면 염액이 나오지 않는 편이다.

④ 앞에서 추출한 염액을 함께 모아 바닥이 좁고 굽이 높은 통에 담아 둔다. 하루 묵혀 다음 날 가만히 윗물을 다른 용기에 옮겨 모으고 바닥에 남은 찌꺼기는 버린다.

⑤ 이렇게 모은 염액을 앞에서 사용한 바닥이 좁고 굽이 높은 통에 넣고 뚜껑을 덮는다. 그런 다음 1개월 정도 장기 숙성에 들어간다. 치자염색을 하려면 한 달 전에 미리 염료를 준비해야 한다.

⑥ 한 주 간격으로 뚜껑을 열고 염료 상태를 본다. 위에 약간이라도 하얀 곰팡이가 피려고 하면 불에 끓인다. 그러고 나서 다시 숙성에 들어간다. 이렇게 한 달 동안 위와 같은 방법으로 관리해 주어야 한다.

⑦ 한 달쯤 되면 염액에서 효소, 살구향과 비슷한 과일향이 나는데, 이처럼 잘 익어 산도가 높아져 있으면 최고 상태의 염료로, 색이 맑고 곱게 물든다. 그러면 염색을 할 수 있는 상태가 됐다고 볼 수 있다. 기존 염색할 때는 바로 끓여서 초산을 매염제로 쓰기도 했는데 자체에서 산이 생겨난 것이니만큼 참 좋다. 과일향이 나지 않는다고 해서 염료를 버렸다고는 볼 수 없지만 색이 좀 탁하고 견뢰도도 좀 떨어지는 편이다.

⑧ 잘 익은 염액은 조심스럽게 떠내고 다른 통에 모은다. 바닥에 침전된 찌꺼기는 버린다. 푹 끓여서 뚜껑이 있는 통에 넣어 보관한다. 장기 보관시 곰팡이가 생기려 하면 불에 끓여 주어야 한다. 혹은 저온(약 4℃) 창고에 보관하면 참 편리하다.

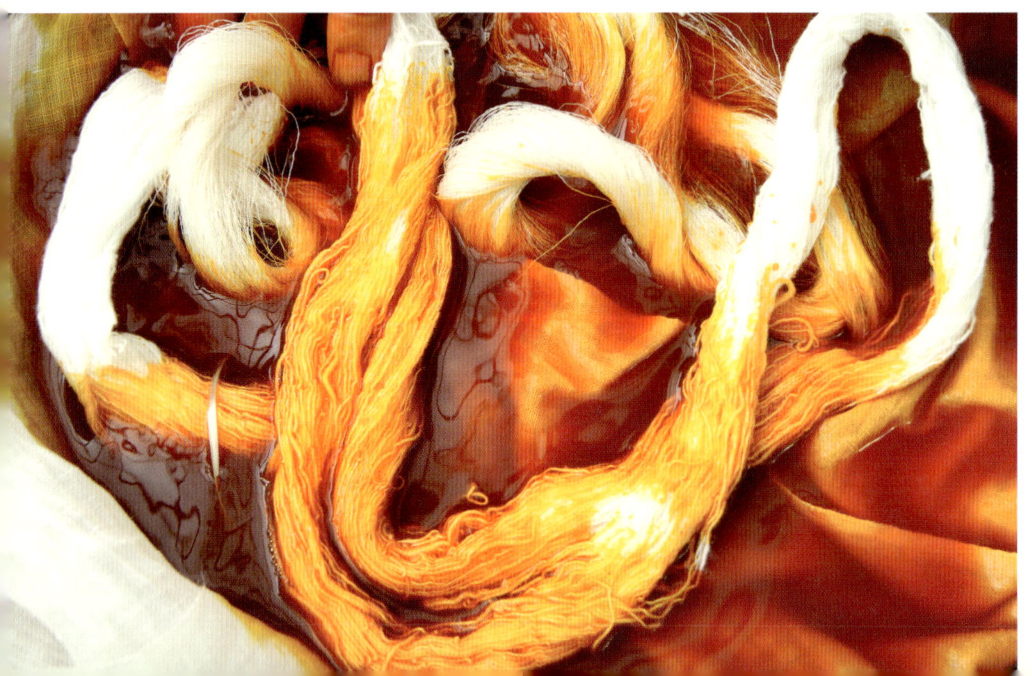

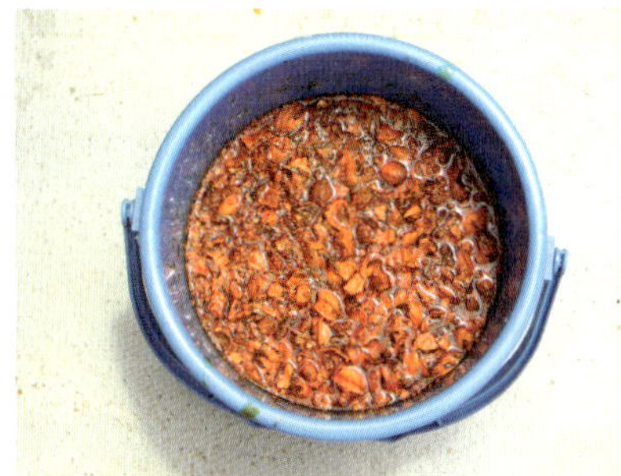 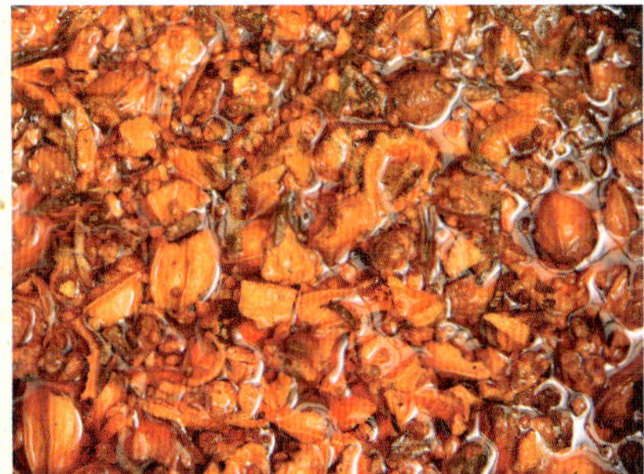

깨끗이 씻은 발효 전 치자

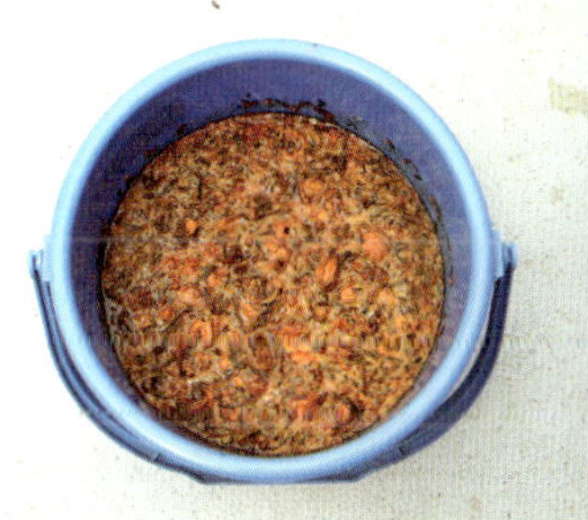 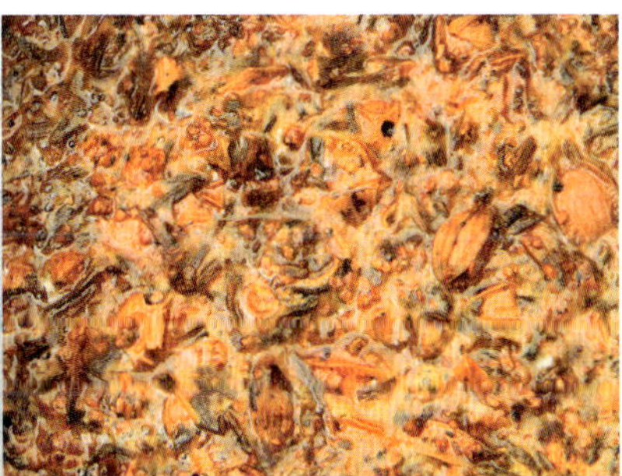

3~6일 정도 발효한 치자

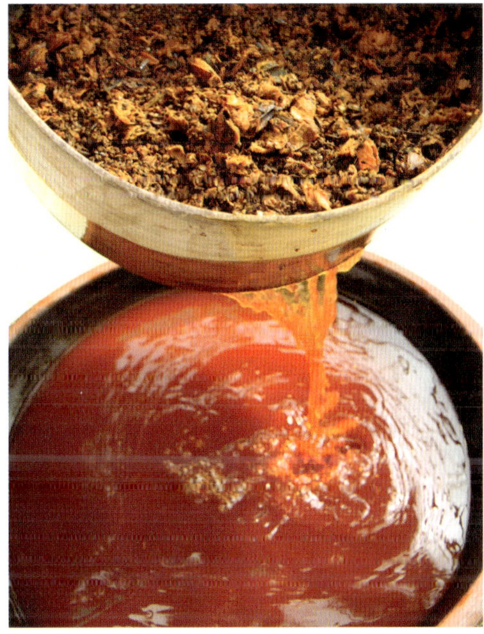

발효 후 끓여 염액 내리기

❷ 물들이기

① 염색할 천이 충분히 적셔질 양의 염액을 60℃ 정도로 따뜻하게 해 주어야 한다. 침염하여 가볍게 주물러 10분쯤 방치했다가 꼭 짜서 바람 쳐 준다. 그런 다음 다시 침염하여 앞처럼 가볍게 주물러 10분가량 방치했다가 꼭 짜서 바람 친다.

② 이렇게 침염하여 바람 치기를 2회 하고 남아 있는 염액에 명반을 넣어 중매염한다. 염액 5L에 명반은 2g의 비율로 넣어 잘 저어 준다. 그러면 염액이 엉키는 현상이 나타나지만, 다시 천을 넣어 침염하고 잘 주물러 꼭 짠 다음 바람 쳐 주면 별문제가 없다.

③ 염색을 맑고 가볍게 하고 싶으면 빨랫줄에 한 5분 정도 널어 바람 친 다음 수분이 있는 상태에서 수세하면 된다. 진한 색을 얻고 싶으면 건조시킨다. 한 염액에 세 번 침염하고 짜서 바람 치는 것이 1회 염색을 한 것이다.

④ 이전에 쓴 염액은 아주 연하고 염료 함유량이 적다. 그러므로 이것을 버리고 새 염액을 떠내어 위와 같은 방법으로 반복 염색해서 원하는 색을 얻으면 된다.

⑤ 모든 염색은 5회 이상 반복해서 염색해야 좋은 색을 얻을 수 있다. 연한 색을 얻고 싶으면 염액을 묽게 하여 염색하고 반복 횟수는 줄이지 않는 것이 좋다.

⑥ 바로 끓여서 하는 일반 치자염색은 붉은 기가 있는 노란색을 얻을 수 있지만 여기 적힌 방법으로 염색하면 맑고 밝은 순 노란색으로 물이 든다.

⑦ 치자가 약하고 잘 난다는 이유 때문에 햇빛 건조를 꺼리는데 그럴 필요가 없이 해가 잘 드는 곳에서 건조시켜야 한다. 충분히 숙성 발효된 치자 염액은 그런 문제가 적다. 염료가 날고 변색되는 것은 염료가 고정되지 않았기 때문이다. 고정되지 않은 이유는 자연 상태의 염재라 그런 것이다. 이것은 불완전한 염료다. 푹 익은 완전한 염료로 전환됐을 때 온전히 물든다.

생물生物 즉 익은 김치가 아니라 생김치라는 상태에 있기 때문이다. 생김치 맛도 좋지만 익은 김치만큼 오래가지는 못한다.

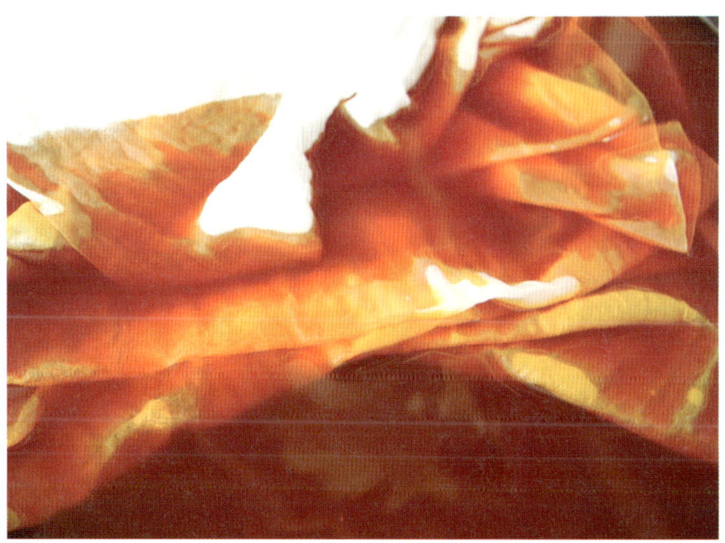

치자 염액이 면에 물든 모습

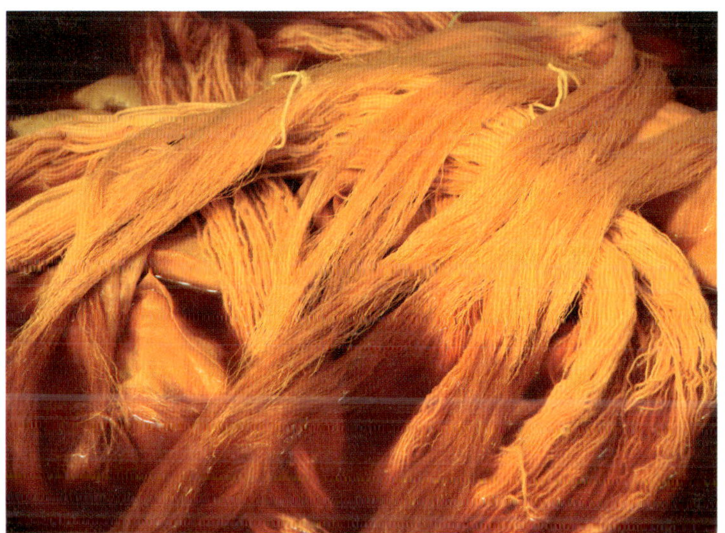

치자 염액이 실에 곱게 물든 모습

<h1>고화槐花 염색</h1>

콩과에 속하는 괴화는 홰나무라고도 하며, 요즘은 회화나무라 부르고 있는 낙엽떨기나무다. 옛날에는 주로 관청이나 양반집 대문 옆에 심었다. 일명 부귀목이라 하여 이 나무가 있으면 복이 들어온다고 여겼다. 지금 관청이나 집에 괴화가 남아 있는 곳이 있다. 큰 것은 느티나무처럼 크고 모양은 잎과 꽃, 열매가 아카시아와 비슷한데 다만 약간 작을 뿐이고 몸에 가시가 없다. 요즘은 관상수와 차 대용으로 쓴다. 꽃으로 물들인 한지는 잡귀를 물리치고 복을 준다고 해서 부적용으로 사용했다.

꽃을 염재로 쓰며 초여름 꽃이 피기 전 꽃망울 맺힐 때 따서 말린다. 약재나 염재로 쓸 때는 말린 꽃봉오리를 불에 볶아서 쓴다. 특히 괴실(열매)을 소 쓸개에 담가서 말려 두었다 복용하면 혈압, 혈액순환, 신장에 도움을 준다. 두뇌에 좋고 머리의 색을 검게 한다.

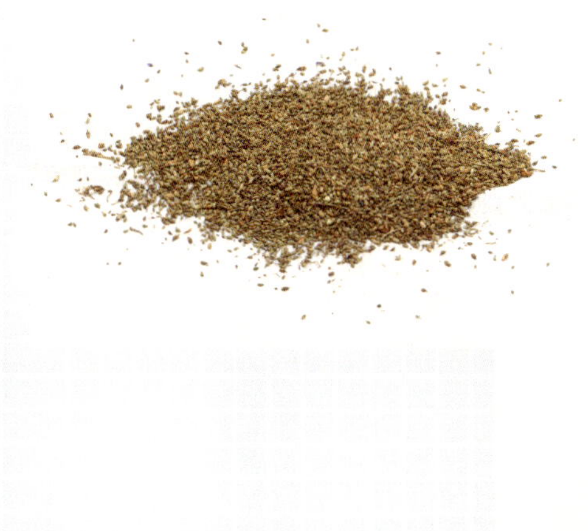

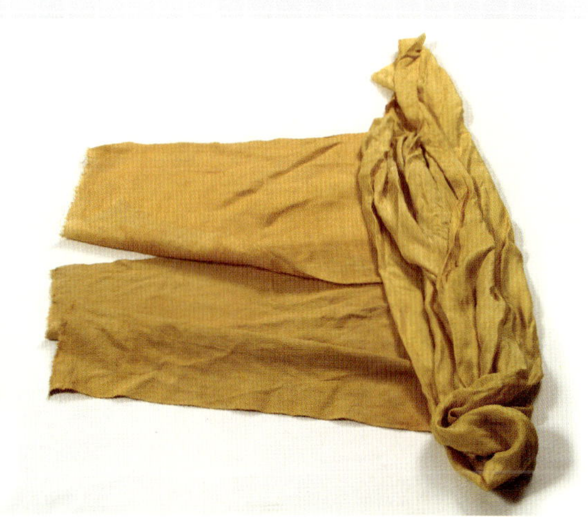

❶ 염료 만들기

① 구입한 괴화를 맑은 물에 2~3회 깨끗이 씻어 준다. 괴화는 꽃이 작고 수확할 때 작대기로 떨기 때문에 이물질이 많이 묻어 있는 편이다. 깨끗이 씻은 괴화를 체에 걸러 한참을 방치해 놓았다가 물이 완전히 빠지면 법랑이나 스테인리스 그릇에 볶아 준다. 괴화는 무쇠를 싫어해 약효가 떨어진다고 한다. 깨 볶을 때와 같이 하는데 구수한 냄새가 나며 표면이 노릇노릇해질 때까지 볶아 주어야 하고 타지 않게 주의해야 한다.

② 볶아 낸 괴화는 잘 식혀서 한 근에 16L 정도의 물을 붓고 끓여 염액을 추출한다. 약 3회 정도 끓여 내면 처음 물과 함께 모은다.

③ 이때도 바닥이 좁고 굽이 높은 통에 넣어서 하루를 묵힌다. 위에 맑은 염료만 떠내어 사용하고 찌꺼기는 버려야 한다. 무슨 염색이든지 하기 전에는 천천히 염료를 사전 준비하는 마음 자세가 필요하다. 그리고 할 수 있는 한 하루에 한 종류의 염색만 하는 것이 좋다.

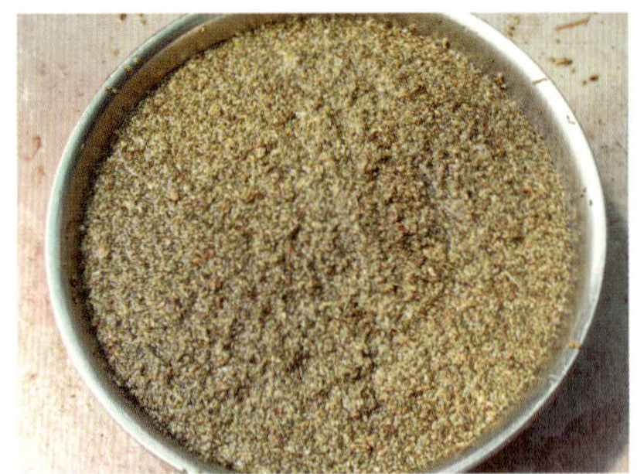

① 염재에 물을 넣어 씻는다.

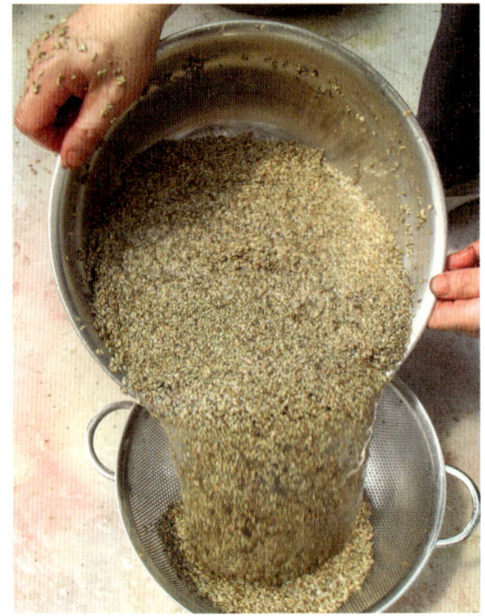

② 성긴 체에 거른다.

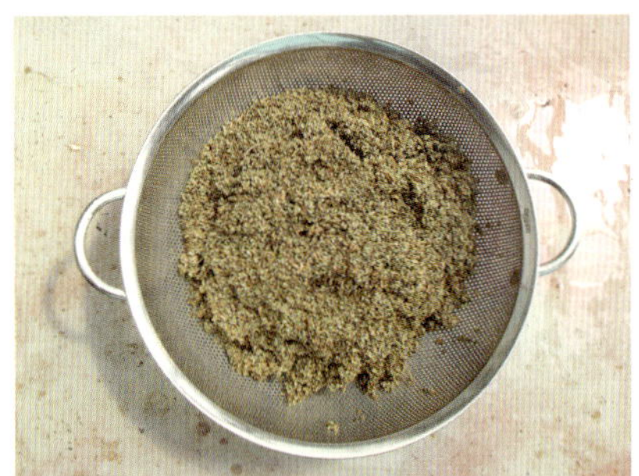

③ 거른 괴화의 물이 완전히 빠지도록 방치한다.

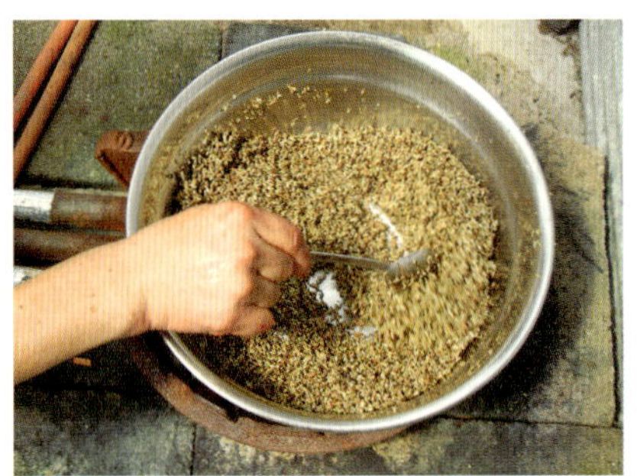

④ 물이 빠진 괴화를 스테인리스 그릇에 볶는다.

❷ 물들이기

① 괴화염색은 본 염색하기 전 천에 잿물을 선매염해 두어야 한다. 면, 마는 ph11 정도에서 30분 매염하고 명주는 ph9 정도에서 10분 매염하면 좋다.

② 염료 만들기에서 만들어진 염료를 천에 충분히 적실 만큼 준비하고

60℃ 정도로 따뜻하게 하여 한 시간 정도 염색한다. 천을 넣고 가볍게 주물러 20분 동안 방치하고 그사이 두 번 이상 가볍게 주물러 뒤적거려 주었다가 꼭 짜서 바람 쳐 준다. 다시 앞과 같이 2회를 더 하여 총 3회를 해 준다.

③ 이렇게 염색한 천은 바람 치고 말리지 않은 상태에서 명반으로 후매염해야 한다. 명반을 미지근한 물 2L에 2~3g 넣은 후 잘 저어서 충분히 녹여 희석시킨다. 10분 동안 침염하여 꼭 짜서 바람 쳐 준다. 다시 명반 물에 넣고 2회를 더 반복하여 총 3회 30분 이상을 매염해 주어야 한다.

④ 위와 같이 염색한 천을 햇볕에 말리면 얼룩이 생긴다. 10여 분 바람만 치고 가볍게 3회 정도 수세하여 건조한다. 그 후에 다시 잘 수세하여 말린 후 사용한다. 더 진한 색을 원하면 위와 같이 반복 염색하여 완성한다.

⑤ 괴화염색한 천을 바로 사용하는 것보다는 좀 묵혀 놓았다가 푸새해 쓰는 것이 좋다. 염색시 염료가 엉키는 경우가 있을 때는 염액을 따뜻하게 하여 잘 저어 준 다음 염색한다. 약간 얼룩이 생기더라도 명반 후매염과 건조 전 수세 때 얼룩이 없어지고 깨끗해지니 염려하지 않아도 된다.

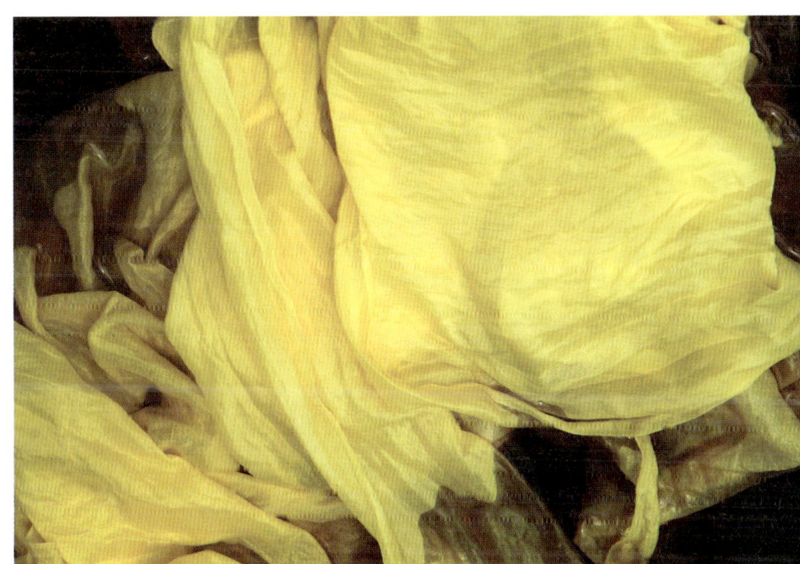

괴화염색한 천의 모습

황백 黄柏 염색

황백은 일명 황경, 황벽나무라고도 말하며 10~20여 미터나 되는 대형 낙엽교목이다. 잎과 껍질이 염재로 쓰이는데 주로 염료가 많이 함유되어 있는 나무껍질을 약재와 염재로 사용하고 있다. 가지에 깃꼴 겹잎으로 잎이 마주나며 꽃은 단성화이다. 황록색의 꽃은 암수 다른 포기로 가지 끝에 뭉쳐 핀다. 꽃이 지면 검고 동그란 다섯개의 씨를 가진 열매가 맺힌다. 껍질을 벗길 때 쇠붙이가 닿으면 좋지 않으므로 5~6월 물기가 올랐을 때 베어 바로 껍질을 벗겨 말리면 아주 좋다. 개나리꽃이나 병아리 같이 맑고 선명한 노란색이 나온다. 전형적인 노란색으로 아주 오래전부터 염재로 사용했다.

❶ 염료 만들기

① 구입한 황백을 깨끗이 씻어서 황백 한 근에 40℃ 내외의 따뜻한 물 16L를 넣어 1~3일 정도 방치해 놓는다.

② 물을 넣고 방치해 놓은 염료를 고운체로 거른다. 그 후 염재에 물 10L

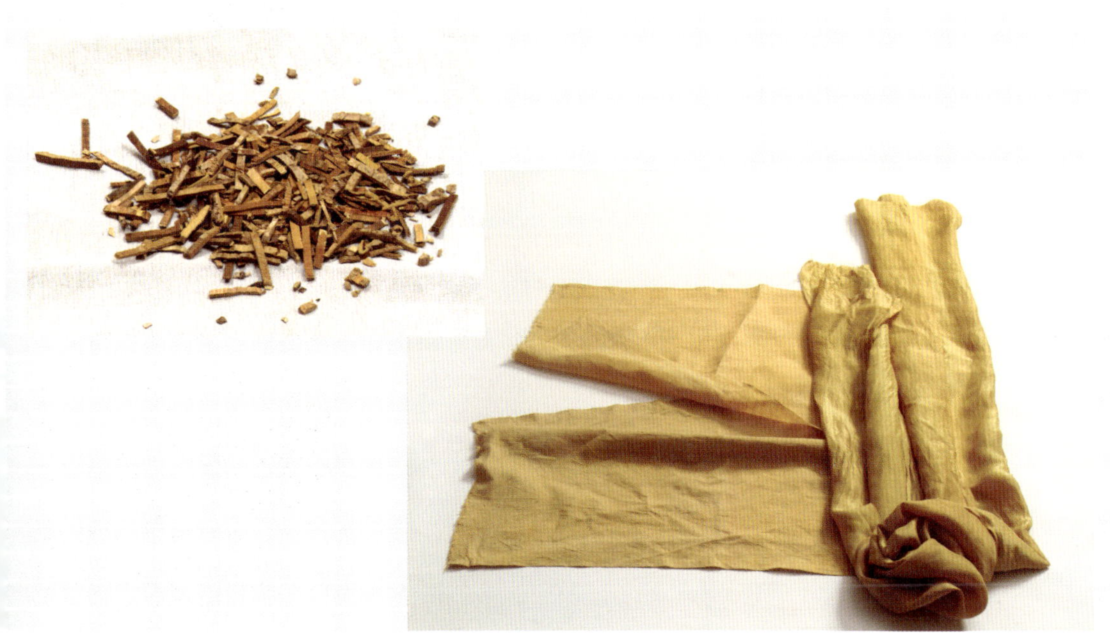

를 넣고 30분 이상 끓여 걸러내기를 2~3회 더 해서 염액이 나오지 않을 때까지 추출해 낸다. 추출한 염액을 바닥이 좁고 굽이 높은 통에 넣어 하루를 방치한 다음 윗물을 가만히 떠내고 남은 찌꺼기를 버린다. 염액 전체를 끓여서 약 한 주 정도 숙성시킨다.

❷ 물들이기

① 황백은 황련같이 염기성 염료이기 때문에 모, 견처럼 동물성 단백질 섬유에 염색이 잘 되고 색이 선명하고 아름다운 편이다. 면, 마 등 식물성 섬유에는 흡착이 잘 안 되고 세탁, 일광, 마찰 견뢰도가 약한 것이 단점이다. 그래서 면, 마 등 식물성 섬유에는 콩즙이니 우유 처리를 해 주어야 한다. 콩즙은 약 20~30배, 우유는 약 30배 이상으로 희석하되 섬유의 두께를 감안해서 두꺼우면 묽게 하고 얇으면 진하게 해 주어야 한다. 단백질은 염색하기 2~3일 전에 해 두어야 한다. 그리고 염기성 염료는 타닌이 염료

를 고정시켜 주는 효과가 높기에 타닌이 많이 들어 있는 오배자로 선매염
해 주면 좋다.

② 면, 마에 단백질 매염을 하고 본 염색하기 하루 전에 명반으로 선매염
해야 한다. 명반은 모든 섬유에 물 2L당 2~3g 비율로 넣어 30분 이상 매
염한다. 동물성 섬유는 시간이 짧아도 되지만 식물성 섬유는 시간이 길어
야 한다.

③ 염액이 약간 느른할 수 있지만 온도를 60℃ 정도로 따뜻하게 하여 천
을 담가 가볍게 주물러 10분가량 방치한다. 그런 다음 짜서 바람 쳐 주기를
2회 정도 한다. 한 5분 바람 쳐 주고 ph9의 잿물에 10여 분 후매염하여 5
분간 바람 친 다음에 다시 염액에 넣어 염색한다. 그리고 가볍게 수세하여
건조시켜 준다.

④ 위와 같이 5회 이상 더 반복 염색하여 원하는 색을 얻는다.

⑤ 햇볕에 쉽게 변색되는 성질이 있기 때문에 염액을 묽게 하여 반복 염
색해서 원하는 색을 얻어야 한다.

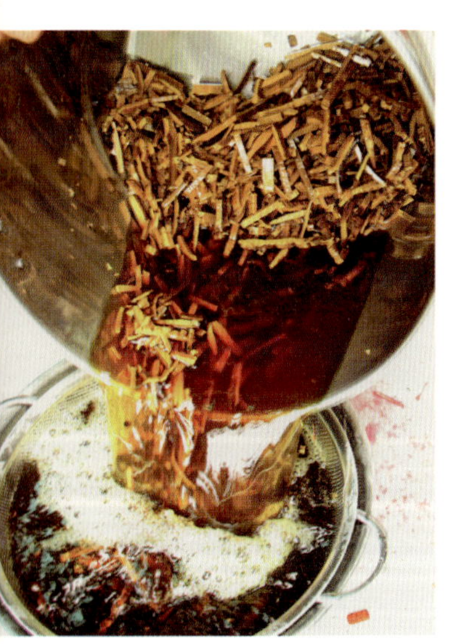

① 염재를 끓여 거르기

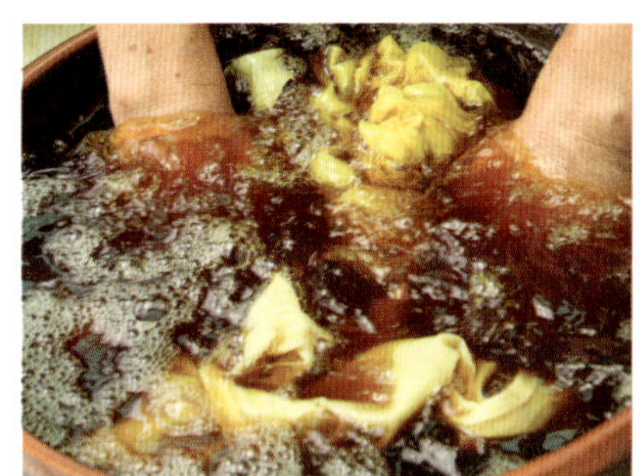

② 천을 염액에 담가 가볍게 주무른다.

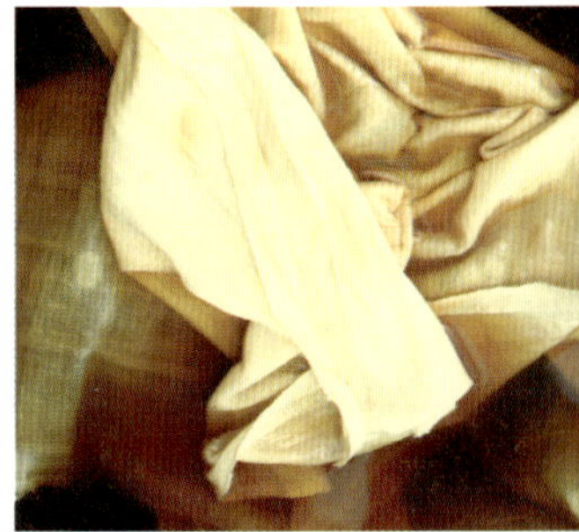

③ 염색된 천의 모습

간색 물들이기

쪽염을 한 후에 치자염색을 하면 무거운 녹색이 나온다. 쪽염한 천에 괴화염색을 해 주면 아주 맑은 녹색을 얻을 수 있으며 황백염색을 해 주면 녹색을 얻을 수 있다. 쪽염한 면, 마의 천에는 일반 황백염색처럼 단백질과 명반으로 선매염을 해 주어야 한다. 쪽염이 진하면 진녹색이고 연하면 연녹색이 된다. 괴화나 황백은 밝은 노란색이라 연녹색이 잘 나오는 편이다. 그리고 소목염색에 노란 염색을 하면 주황색이 곱게 나온다.

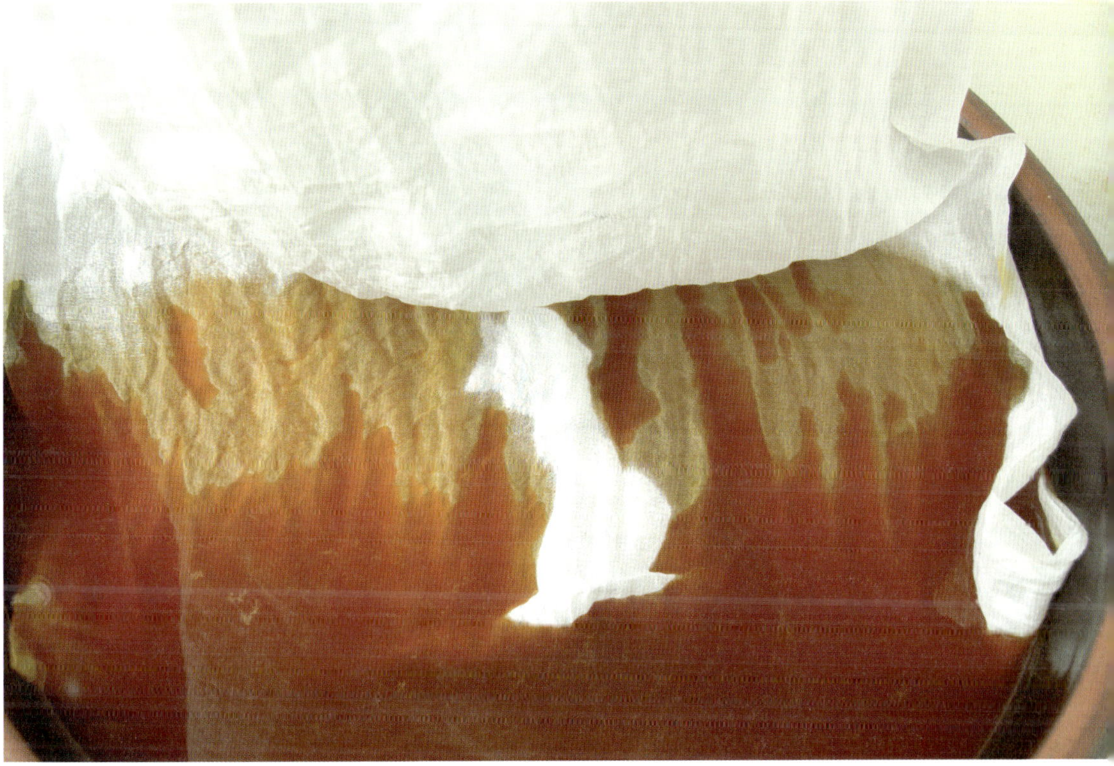

염액이 천에 물드는 모습

흑색계

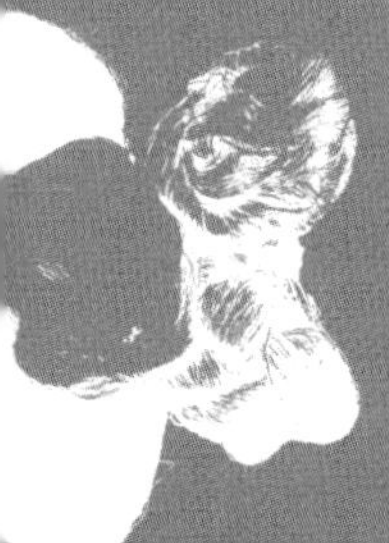

이 세상은 밝음과 어둠이다. 밝아지면 모든 색들이 잘 드러나고 너무 밝으면 아무 색도 없어진다. 어두워지면 모든 색이 무겁게 보이고 많이 어두우면 아무 색도 보이지 않는다. 밝음은 색이 없어지고 어둠은 색이 보이지 않는다. 밝음은 더 높은 색으로 가고 어둠은 더 깊은 색으로 간다. 그래서 흑색은 백색과 함께 모든 색을 다 포함하고 있으며 무채색無彩色이다. 흑색은 수水 기운으로 계절은 겨울이요 방향은 북쪽이다. 신체적으로는 신장, 방광에 속한다. 오행으로는 백색에 도움을 받고 청색에 도움을 주며, 황색에 해를 입고 적색에 해를 준다. 또한 무채색으로 인도요가 차크라에는 없다. 남성적인 색에 속하고 여성이 사용할 경우 매우 섹시한 색이 되기도 하며 모더니즘적인 부분이 많다.

검은색은 모두가 싫어하는 편으로 어둠이 커지면 커질수록 자극도 커져 공포감을 주면서 신비감도 더해진다. 적색, 황색, 백색 등은 드러나게 하고 청색, 진청색, 보라색 등은 물러나게 하면서 다른 색을 강조해 주는 속성이 있다. 엷은 검정인 회색의 경우 어떠한 유채색과 만났을 때도 거슬리지 않고 서로 어울림이 좋다.

죽음과 슬픔에 대결하며 자신 안에 있는 부정적인 인성을 통합하고자 한다. 저항적인 특성을 가지며 그 안에는 극적인 변화를 요구하고 있다. 나이가 들면 검은색은 신장을 강화시켜 골다공증, 뼈 관절염에 도움을 주며 방광의 허약으로 오는 요실금에 도움을 준다. 폭풍 전야와 같이 변화, 전환의 직전에 오는 어떤 색이라고 보아야 할 것이다.

적색, 청색, 황색 등 유채색을 염색한 뒤에 검은색으로 염색하면 검은 빛이 나며 그 안에 먼저 염색한 유채색들이 은근하게 드러나는 흑색을 얻을 수 있어 아주 독특한 맛이 난다.

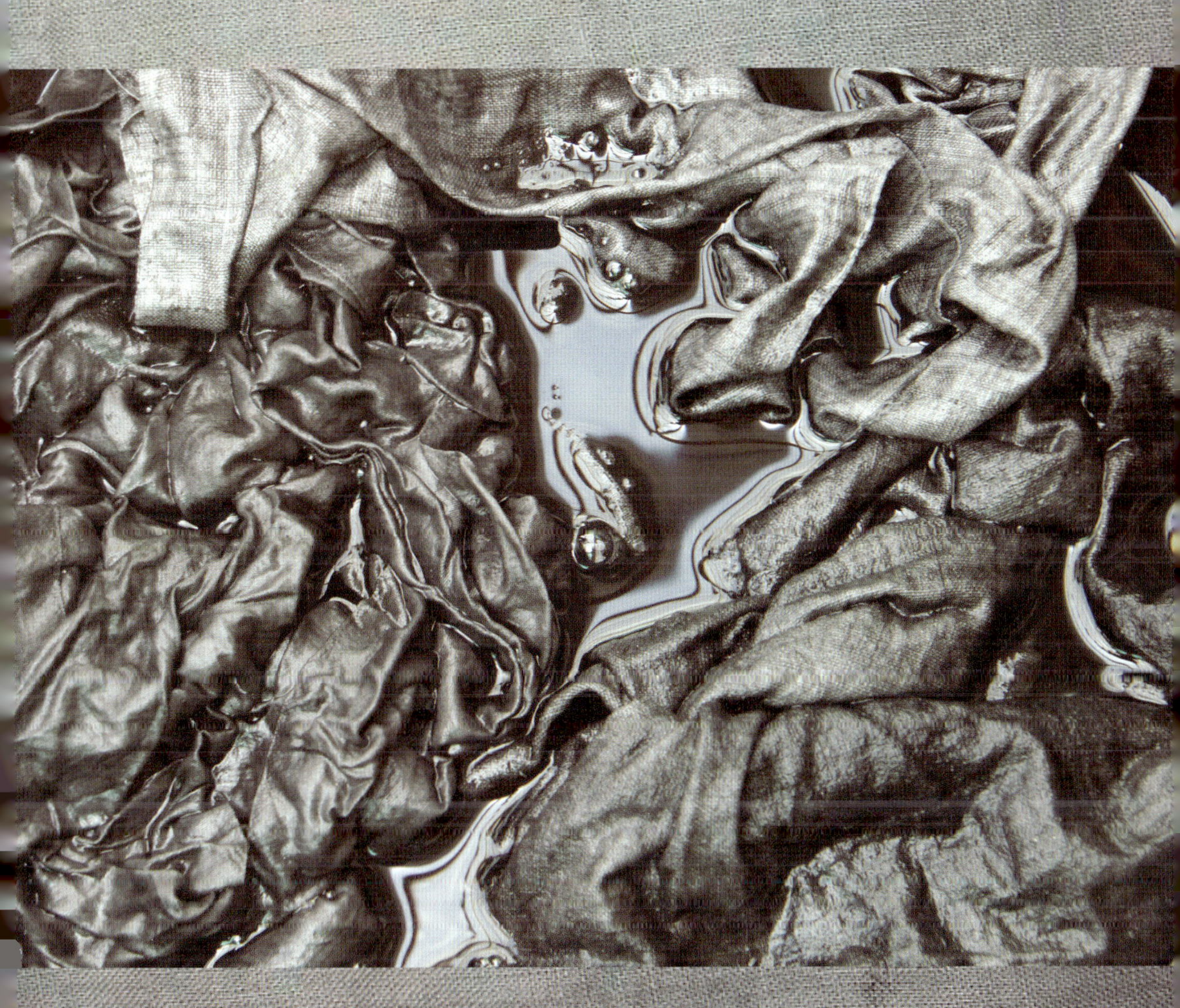

오리
나무 榆理木
염색

유리목榆理木, 적양赤楊이라 하며 자작나무과에 속한다. 일명 사방나무, 사방오리나무라고 하는데 뚝방을 만들 때 비에 산사태가 나지 않게 하기 위해 심었던 나무였다는 데서 생긴 명칭이다. 산야에 널리 분포된 나무로 특히 도로공사 등으로 절개되어 햇빛이 잘 드는 새 땅에 많이 있다. 전통적으로 철 매염제를 이용하여 검은색의 염료로 사용했던 염재다. 열매, 잎, 껍질을 사용하며 특히 열매에 다량의 염료가 포함되어 있다.

❶ 염료 만들기

① 염재로는 열매가 좋으나 그 크기가 엄지손가락 만하고 많은 양을 구하기 쉽지 않다. 주로 가는 줄기가 있는 잎을 채취하여 잘게 썰어 건조시켜 놓았다가 사용하고 있다. 하지만 열매와 버금가게 좋은 것이 나무의 껍질이다. 한 7월경 나무가 무성할 때 껍질을 벗기면 잘 벗겨지며 겉의 검은 갈색피를 제거하고 채취해 사용한다.

② 일반적으로는 건조시켜 놓았다가 사용하지만 염액이 묽다. 좋은 방법

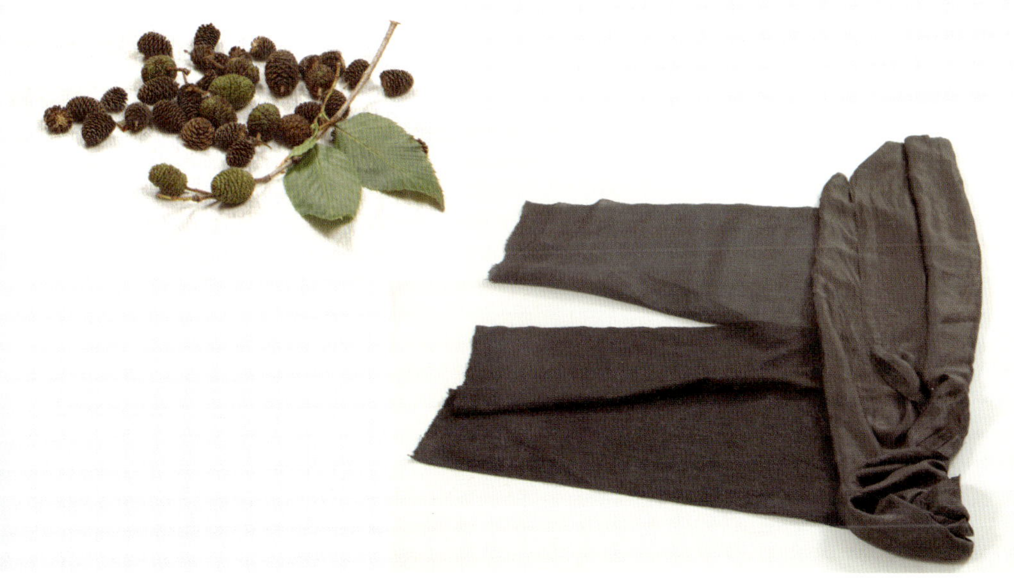

은 염재를 채취해 하루 정도 햇볕에 건조시킨 다음 깨끗이 씻어 염재 1kg
에 물 16L를 넣고 30분 이상 끓여서 연료로 쓰는 것이다. 더 좋은 방법은
염재의 2배 정도 되는 물을 부어, 3개월에서 1년 이상 두었다가 끓여 사용
하는 것이다.

③ 위와 같이 해도 되지만 한 3개월 숙성시킨 다음 가마솥으로 옮겨 한
번씩 끓여주며 숙성시킨다. 이때 무쇠 가마솥의 철분과 결합해 색이 매우
곱다. 무쇠솥이 없으면 식 드럼통 같은 것에 해도 무방하다.

❷ 물들이기

① 위 염료 만들기에서 생 연재나 숙성 발효시켜 잘 익은 염료를 30~60
분 정도 푹 삶은 다음 고운체로 걸러 낸 후에 하루를 방치해 놓는다.

② 다음 날 천이 충분히 적셔질 양의 염액 윗물을 떠내어 60℃ 정도로 따
뜻하게 하여 염색 천을 넣는다. 가볍게 주물러 5분가량 방치한다, 그런 다음
꼭 짜서 바람 쳐 준다. 다시 염액에 넣어 위와 같이 염색하고 짜서 바람 친

다. 3번째 염색시에는 온도를 좀 더 높여서 염색하면 좋다.

③ 염액의 온도가 40℃까지 내려가면 꼭 짜서 바람 치고 건조시킨다.

④ 2~3회 반복 염색한 천은 철 매염한 후에 맑은 물에 수세하여 건조시킨다. 그런 다음에 위에서 했던 방법으로 반복 염색을 해서 원하는 색을 얻으면 된다.

⑤ 검은색은 여러 번 반복해야 좋은 색이 나온다. 쪽염색처럼 여러 번 반복을 통해 색을 구해 쓸 수 있고, 맑고 깊은 색을 얻을 수 있다. 철 매염으로 인해 천의 손상이 있을 수 있으므로 잘 수세해 주어야 좋다.

⑥ 석회수 등 알칼리 매염제를 사용하면 붉은 갈색을 얻을 수 있다.

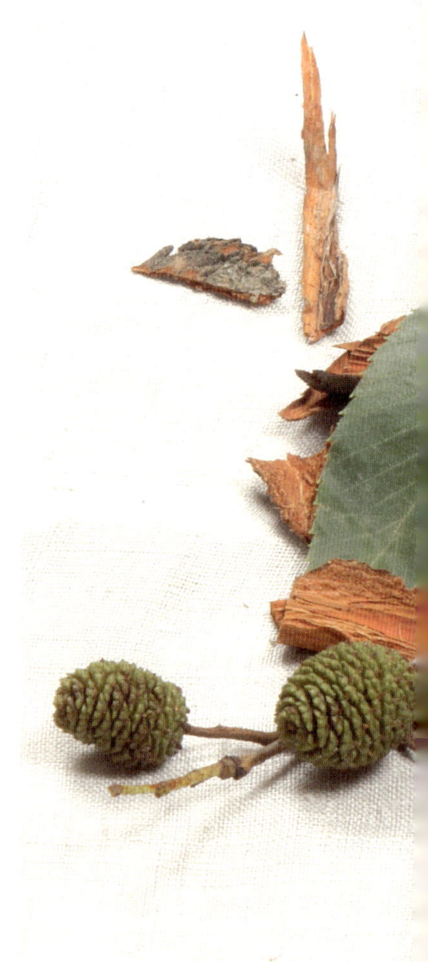

오리나무 염재로 쓰이는 잎, 열매, 껍질들

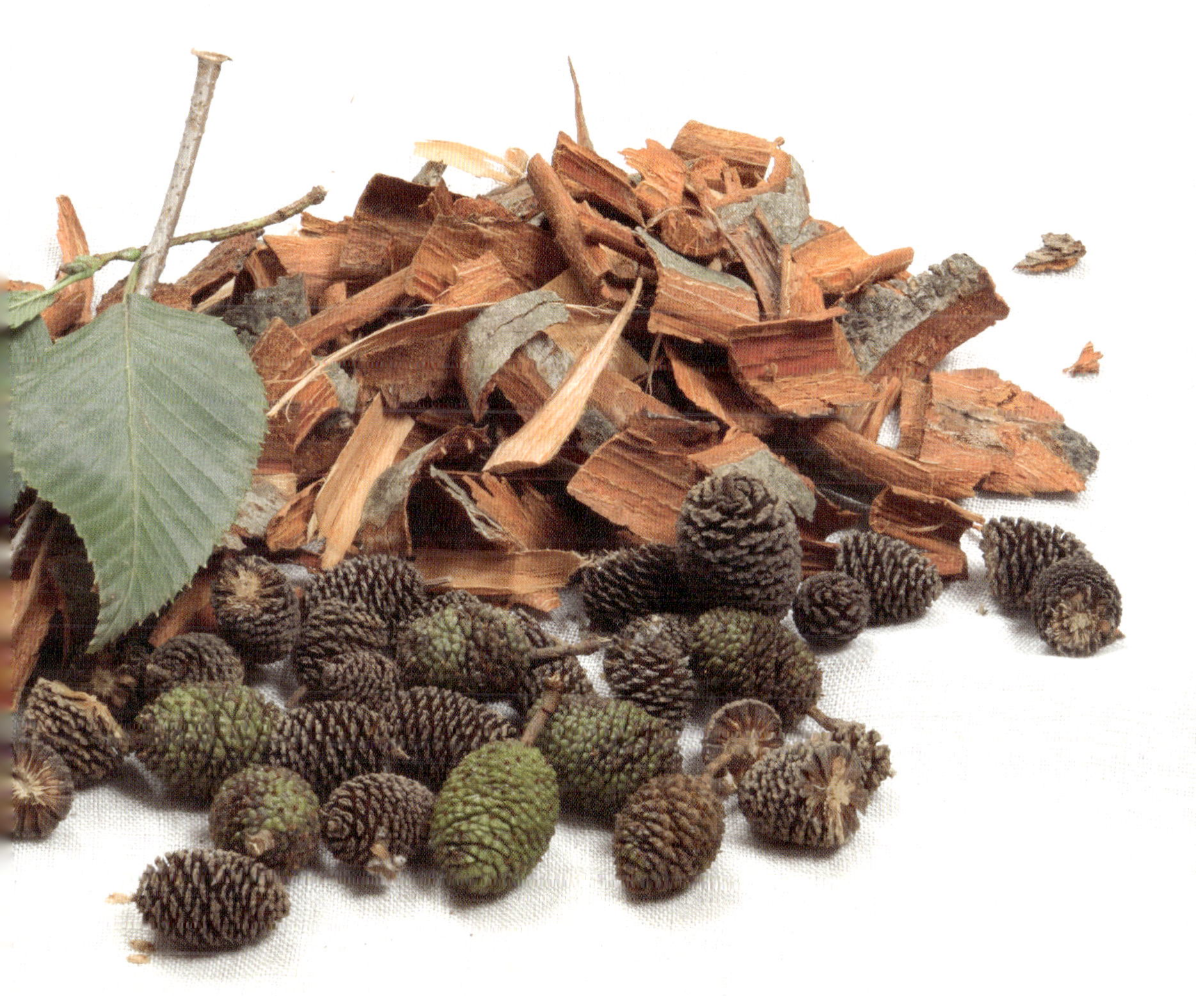

가을에 단풍이 들면 가장 붉은색으로 물드는 것이 옻나무다. 옻나무는 옻나무과 중에서도 가장 붉게 물든다 하여 일명 붉나무라 부른다. 오배자는 붉나무 잎에 오배자충들이 지어 놓은 집으로 약재와 염료로 쓴다. 우리나라에 자생하여 생산되는 유일한 동물성 염료다. 오배자는 염기성 식물염료의 타닌 매염제로 쓰인다. 견뢰도가 약한 식물염색에서 마무리 삼아 오배자 염색으로 뒤처리를 해 주면 견뢰도를 많이 높일 수 있다. 현재 시중의 약재상에 나와 있는 오배자는 국산과 중국산이 있다. 국산은 크기가 좀 작고 밝은 갈색이 도는 반면, 중국산은 크기가 더 크고 어두운 갈색이 나는 편이다. 너무 무겁고 어두운 갈색이 나는 것은 유통이 오래됐거나 상한 것으로 색이 잘 나오지 않을 수 있다.

❶ 염료 만들기

① 가볍게 부순 오배자 한 근에 미지근한 물 10L를 붓고 한 2일 정도 방치해 놓았다가 고운체로 걸러 내어 따로 놓아둔다. 그다음 다시 물 16L를

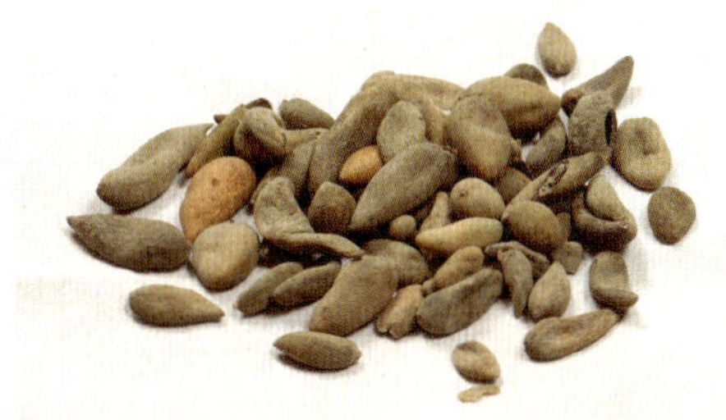

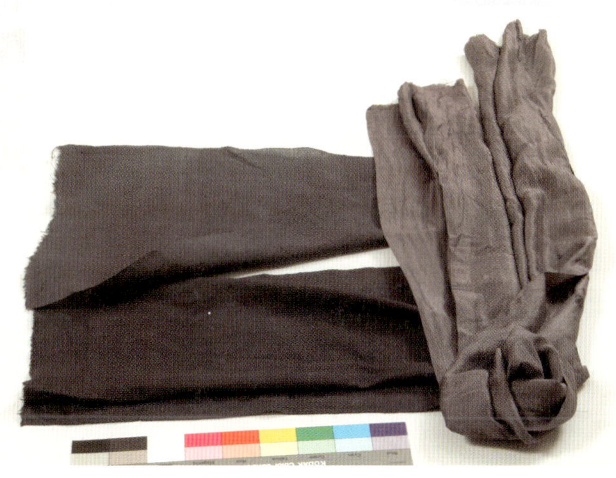

넣어 30분 이상 끓여서 염액을 추출해 내어 따로 모은다.

② 색이 나오지 않을 때까지 3~5회 이상 반복해서 끓여 염액을 충분히 뽑아낸다.

③ 이렇게 추출한 염액을 하루 정도 방치해 침전을 시킨 다음 윗물을 사용해야 얼룩이 없이 염색이 곱게 된다. 바닥의 앙금 찌꺼기는 버려야 한다. 앙금이 들어가면 얼룩이 생길 위험이 커서 깔끔한 염색이 어렵다.

④ 오배사 표피에는 붉은 갈색소가 많고 속에는 흑색소가 많다. 처음 미지근한 물에 담가 첫물을 빼는 것은 표피의 붉은 기를 제거하여 더 깨끗하고 맑은 온전한 흑색을 얻기 위함이니, 이 과정을 지키는 것이 좋다. 만약 보라색 기가 있는 흑색을 원하면 그냥 한번 씻어 이물질만 제거하고 바로 끓여 내서 사용하면 된다.

❷ 물들이기

① 추출한 염액을 하루 이상 방치해 잘 침전시켜 맑은 윗물 염액을 사용해야 곱고 좋은 염색을 할 수 있다.

② 첫 번째 염색은 염액의 온도를 60℃ 정도로 따뜻하게 하여 잘 주물러 주어 침투가 잘 되게 해야 한다. 감물처럼 타닌이 많아 주물러도 섬유에 손상이 적고 천이 좀 딱딱해지는 편이다. 5분 정도 잘 주물러 꼭 짜고 바람 쳐 준다. 다시 염액에 넣어 주무르고 바람 치기를 2회 정도 더 해 준다. 그런 다음 건조시켜 한 번 염색을 마친다.

③ 두 번째 이후에는 보통 염색하듯이 가볍게 주무르고 5분 동안 침염하여 짜기를 3회 정도 한다. 건조하여 두 번 염색을 한다.

④ 다시 두 번째처럼 염색하고 건조시켜 세 번째 염색을 마친다.

⑤ 세 번째 염색이 끝나면 첫 번째로 철 매염제를 적게 써서 발색하는 것이 좋다. 화학 철 매염제는 보통 천 무게의 3~4%를 쓰지만 천연 철 매염제는 만들어 쓰는 사람마다 농도의 차이가 있다. 처음에는 물 4L에 3~4cc 정도 넣어 잘 저어 준다. 천을 넣고 잘 주물러 10여 분가량 방치해 두었다 꼭 짜서 바람 쳐 준 다음 다시 매염액에 넣고 가볍게 주무른다. 5분 정도 방치해 놓았다가 짜고 충분히 바람 쳐 준 다음, 얼룩이 있으면 가볍게 수세하여 건조한다. 아니면 그냥 건조한 후에 아주 깨끗이 수세해야 한다.

⑥ 세 번까지 염색, 매염하여 잘 수세한 천은 앞에서 했던 방법으로 다시 세 번 염색하고 매염해 준다.

⑦ 원하는 검은색이 나올 때까지 위와 같이 반복 염색하되 천에 남아 있는 철 매염제를 깨끗이 수세해야 한다. 그렇치 않으면 천이 많이 손상될 수 있다.

⑧ 이렇게 오배자 염색을 하여 아주 검은색이 나오게 하려면 아홉 번 이상 염색해 주어야 한다. 오배자 염색이 다 된 천에 오리나무, 빈랑염색을

두세 번 이상 하여 마무리 해 주면 더 좋은 검은색을 얻을 수 있다. 때깔이
고운 빈랑수흑殯榔樹黑처럼 심흑색深黑色을 얻을 수 있는 것이다.

⑨ 염색이 다 끝나면 잘 수세하여 건조시킨 후에 우유로 후매염 처리를
해 주는 것이 좋다.

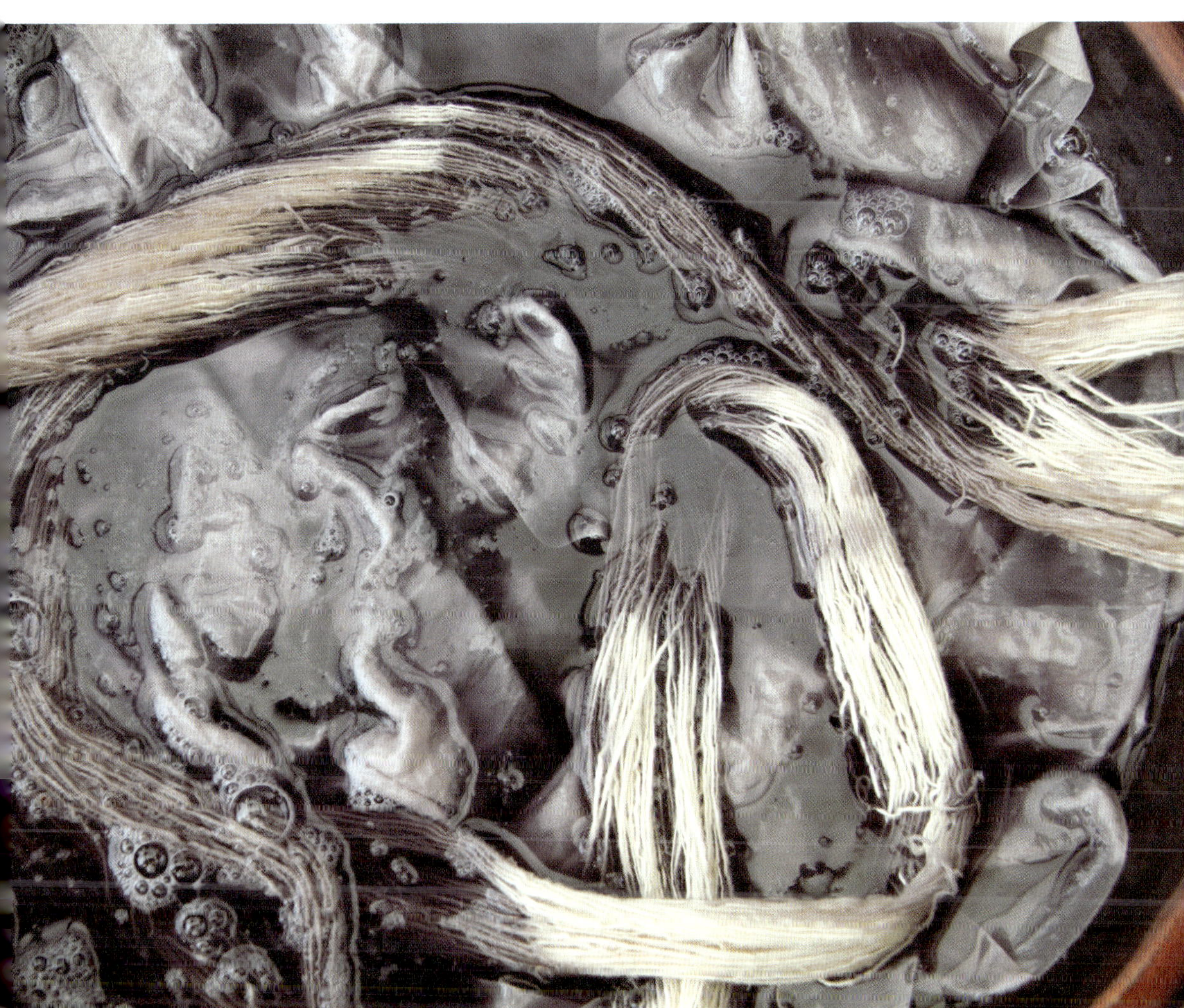

오배자 염액에 실과 천이 물드는 모습

주의할 점

① 오배자는 염액 입자가 거칠고 타닌 성분과 기름기가 있어 침투가 잘 안 되므로 첫 번째 염색할 때 잘 주물러 주어야 한다. 편하게 하는 방법은 5분 정도 침염하여 잘 주무른 다음 손으로 꼭 짜는 것이다. 이때 염액이 천에 흡수되는 효과가 좋다. 더 효과적인 것은 짤순이에 15~30초 정도 탈수하면 탈수할 때 원심력에 의해 염액이 천에 깊숙이 흡착되는 효과가 높아 매우 좋다. 다만 효과가 좋다고 긴 시간을 탈수하면 파도처럼 얼룩이 생길 수 있으니, 손으로 짜는 것보다 좀 더 탈수해 주는 정도로 가볍게 해야 한다.

② 매염할 때도 첫 번째는 시간을 좀 길게 잡고 잘 주물러 주어야 한다. 그리고 매염 시 중간에 짜서 바람 치는 것은 매염제가 공기 중에 산화되면서 고정과 발색이 잘되는 좋은 효과를 얻기 위함이다.

③ 철 매염제는 처음에는 약하게 쓰고 뒷부분에서 강하게 쓰는 것이 천에 좋다.

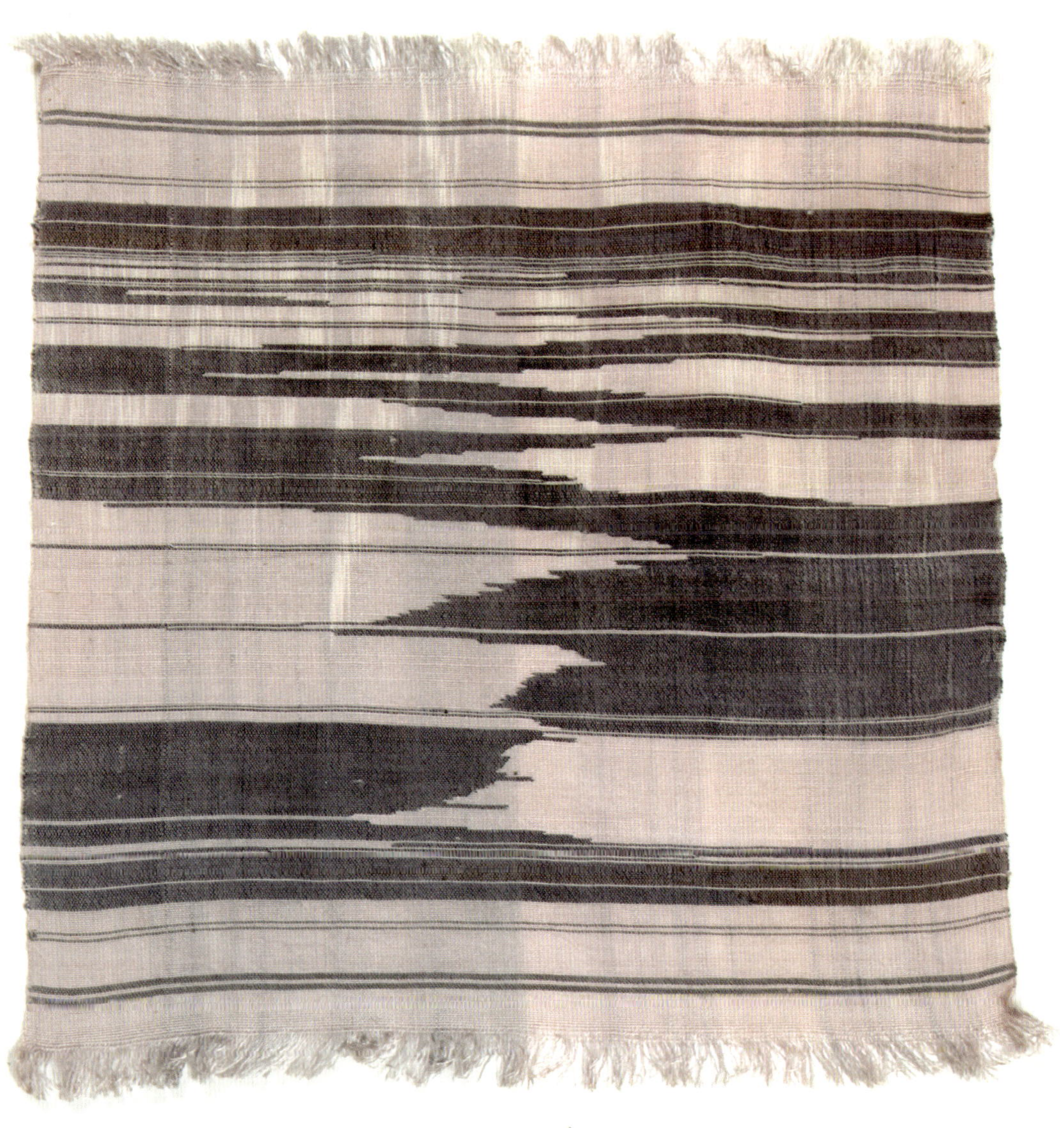

실 염색을 해서 분방 식소안 선 테이블 보

빈랑 檳榔 염색

빈랑은 동남아 등 더운 지방에서 자라는 당산나무처럼 커다란 나무로 그 열매를 염료로 사용한다. 열매는 호두 열매보다 약간 작다. 완전히 익어서 물러지기 전에 딴 다음 겉껍질 채 물을 약간 붓고 장기간 숙성, 발효시켜 염색하면 진한 흑색이나 갈색을 얻을 수 있다. 하지만 우리는 그런 상태로 쓸 수가 없다. 다만 다 익은 빈랑 열매의 껍질 벗긴 씨를 잘게 썰은 상태로 수입한 한약제를 이용하면 염색이 가능하다.

❶ 염료 만들기

보통 약재상에서 잘게 편으로 썰은 빈랑을 구입하여 물에 끓여 내어 염색을 하고 있는 실정이다. 그것보다는 염재를 잘 씻어서 따뜻한 물에 담가 한 달 이상 장기간 숙성, 발효시킨다. 가능하면 봄에 담가 놓았다 여름을 보내고 사용하면 좋다. 이렇게 했을 때 다색성인 빈랑의 색소가 고정되어 변색이 오지 않는다.

또한 잘 숙성시켜 익은 염재를 가마솥이나 철 깡통에 한 주 이상 넣어 놓

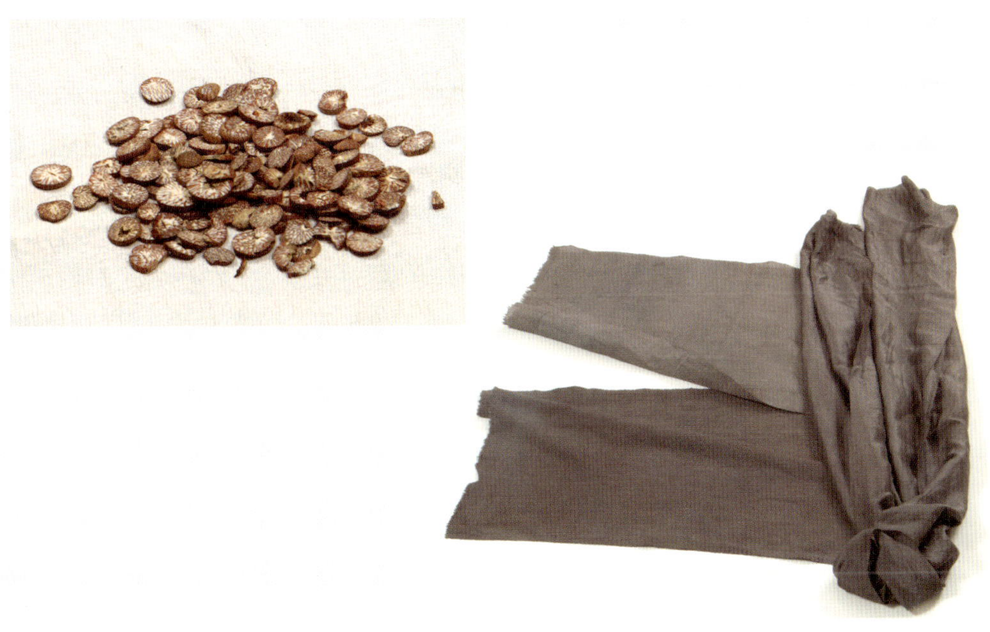

았다가 끓여 염액을 추출한다. 하루를 침전시켜 앙금 찌꺼기를 제거한 후에 맑은 액을 사용한다.

❷ 물들이기

① 처음에는 염액을 60℃ 정도로 따뜻하게 하여 천을 넣고 가볍게 주무른다. 10분 정도 방치한 다음에 짜서 바람 쳐 주고 다시 2회를 반복 염색하여 건조시켜 준다.

② 두 번째는 새 염액을 60℃ 정도로 따뜻하게 하여 가볍게 주물러 10분간 방치한다. 그런 다음에 짜서 바람 치고 다시 염액에 천을 넣고 가볍게 주무른다. 불에 올려 20~30분 끓인 다음 불을 끄고, 온도가 60℃ 정도로 내려가면 꼭 짜서 바람 치고 건조시켜 준다.

③ 위와 같이 세 번까지 염색해 건조한 천을 10여 분 철 매염한다. 그런 다음 꼭 짜서 바람 치고 다시 한 5분 정도 매염한다. 그 후에 짜내어 바람

치고 가볍게 수세해 건조시키면 된다.

④ 원하는 색이 나올 때까지 위와 같은 방법으로 반복 염색해 준다. 염색이 다 끝나면 철 매염제와 흡착되지 않는 염료를 깨끗이 수세해 준다. 특히 매염은 공기 중에서 산화를 시켜 고정이 이뤄지는 것이니 중요한 일이다.

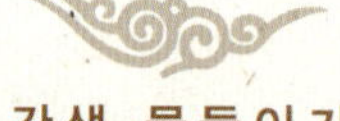

간색 물들이기

쪽염색을 진하게 한 후에 빈랑으로 염색해 주면 아주 독특한 검은 청색을 얻을 수 있다. 이것이 빈랑수흑이라는 심흑색으로 검은색에 청색 빛이 은은하게 비친다.

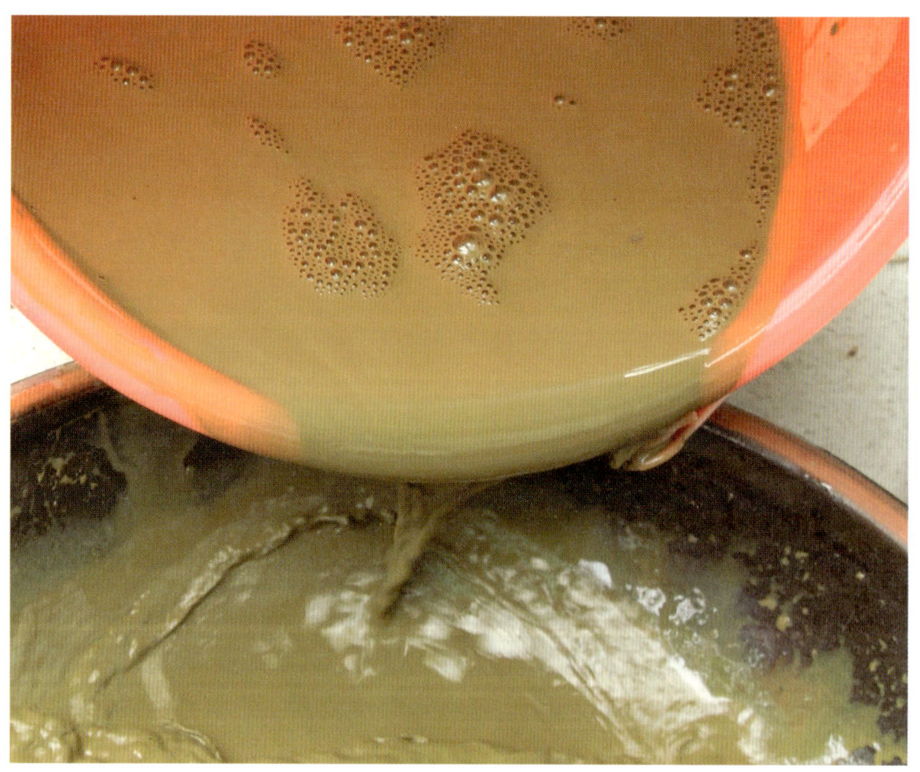

넷째
마당

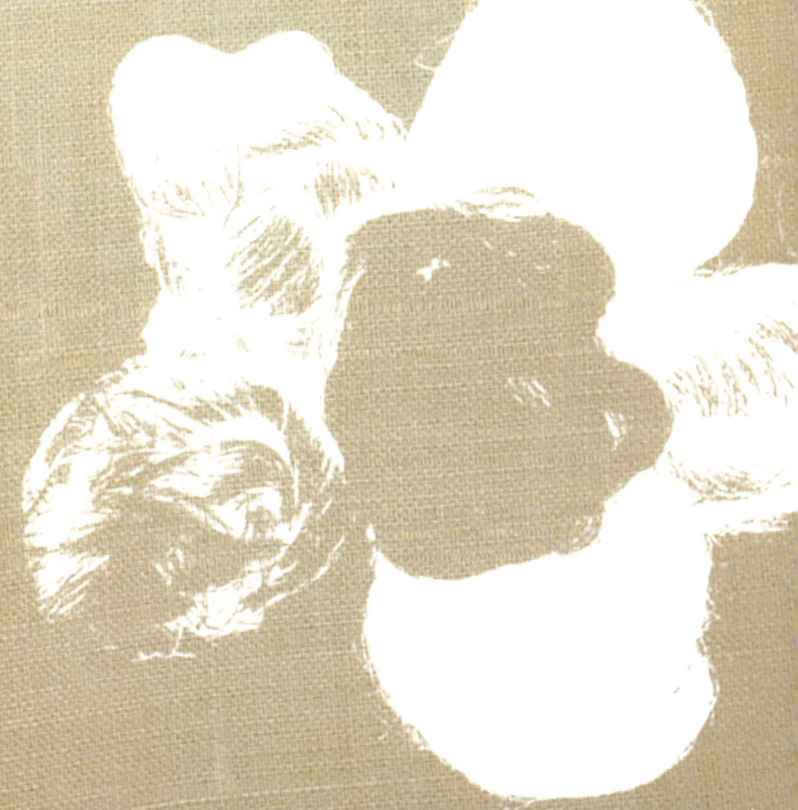

천연안료

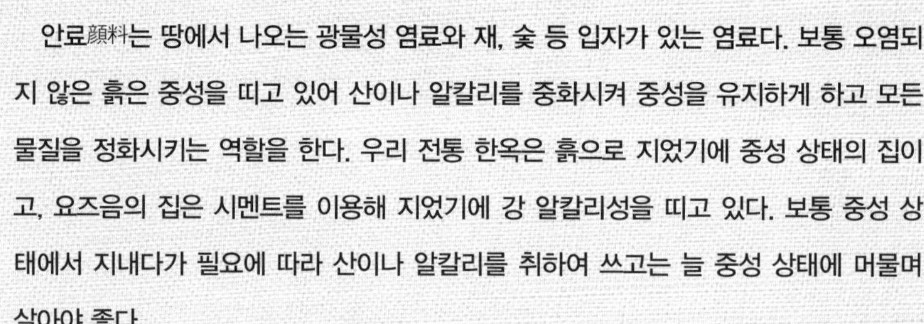

안료顔料는 땅에서 나오는 광물성 염료와 재, 숯 등 입자가 있는 염료다. 보통 오염되지 않은 흙은 중성을 띠고 있어 산이나 알칼리를 중화시켜 중성을 유지하게 하고 모든 물질을 정화시키는 역할을 한다. 우리 전통 한옥은 흙으로 지었기에 중성 상태의 집이고, 요즈음의 집은 시멘트를 이용해 지었기에 강 알칼리성을 띠고 있다. 보통 중성 상태에서 지내다가 필요에 따라 산이나 알칼리를 취하여 쓰고는 늘 중성 상태에 머물며 살아야 좋다.

오염이 없는 순수한 흙은 물에 풀어서 몸에 바르면 몸 안의 독을 제거해 주고 피를 맑게 하여 혈액 순환을 좋게 한다. 피부질환, 관절염, 위장질환 등에 매우 효과적이다.

곱게 수비한 황색 흙 100g과 천연 양조식초 80cc, 천일염 2큰술(30g)을 깨끗하고 따뜻한 물 20L에 넣고 잘 저어 30분 정도 담가 놓았다가 밖으로 꺼낸다. 샤워를 하지 말고 수건으로 가볍게 닦아 준다. 면이나 흙염색한 잠옷을 입고 취침하여 다음날 아침에 비누칠하지 않은 상태로 샤워를 하면 아토피나 각종 피부 질환에 매우 효과적이다.

천연염색은 식물성 염색이 주종을 이룬다 여길 수 있지만 광물성도 흑, 백, 황, 청, 적의 오색이 다 있다. 오행으로 볼 때 황색 흙은 노란색으로 중이다. 흙±은 중 기운을 가졌는데 중에 중으로 정중이다. 흙 가운데 노란 흙이 우리에게 가장 좋다고 보아야 한다. 그리고 재, 숯, 연(그을음) 등 입자로 된 염료이다.

고대로부터 가장 오래된 염료로 지금도 동양화, 불화, 단청, 벽화 등에 다양하게 쓰인다. 분채, 석채 물감이 모두 흙에서 나오는 안료다. 이것이 총체적으로 광물성 염료이다.

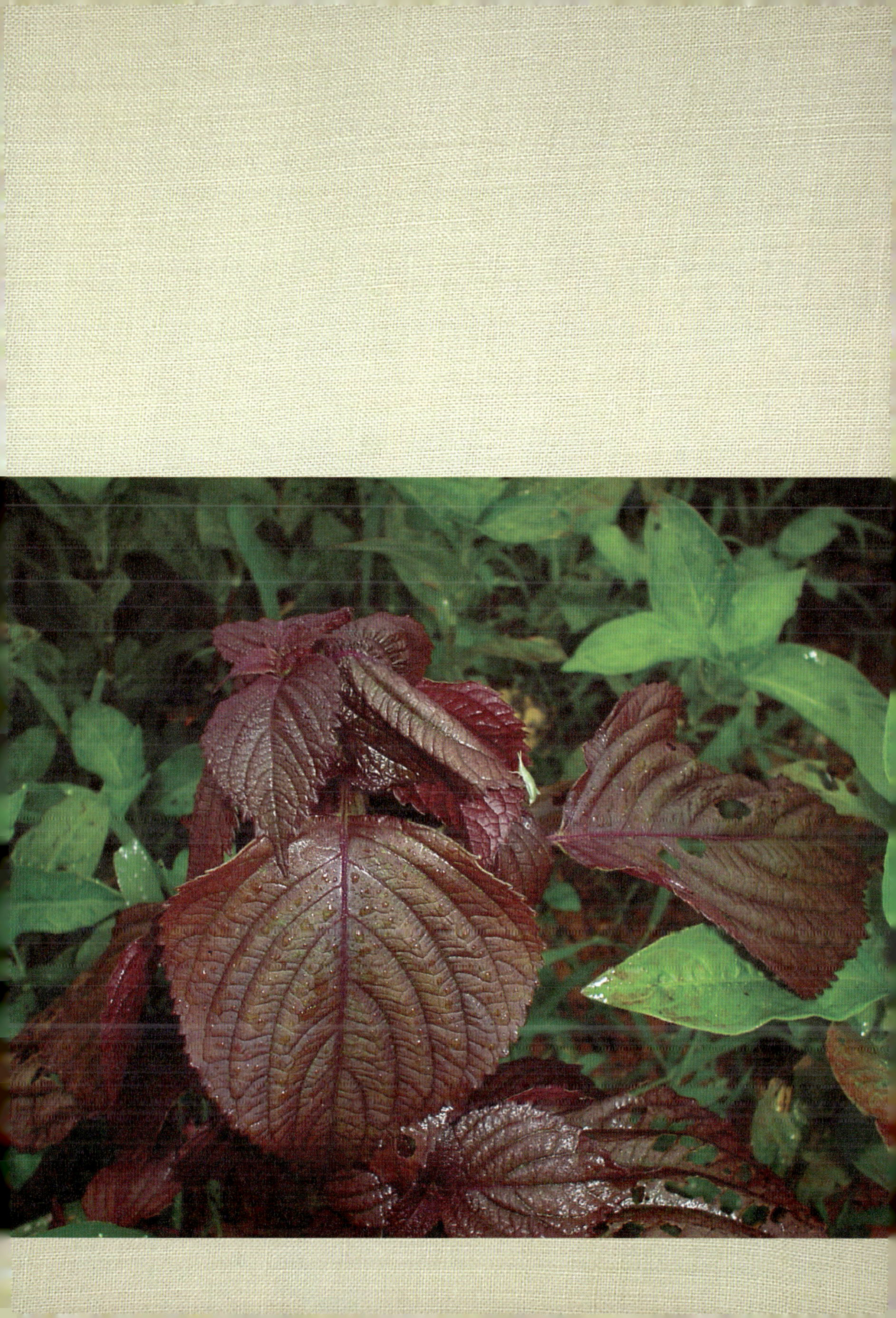

광물성 鑛物性 염색

수비水飛법을 이용해 염료를 만든다. 수비는 도자기 흙을 만들 때 물의 비중을 이용하여 고운 입자의 흙을 분류하는 방법이다. 염료용은 입자가 곱고 찰기가 있는 흙이어야 하고 색깔이 분명할수록 좋다. 주황색, 적색 계통의 흙으로 하는 염색을 황토염색이라 한다. 정확하게 말하면 황토색은 노란색 흙을 말한다. 흙으로 염색하는 것을 모두 황토염색이라고 하는데 그냥 흙土염색이라 명하고 적, 주황, 노랑, 흑, 갈, 청색의 흙이나 토土염색이라고 해야 한다. 흙염색도 다양한 색이 있으니 찾아서 색의 다양화를 추구해야 광물성염색이 진일보하여 천연염색의 폭이 넓어질 수 있다.

❶ 염료 만들기

① 염료용으로 채취해 온 흙을 큰 대야에 넣고 물을 붓는다. 먼지나 이물질이 들어가지 않게 뚜껑을 덮는다. 며칠간 방치해 놓았다가 쓰면 흙이 잘 풀리고 고운 염료가 만들어진다.

② 흙과 물의 비율은 1:6 정도로 한다. 대나무나 철판으로 만든 고무래

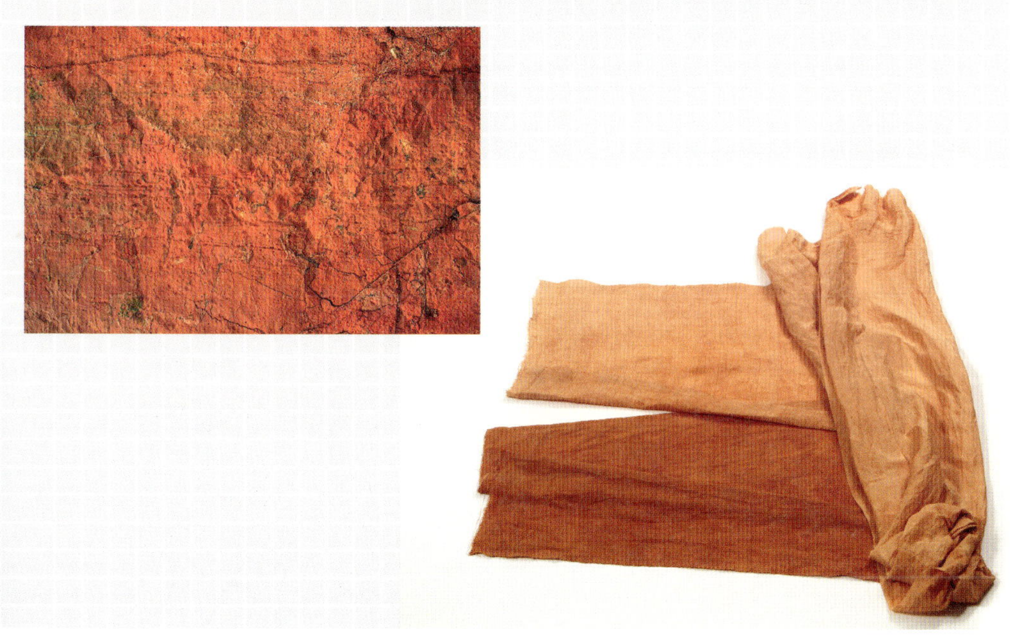

를 이용해 잘 저어서 흙을 충분히 풀어 주어야 한다. 대량으로 할 때는 시멘트 섞을 때 쓰는 모터가 달린 믹싱기를 큰 공구상에서 구입해 풀어 준다. 그러면 많은 양의 염료를 용이하게 만들 수 있다.

③ 잘 저어서 흙이 물에 충분히 풀렸으면 2~3분간 방치해 침전시킨다. 흙탕물 맨 윗면에 맑은 물이 1~2cm 정도 생기면, 옆에 준비해 놓은 다른 대야에 묽은 흙탕물을 아주 조심스럽게 따라 놓는다. 바닥에 남은 굵은 찌꺼기는 버린다.

④ 위와 같은 방법으로 4~5회 반복해서 수비 작업을 해 준다. 방치해 침전하는 시간을 매회마다 조금씩 길게 잡는다. 매회 대야 바닥에 남는 찌꺼기가 곱다며 아까워하지 말고 과감하게 버려야 한다. 만약 버리기 아까우면 염료용으로는 사용하지 말고 살 보아 두었다가 건축용 도료로 사용하면 좋다. 도료(페인트)로 사용하려면 소석회(10:1 비율)나 바인더 풀, 목재용 수성 오공본드를 넣고 잘 희석하여 사용하면 천연도료가 된다.

⑤ 염료를 만드는 수비 과정을 여러 번 반복할수록 염료량은 적어져 전

체의 20% 미만의 질 좋은 염료를 얻을 수 있다. 여러 차례 수비를 잘해서 아주 고운 염료를 얻어 내면 식물 염색처럼 가볍고 맑으며 고운 염색을 할 수 있다. 지금 우리가 하는 흙염색은 잘 빠지고 색이 너무 탁하고 칙칙하며 무거운 느낌이 있어 문제가 있다. 흙이 기능성 염색으로는 가치가 있을지 몰라도 순수한 천연염색으로는 자리 잡기 힘들다. 이것은 수비를 잘하여 좋은 염료를 만들지 않았기 때문임을 기억해야 한다.

⑥ 옆 그림처럼 4~5단계로 염료 제조 시설을 하면 매우 편리하고 다량의 염료 생산이 가능하다.

⑦ 수비가 된 염료는 바닥이 좁고 굽이 높은 통에 넣어 보관한다. 표면에 물이 5cm 정도 있게 하여 뚜껑을 덮어 보관해 놓고 사용한다. 염료는 봄과 가을 사이에 만들어 겨울을 넘기고 사용하면 좋다. 겨울 동안 얼었다 녹았다 하면서 질 좋은 염료가 된다. 특히 한 3년씩 묵혀 사용하면 좋은데 3년이 넘으면 변색되는 경우가 있다. 중국의 도자기 명가는 할아버지가 흙을 만들어 놓았다가 손자가 쓰게 한다. 도자기 기술을 전해 주는 것보다 좋은 흙을 물려주는 것이 명기名器를 만들 수 있다고 한다.

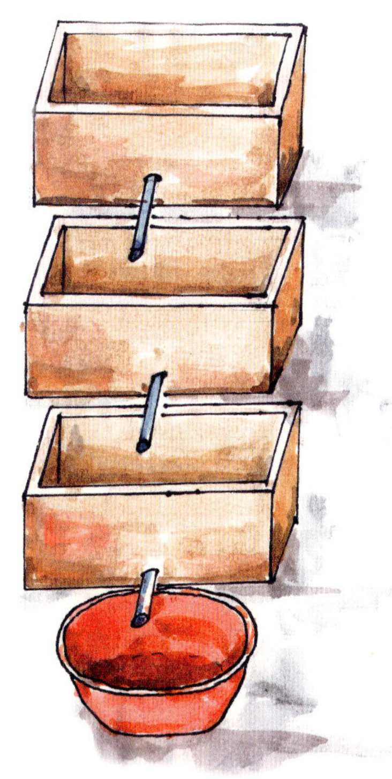

염료 제조 시설

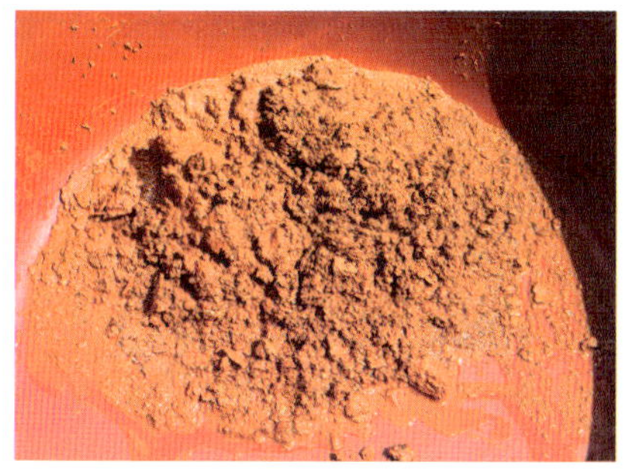

① 물에 불린 주황토

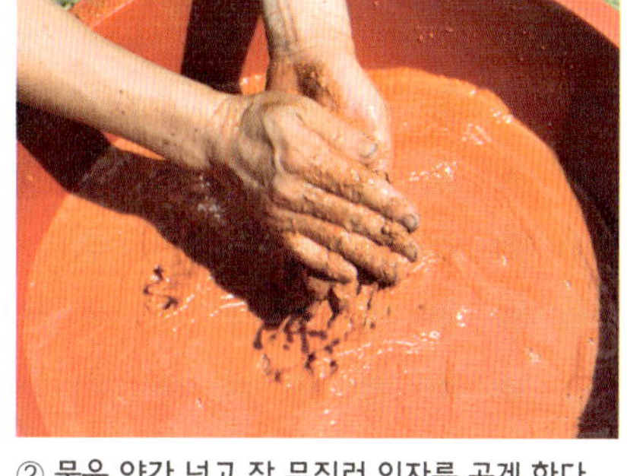

② 물을 약간 넣고 잘 문질러 입자를 곱게 한다.

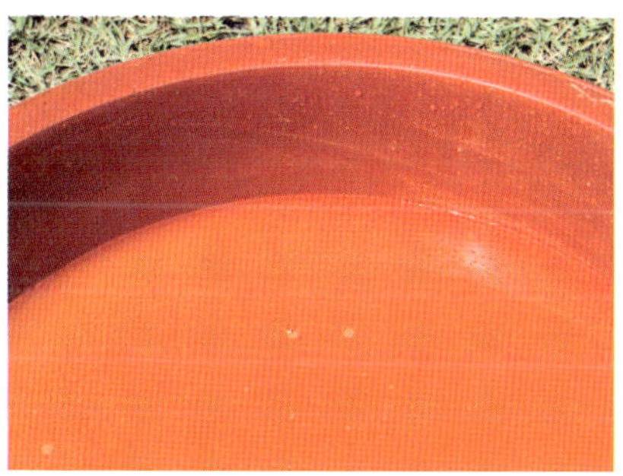

③ 고운 흙에 물을 충분히 부어 잘 저어 준다.

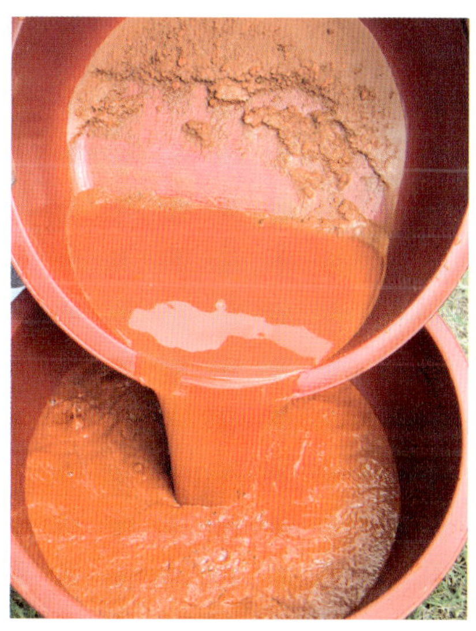

④ 잘 저어 2~3분 방치한 흙물을 다른 용기에 조심스럽게 따라 내고 바닥에 남은 찌꺼기는 버린다.

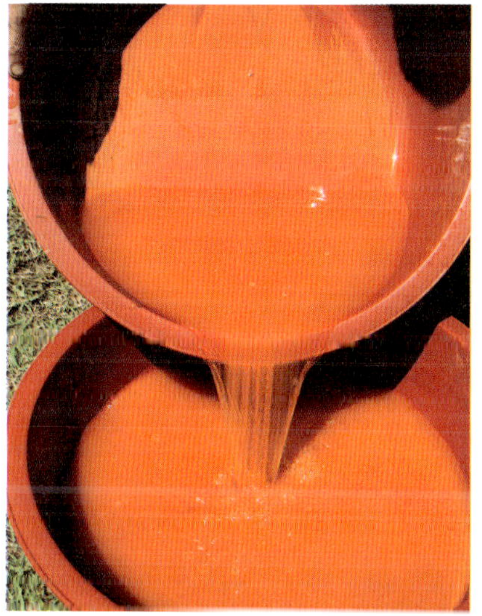

⑤ 두 빈째로 흙물이 침전되면 다른 그릇에 따라 내고 남은 찌꺼기는 도료로 사용한다.

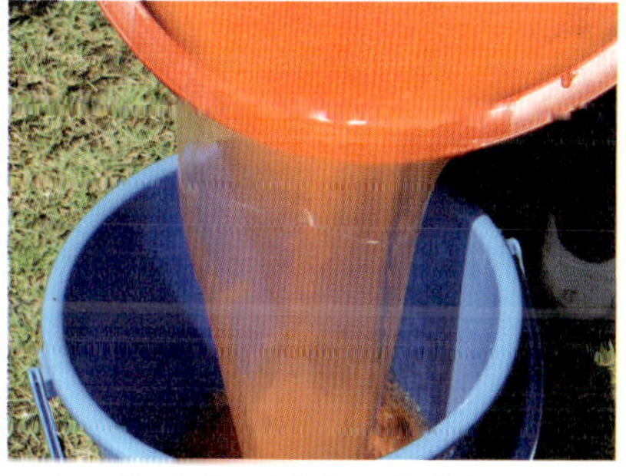

⑥ 3~·4회 거름(수비)을 한 고운 흙을 그릇에 모아 침전시킨다.

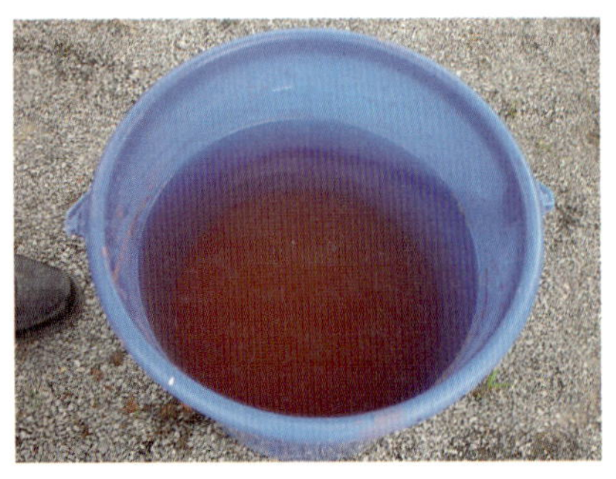

⑦ 침전된 염료는 윗물을 따라 내고 보관 후 사용한다.

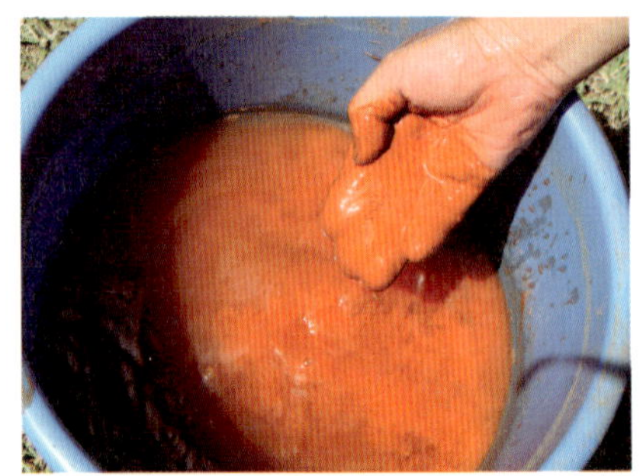

⑧ 위 맑은 물을 버리고 앙금이 진 본 염료

❷ 물들이기

① 준비한 염료를 처음에는 60℃의 따뜻한 물에 묽게 푼다. 물 5L에 천일염 20g(한큰술 가득), 식초 약간(ph5)을 넣어 잘 젓는다. 소금이 완전히 풀리면 천을 넣고 염색을 시작한다.

② 안료성 염료라 입자가 커서 침투가 잘 안 되므로 잘 주물러 주어야 한다. 하지만 염료가 처음부터 잘 만들어졌으면 문제가 되지 않아 보통 염색하듯이 해 주면 된다. 만약 더 잘하고 싶다면 보통으로 주무르고 꼭 짜기를 해서 바람 치고 다시 염액에 넣는 것을 반복해 주면 좋은 염색이 된다.

③ 안료성 염료의 염색은 처음에는 아주 묽은 염액으로 시작하여 반복 염색을 거듭하면서 흙 염료 원액을 점점 추가해 농도를 높여가며 원하는 색이 나올 때까지 작업을 해서 완성한다. 원하는 색이 나오면 반드시 건조시킨 후 맑은 물에 헹구어 수세하여 건조시킨다.

④ 건조한 천의 색이 만족스러우면 미지근한 물에 우유를 40:1의 비율로 희석하여 후매염해 준다. 15~20분 정도 매염하는데 가볍게 주무르고 5분 간격으로 짜서 바람 치기를 2회 해 준다. 2회를 하고 우유 매염액에 식초 약간(ph5~6)을 넣어 잘 저어 주면 우유가 약간 엉키는 현상이 생기지만 그것과 관계없이 천을 넣고 가볍게 주물러 준다. 물이 아주 맑게 보이면 매염

이 끝났다 여기고 짜서 건조시킨다.

⑤ 건조가 끝나면 앞에서 쓰고 남은 흙 염액을 묽게 하여 다시 가볍게 재염색을 한 다음 건조시키고 수세해 주면 된다.

⑥ 위와 같이 해도 충분한 염색이지만 더 견뢰도를 높이고 싶다면 아교로 매염을 해 주면 된다. 보통 한 필의 무명같이 두꺼우면 15g, 마와 명주는 20g의 아교를 중탕으로 녹여서 미지근한 물에 풀어 한 5분 정도 매염하여 건조시킨다. 그리고 물 5L에 명반 2g을 넣어 잘 희석하고 침염하여 한 10분 정도 가볍게 주무른 다음 짜서 건조시켜 주면 매우 좋은 염색이 완성된다. 만약 급하면 아교 매염 후 바람 치고 바로 명반 처리를 할 수 있지만 좀 어설픈 염색이다.

⑦ 아교 처리를 하면 견뢰도는 높아지지만 흙이 가지고 있는 천연 약성은 많이 감소함을 기억해서 잘 선택해야 한다. 약성을 높이고 싶으면 아교 처리를 하지 말고 견뢰도를 높이고 튼튼한 염색을 하고 싶으면 아교 처리를 하면 되는 것이다.

⑧ 이렇게 염색한 천을 6개월 이상 장기 숙성시켜 사용하면 참으로 좋다. 이때는 세제를 넣고 삶아도 변색이 없을 정도로 강한 염색이 되어 안료성 염색의 가장 큰 약점인 세탁 견뢰도의 약함이 해결된다.

⑨ 염색한 천을 숙성한 후에 찹쌀 풀로 푸새를 해서 사용해야 힌다.

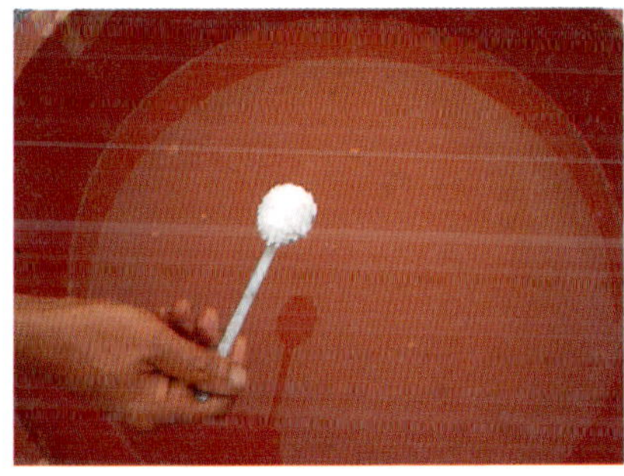

① 흙염료를 물에 풀고 소금, 식초를 넣는다.

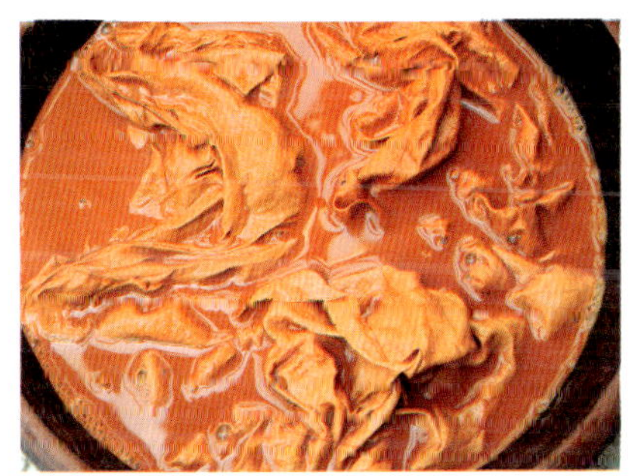

② 천을 넣어 염색하고 방치해 둔다.

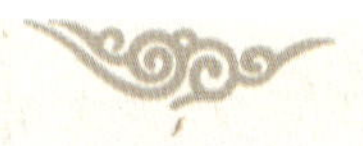

주의할 점

① 마나 명주처럼 얇고 고운 천은 염색이 덜 될 수 있기 때문에 염액에 보통 2~3일 정도 더 담가 놓으면 좋다. 침염해 놓는 동안에 가끔 천을 뒤적거리며 주물러 주어야 좋다. 더 긴 시간을 침염해 방치하면 깊은 색이 물들지만 천이 상하지 않을 정도의 기간만큼만 해야 한다. 무작정 긴 시간 방치해 놓으면 염색 천이 상해 버린다.

② 지금 시중에 판매되고 있는 염색 천들은 너무 무겁고 칙칙해 때깔이 곱지 못하여 상류층의 사람들은 싫어하는 편이다. 그리고 세탁 견뢰도가 낮아 대중성이 떨어지는 측면도 있다. 흙염색의 핵심은 얼마나 고운 입자로 염료를 만들었냐가 관건이다. 여러 번 수비하면 얼마든지 고운 염료를 얻을 수 있다. 하지만 번거로움 때문인지 아니면 그렇게 하지 않아도 염색이 되니까 그런지는 몰라도 여기에 별 의미를 두지 않는다. 고운 입자로 염색을 하면 칙칙하고 무거운 느낌이 나지 않고 식물 염색처럼 보여서 구별하기 쉽지 않을 정도로 아름다운 염색이 된다.

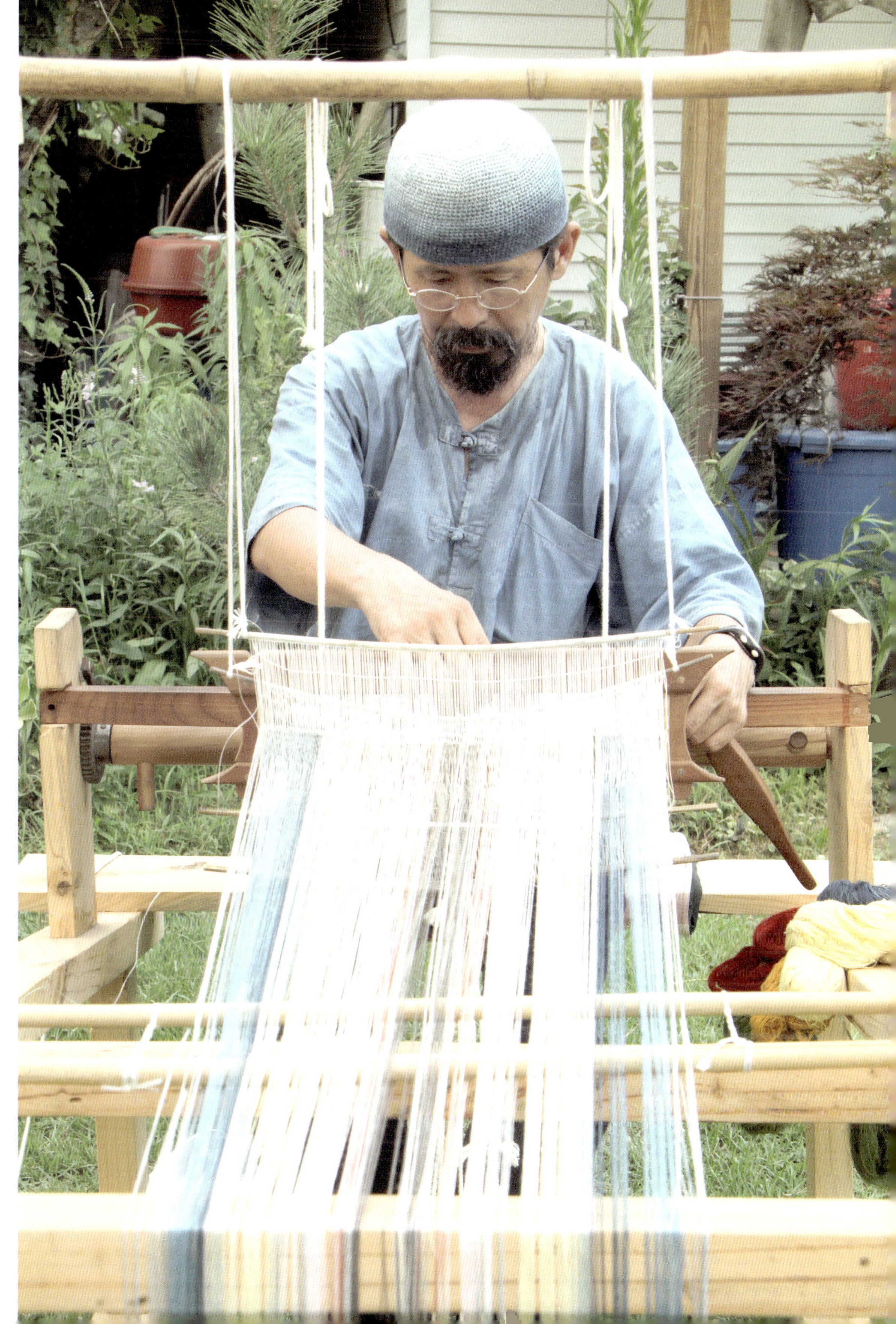

검은흙 黑土 염색

흙에는 다양한 여러 가지 유채색과 회색이 있지만 검은색은 매우 희소하다. 흙, 오리나무, 철을 조합하여 검은색을 만드는 법을 안내하려 한다. 이 염색은 광물인 흙과 철, 타닌 식물성 나무를 오랜 숙성이라는 과정을 통해 결합시킨 염료로 한다. 모든 흙을 사용해도 되지만 적색, 황색, 회색 흙을 사용하면 더욱 좋고, 만드는 과정에서 공이 들어가기는 해도 한번 해 놓았다 필요할 때 쓰면 매우 좋다. 오리나무나 오배자를 병용해서 쓰는 염색이다.

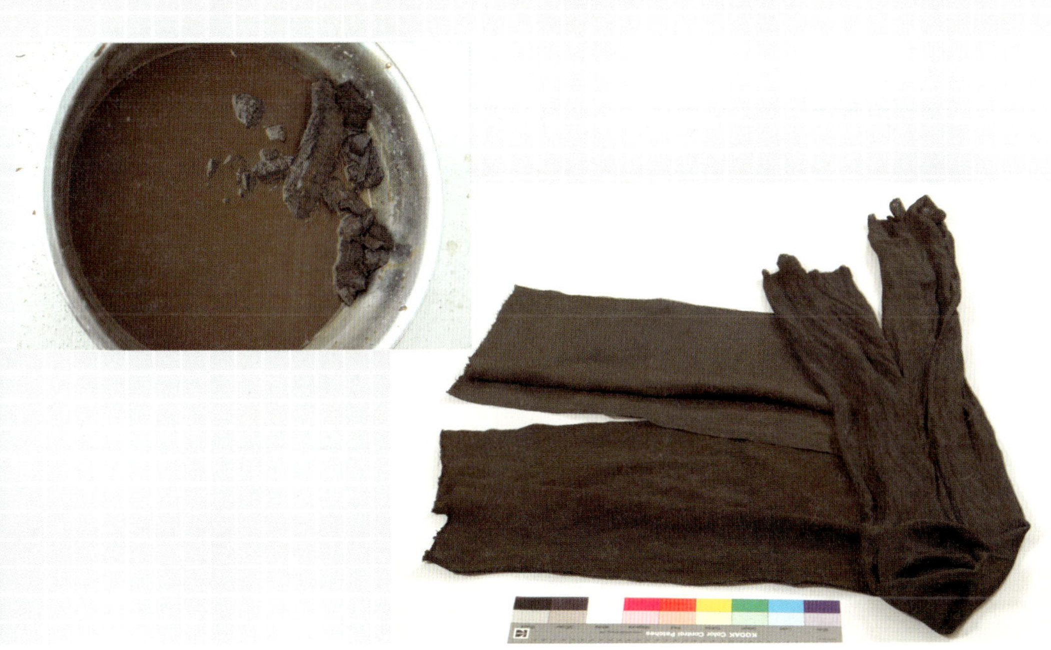

❶ 염료 만들기

① 적, 황, 회색의 흙을 앞의 흙염색처럼 수비를 해서 만들어 앙금 시킨 염료 2L, 생 오리나무 열매 500g, 껍질 1kg을 따뜻한 잿물(ph9) 5L와 함께 섞어 가볍게 저어 주고 보름(15일) 정도 숙성시킨다. 숙성시키는 동안 매일 한 번씩 가볍게 저어 주어야 한다.

② 보름 정도 숙성시킨 후 염액 안에 있는 오리나무만 긴져 낸다. 물 4L를 붓고 불에 올려 염액이 반 정도 줄어들게 끓여 처음에 숙성시킨 용기에 넣는다. 온도가 40℃로 내려가면 철물(100cc)이나 녹슨 철 못 한 근(600g)을 추가해 넣어 골고루 저어 주고 뚜껑을 덮어 장기 숙성에 들어간다.

③ 사용하는 시기는 원하는 색, 즉 검은빛이 나면 쓸 수 있다. 날씨가 따뜻하면 기간이 짧고 온도가 낮으면 시간이 더 걸린다. 숙성시키는 동안 일주일에 한 번 정도는 가볍게 저어 주어야 한다.

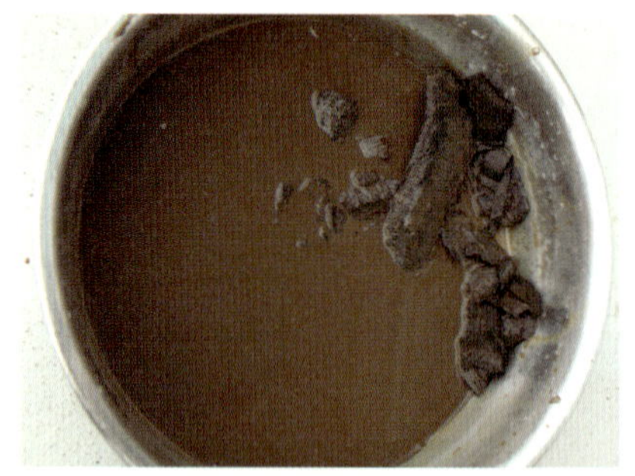

① 오리나무와 흙을 넣어 장시간 숙성시킨 염료

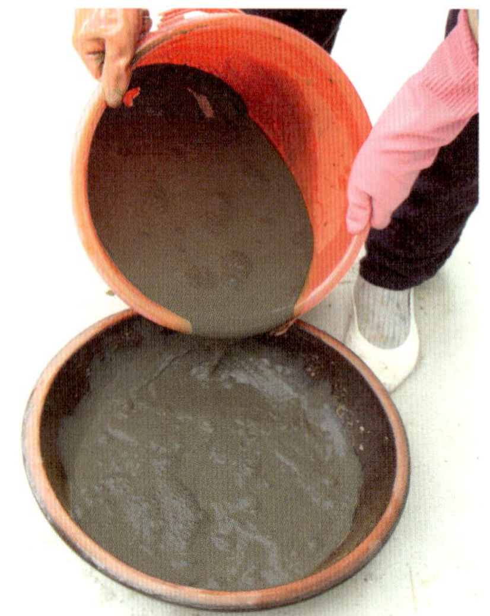

② 숙성시킨 염료를 염색 그릇에 따라 낸다.

❷ 물들이기

① 완숙되어 빛이 좋은 염료의 원액을 물 6L에 원액 200cc, 천일염 20g 과 식초 약간을 넣고 잘 저어 준다. 그런 다음 천을 넣고 20분 동안 염색하면서 짜고 바람 쳐 주기를 3회 하여 준다.

② 염액이 좀 줄었을 것이니 처음 염색할 때의 염액 만큼 물을 더 넣고 다시 새 원액을 100cc 더 추가해 잘 저어 위처럼 2차로 염색을 해 준다.

③ 만족스럽게 원하는 색이 나올 때까지 위와 같이 원액을 추가하며 반복 염색해서 건조시켜 준다.

④ 건조된 천에서 원하는 색이 나왔으면 잘 수세하여 다시 건조시킨 후에 우유로 후매염해 준다. 물과 우유는 40:1의 비율로 희석한다. 여기에 천을 넣고 15~20분 매염하는데 5분 간격으로 가볍게 주무르고 2회 짜서 바람 쳐 준다. 3회에서 우유 매염액에 식초(ph5~6)를 넣어 잘 저으면 약간 우유가 뭉쳐 보이지만 이와 관계없이 천을 넣고 한 5분 가볍게 주물러 짜

고 건조시켜 준다.

⑤ 이때 염색의 농도가 섭섭하면 앞에 사용한 염액에 다시 넣어 원하는 색을 물들이면 된다.

⑥ 더 견뢰도를 높이고 싶다면 앞의 광물성 염색처럼 아교로 후처리를 해서 더 튼튼한 염색을 완성한다. 앞의 광물성염색과 방법이 비슷하니 참고하여 작업을 하면 좋다.

⑦ 이렇게 하면 염색이 완료된 것이지만 한 6개월 정도 실내에 보관 숙성하여 사용하면 아주 튼튼한 염색이 된다.

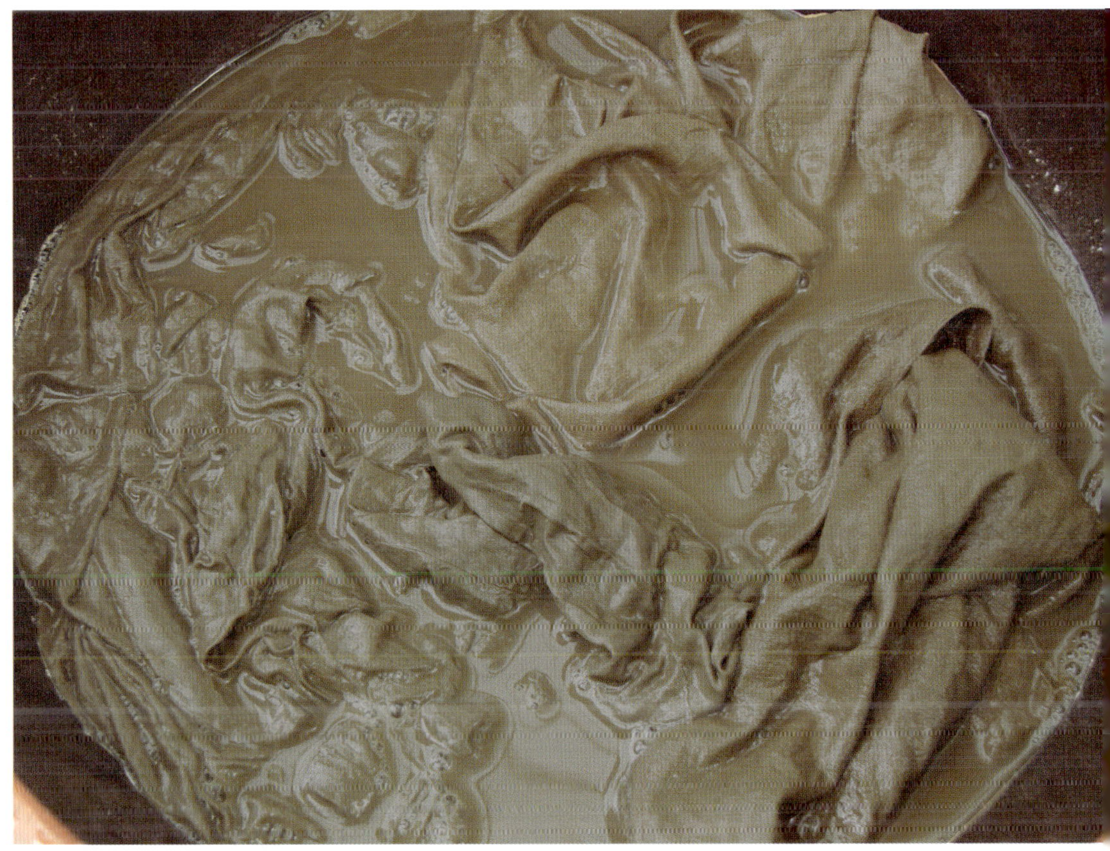

흙염색 염액에 천이 충분히 잠긴 모습

재炭
염색

식물 즉 나무를 태운 검은 숯으로 흑색 계통의 색을 내는 염색이다. 온전히 검은색이 나오는 것은 아니고 중간 정도인 회색 염색에 주로 쓰이고 있다. 승려들의 복식에 주로 쓰였지만 지금은 대중적인 색으로 쓰이며 회색은 독특한 수용성을 가지고 있다. 어떤 색이든지 회색과 함께 배치하면 거부하지 않고 함께 어울리는 편이다.

재염의 소재로는 대나무 잎, 버드나뭇가지, 진달래 대, 소나무 등이 좋다. 다른 식물을 사용할 수도 있지만 식물의 육질이 부드러운 것이 입자를 곱게 할 수 있어 염색 흡착이 좋고 색이 곱게 들며 견뢰도 높은 염색이 가능하다.

여러 가지 식물로 재를 만들어 염색을 할 수 있지만 그 중에 대나무 잎을 태운 재가 맑고 푸른 회색빛이 나서 가장 귀하고 아름답다. 댓잎 재염색만 보면 그만하게 보이지만 다른 회색과 같이 있으면 확연히 다른 차이가 나며 그 색이 매우 곱고 깊이가 있음을 알 수 있다. 대나무 잎을 태운 재로 염색하는 방법을 소개하려고 하는데 옛날 방식은 『내 손으로 하는 천연염색』에 소개되어 있다. 여기서는 내가 사용했던 비법을 말하려 한다.

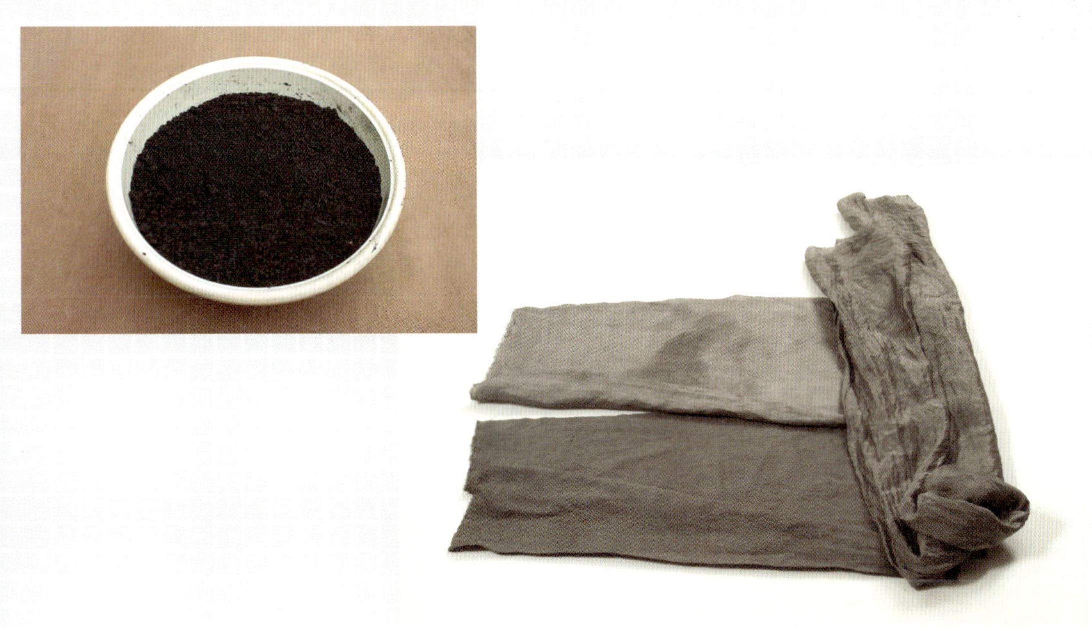

❶ 염료 만들기

① 가을이 지나면 대나무 숲에 들어가 떨어진 댓잎을 긁어모아 자루에 넣어 온다. 이때 지난해 떨어져 썩은 잎은 피하고 그해 떨어진 낙엽을 모아야 색이 곱다. 혹은 가을이 아니더라도 잎이 달린 댓가지를 가져다가 한 보름 정도 놓아둔다. 말라서 잎이 떨어지면 그것을 사용해도 무방하다. 가느나란 댓가시가 들어갈 수도 있지만 굵은 댓가지가 들어가는 깃은 절대 금해야 한다.

② 마른 대나무 잎을 깨끗한 마당이나 시멘트 바닥, 더 좋게 하려면 철드럼통을 절단하여 만든 소각통에 넣고 태운다. 이때 댓잎을 10cm 정도의 두께로 하여 소각하는 것이 좋다. 많이 태울 경우 탄 것을 한쪽으로 모으고 계속 태우는 것이 좋다. 모든 식물은 타고 난 후 하얀 재 상태가 된다. 하지만 댓잎은 다 탄 후에 하얀 재 상태가 아니라 숯 상태로 남는다.

그것을 재라고 해야 할지 숯이라고 해야 할지 참 애매한 상태이다. 댓잎은 타고 나서

재이기도 하고 숯이기도 하며 재도 아니고 숯도 아니면서 한 색을 낸다.

재는 최종 상태를 탄炭이라고도 한다. 염색을 가르쳐 주신 어른도 재라 했으며 식물이 타고 난 후 최종 상태가 재이기에 재라 여기고 재염滓染이라 이름 하기로 했다.

③ 댓잎을 태운 재 부피의 3배 정도의 물에 재를 붓고 막대기로 잘 저어 10여 분 방치한다. 고무장갑을 끼고 물 위에 뜬 재를 잘 문질러 분말로 만들어 준다. 웬만치 분말이 되었다 싶으면 고운체로 걸러 모으고 남은 찌꺼기도 잘 문질러 가루로 만든다. 영 거칠어 체에서 빠지지 않는 찌꺼기는 버린다.

④ 이렇게 잘 부서진 재는 굽이 높고 폭이 좁은 양동이에 넣어 2~3일 방치해 둔다. 그러면 위에 떠 있던 가벼운 재에 물이 스며들어 밑으로 가라앉아 고운 재의 앙금이 된다. 이때 양동이 안의 물은 앙금 위의 물이 약간 남을 정도만 남기고 가만히 따라 버리고 보관해 놓으면 된다. 물이 있는 상태에서 장기간 숙성, 발효시키면 아주 부드러운 염료가 된다. 염료가 숯 상태이기 때문에 아무리 장기간을 놓아두어도 부패하지 않고 숙성만 되니 염려하지 않아도 된다.

⑤ 위의 앙금으로 만들어진 물기가 있는 재 염료를 아주 고운 천이나 보자기를 깐 바구니에 붓고 물을 빼 건조시킨다.

⑥ 건조된 재 염료에 아교를 넣어야 하는데 그 비율은 염료가 1근(600g)이면 아교는 200g을 넣으면 된다. 아교는 과립이나 막대기처럼 되어 있으니 스테인리스 용기에 아교 부피 10배의 물을 넣고 중탕으로 녹여 사용해야 한다.

⑦ 이렇게 녹인 아교 물을 마른 재 염료에 붓는다. 고무장갑을 낀

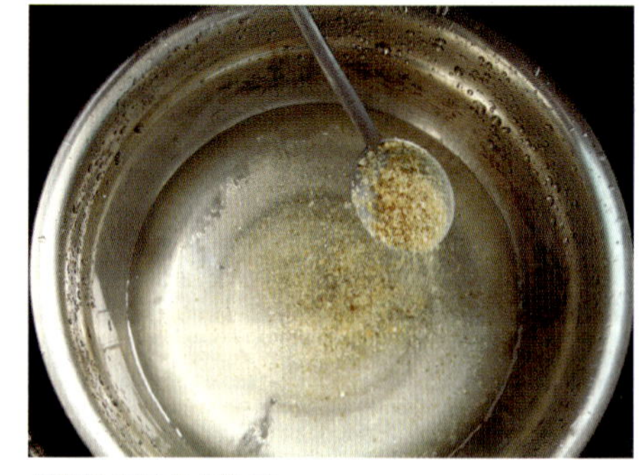

그릇에 아교를 넣는다.

손으로 잘 주물러 아주 되직한 떡 반죽을 만들어 놓는다. 이때 반죽이 묽으면 안 되는데 혹 묽으면 마른 염료를 더 추가해 주어야 한다.

⑧ 아교물을 넣어 되직한 반죽을 한 염료를 절구에 넣고 찧어 주어야 한다. 이때 한 근당 약 1~3만 번 정도의 횟수로 절구질하여 주어야 한다. 절구질을 많이 할수록 염색이 잘 되고 곱다.

⑨ 절구질이 다 된 염료는 잘게 부숴서 햇볕에 건조시킨다. 건조가 다 되면 다시 절구질하여 분말로 만들어 놓았다 사용한다.

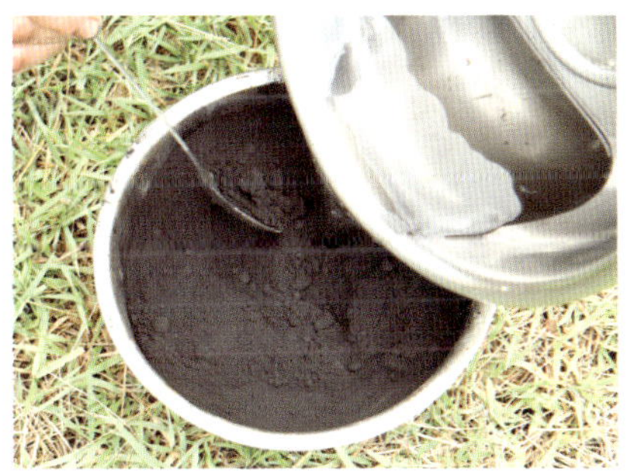

① 건조된 재에 중탕한 아교물을 넣는다.

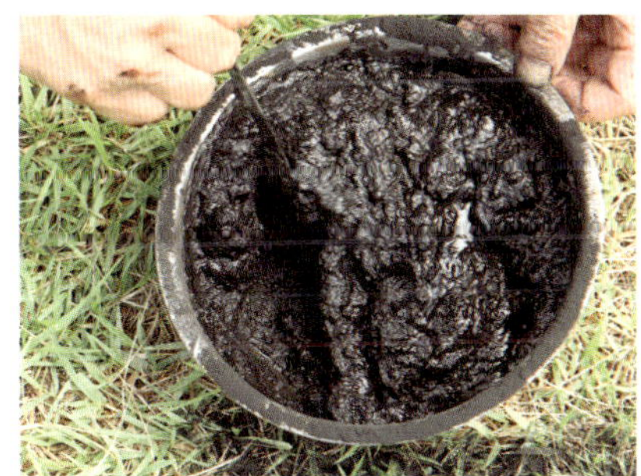

② 아교물을 넣은 다음 잘 반죽한다.

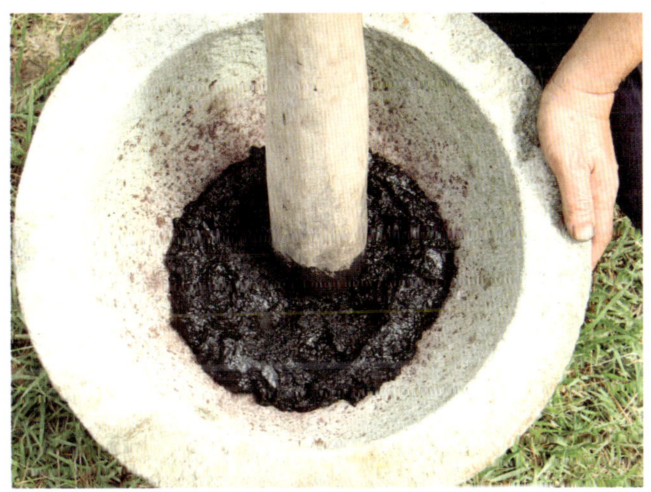

③ 잘 반죽한 염료를 절구질하여 염료를 곱고 차지게 한다.

⑩ 요즘 현대적으로 만든다면 아교를 넣어 반죽한 재를 잘게 부숴서 건조시킨 다음 메싱기에 넣어 1000메싱 정도로 분말화시켜 쓴다. 그러면 손쉽고 고운 염료가 될 것이다. 하지만 강도가 강한 나무나 대나무 숯은 메싱기에서 서로 미끄러져 분쇄가 잘 안 되므로 고운 염료가 되기 어렵다.

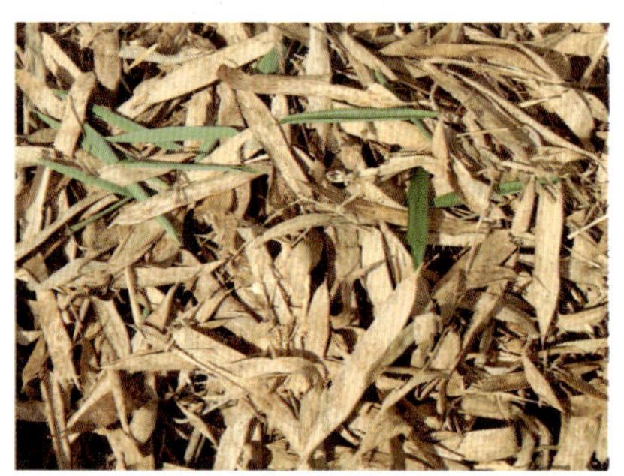

① 마른 대나무잎

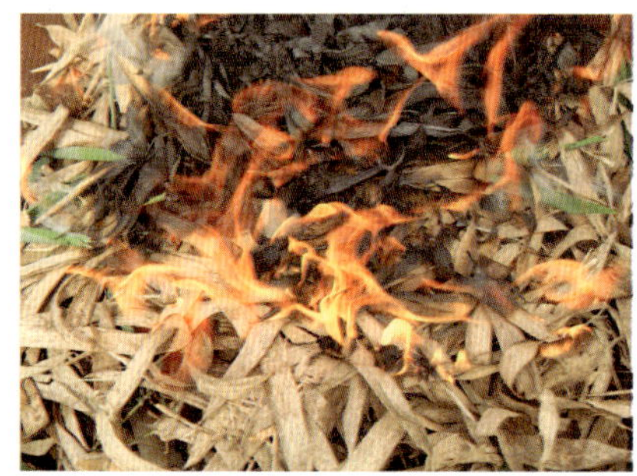

② 불에 타는 대나무잎

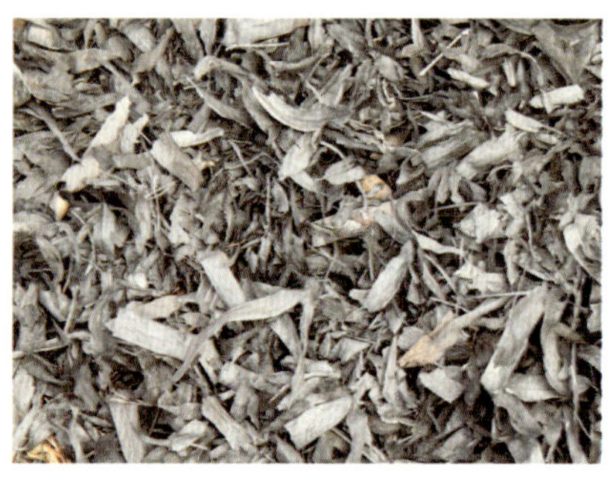

③ 불에 타서 재가 된 대나무잎

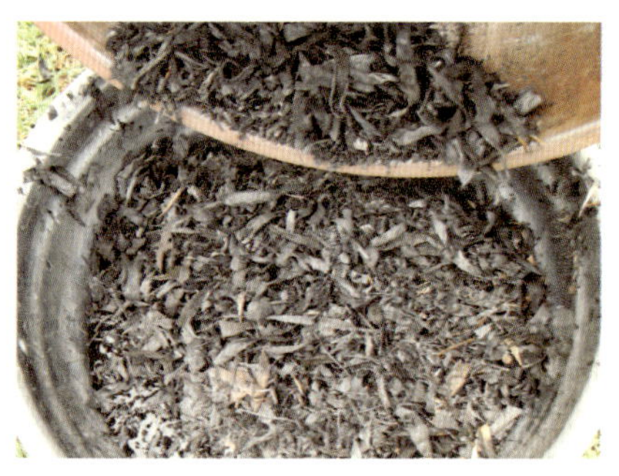

④ 탄 재를 그릇에 담는다.

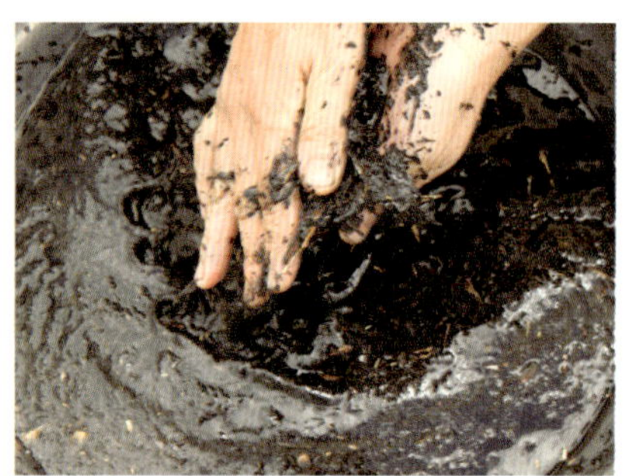

⑤ 물을 붓고 잘 문질러 준다.

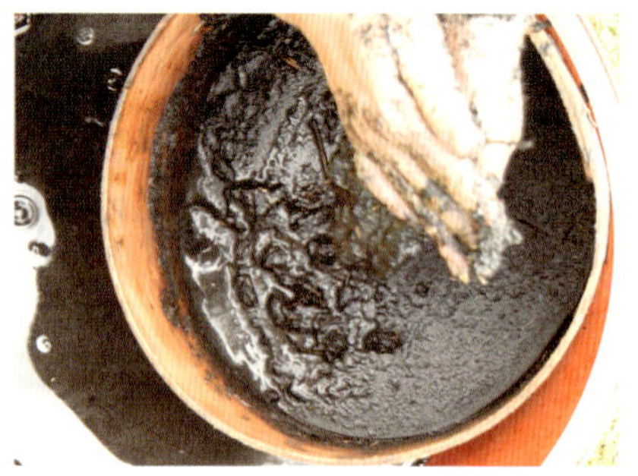

⑥ 2차로 체에 걸러 남은 찌꺼기를 문질러 준다.

148

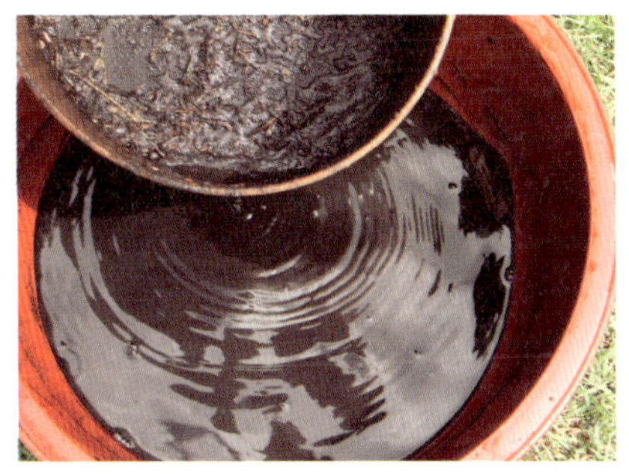

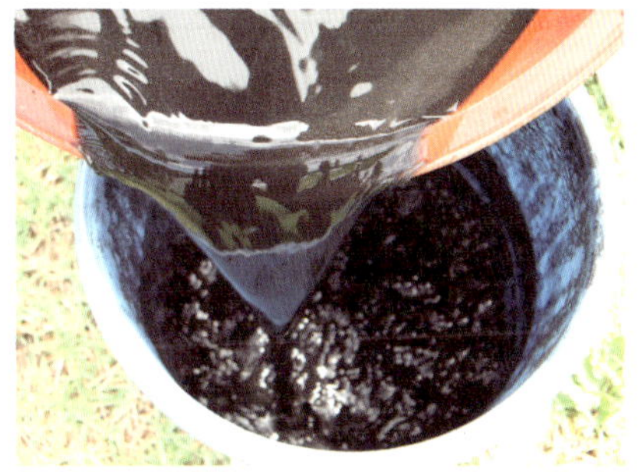

⑦ 잘 문질러 재를 완전히 걸러 내고 남은 찌꺼기는 버린다.

⑧ 고운체에 걸러 낸 재는 그릇에 모아 침전시킨다.

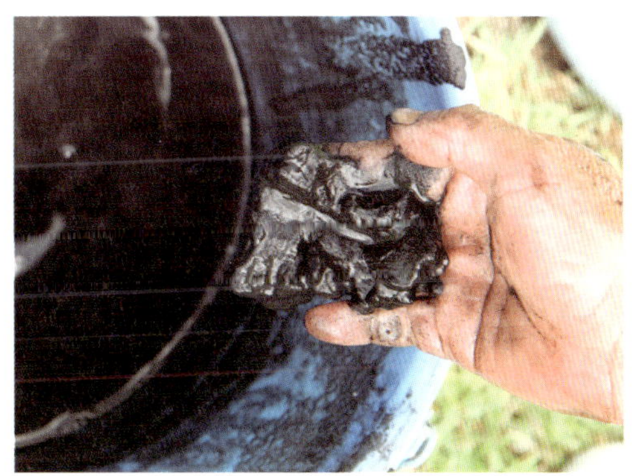

⑨ 윗물을 따라 내고 바닥에 앙금진 재염료

❷ 물들이기

① 물 2L에 위에서 만들어진 염료를 밥 수서로 4술 비율로 넣고 잘 풀어 준 다음 불에 올려 10여 분 끓여 준다. 이렇게 끓여 녹인 염료를 하루 정도 방치해 놓는다.

② 풀어 끓여서 녹인 염액을 물 4L에 넣고 불에 올려 60℃ 정도로 뜨겁게 하여 천일왕소금 15g과 식초 약간(ph5)을 치고 잘 젓는다. 소금이 완전히 녹은 뒤에 천을 넣고 10여 분 잘 주무른 다음 가볍게 짜내어 빈 대야에 넣고 잘 주물러 준다. 이때 손빨래하듯이 전체적으로 문질러 주어 입자가 천에 스미도록 해야 한다.

③ 다시 처음 염색했던 물에다 천을 넣고 주무른 다음 가볍게 짜서 위와 같은 방법으로 반복해 문질러 주어야 곱게 물들기에 고무장갑을 끼고 해야 한다.

④ 이렇게 한 뒤에 천을 다시 염액에 담가 하루를 방치해 놓았다가 처음에 염색하듯이 잘 주물러 주고 건조시킨다.

⑤ 염료 안에 아교를 고착시키기 위해 물 2L에 명반 2g을 넣고 염색된 천을 후매염 처리하여 건조시킨다. 만약 색이 옅으면 앞에 했던 방식으로 다시 염색하여 원하는 색을 얻는다.

⑥ 건조 후 수세하여 물과 우유를 40:1로 희석하여 다시 후매염을 해 주면 좋다.

⑦ 특히 두꺼운 천은 편편한 합판이나 장판, 스티로폼 같은 곳에 잘 펼쳐 놓고 나일론 솔로 문지르면 빨래하듯 손으로 팍팍 문지르지 않아도 염색이 용이하게 잘 된다. 결국 이 얘기는 입자가 큰 안료성 염료를 어떻게 천에 흡착시켜 색을 내느냐는 문제이다.

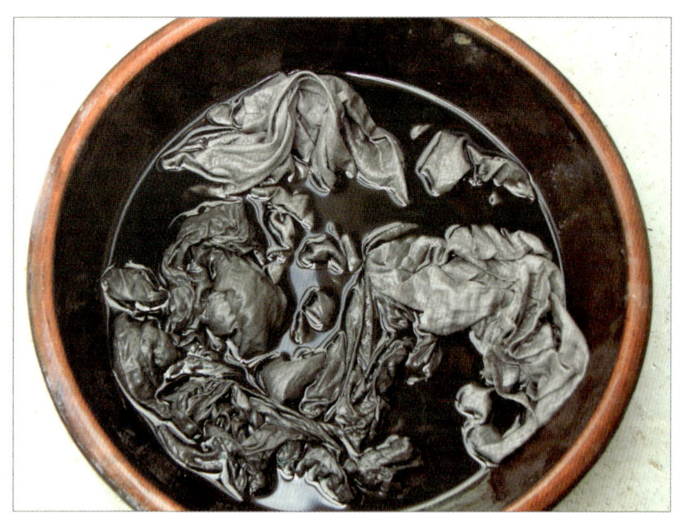

재염색된 모습

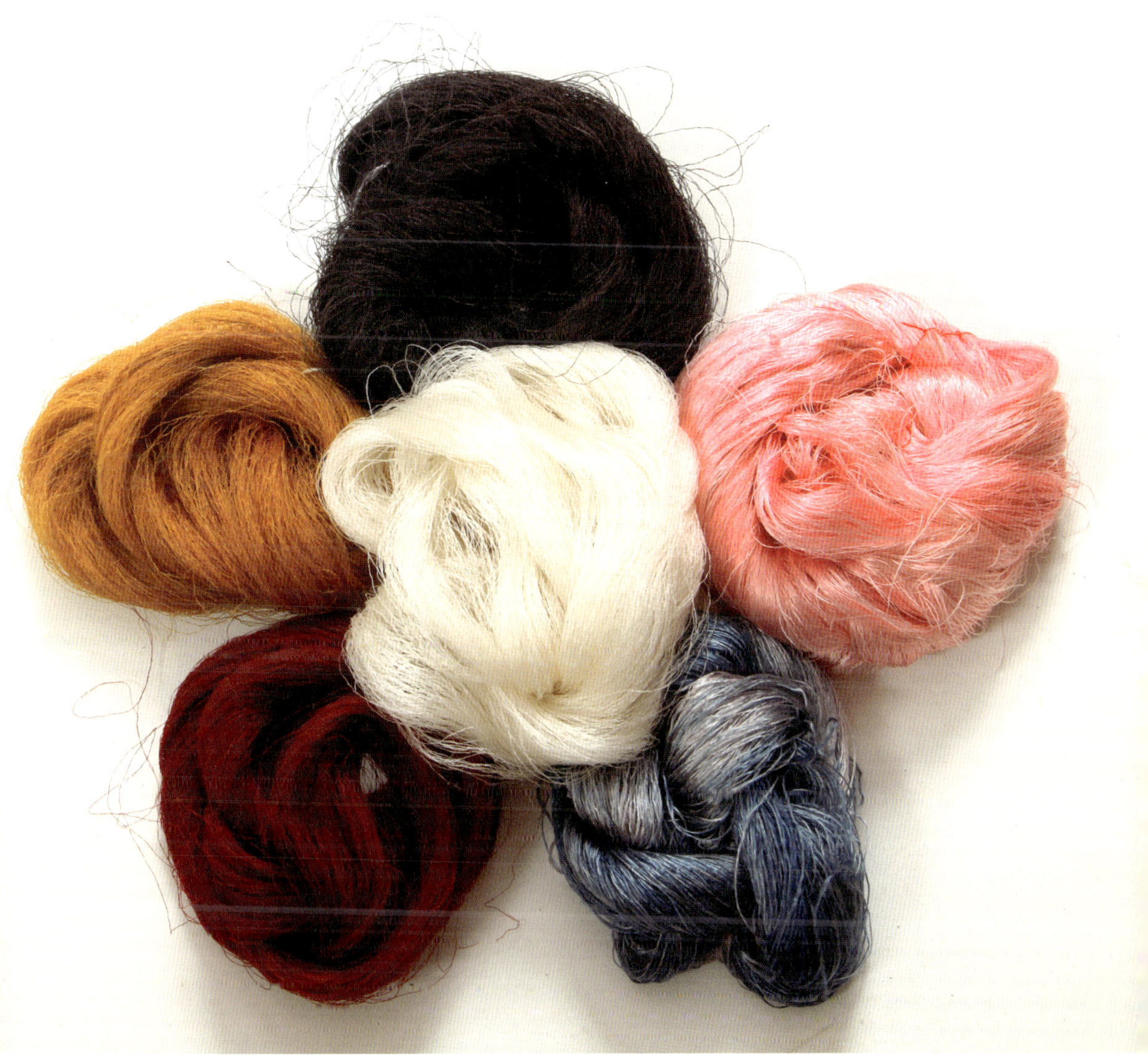

연 (먹)
염색

나무를 태울 때 나오는 연기의 그을음을 모아서 하는 염색으로 먹도 이 그을음을 모아서 만든 것이다. 옛날에는 식물이나 기름을 태울 때 나오는 그을음으로 만들었는데 그중에 가장 좋은 먹은 송연묵松烟墨이라 하여 소나무 관솔(송진)을 태워서 나온 그을음에 아교, 사향 등을 넣어 만든 먹이 최상의 먹이라 했다. 여기에 홍색을 넣어 만들면 회화용 먹이고 청색을 넣어 만든 먹은 서도용으로 썼다고 한다. 지금도 중국, 일본에서는 이런 고가의 먹이 판매되고 있다. 보통 요즘에는 시중에 나와 있는 먹이나 먹물을 구입해서 염색을 하고 있으나 정확히 보면 천연염색이라 하기에 좀 문제가 있다. 요사이 시중에 나온 먹은 카본으로 석유의 가스나 타르를 불완전 연소시켜 나온 그을음에 아교와 인공 향신제를 넣어 만든 것으로 매연 같은 것이라 해야 할 것이다.

앞에서 소개한 재나 연으로 염색하는 것이 좀 더 건강하고 좋은 천연염색이라 할 수 있다.

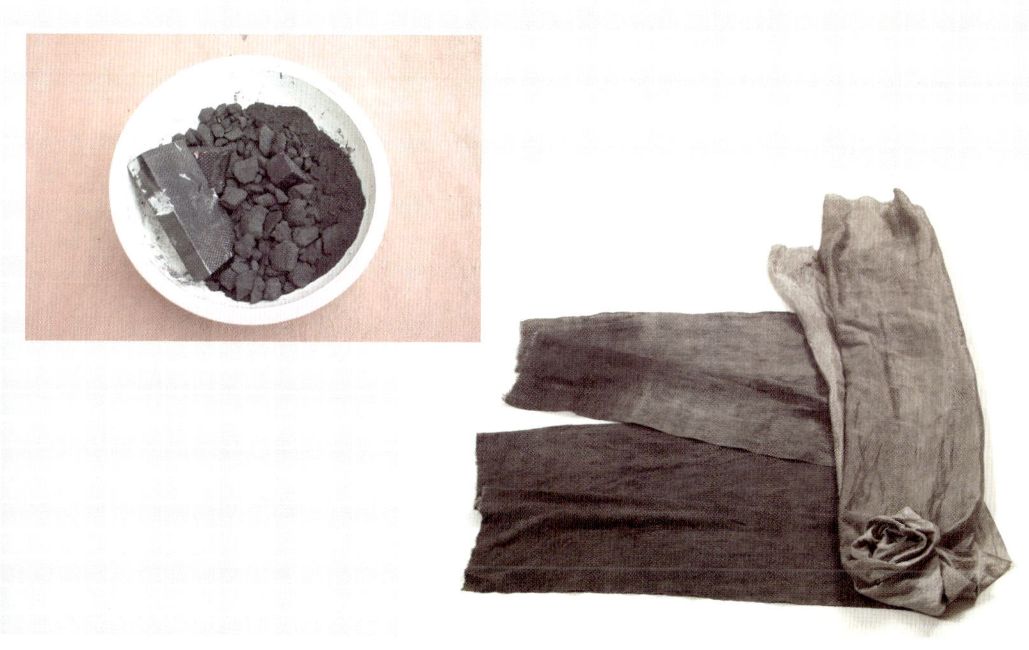

❶ 염료 만들기

염료를 만들기 위해서는 연을 모아야 한다. 연은 화목을 태우는 난로 굴뚝과 재래식 아궁이, 굴뚝, 구들장에서 채취할 수 있다. 아니면 전문적인 집진集塵시설을 만들어야 온전하고 순수한 연을 다량으로 모을 수 있다.

① 옛날 집진 시설에서는 호롱불처럼 그릇에 기름을 넣고 심지를 꼽아 그릇 주변에 그릇보다 10~15cm 정도 높게 가리개를 하고 그 위에는 초벌구이 도지기 판(기와장)을 올려 놓고 불을 붙여 기름을 태우다가 15~30분 후에 한 번씩 그을음을 쓸어 내어 모았다. 이때 초벌구이 도지기 판을 사용하는 이유는 표면이 약간 거칠어야 하고 열에 잘 견디기 때문이다.

② 현대적인 방법으로는 재래식 구들방을 놓은 듯이 하는데 구들돌은 무겁고 직기 때문에 효율적이지 못하므로 대신 슬레이트 같이 면적이 넓고 가벼운 소재로 뚜껑을 만들어 널 마른 식물이나 나무를 태워 나오는 그을

음을 다량으로 모은다. 이때도 1~
2시간 간격으로 불을 줄이고 뚜껑
을 들어내 가정용 스프레이로 가볍
게 물을 뿌려준다. 그을음이 바람
에 날지 않아 잘 쓸어 모아진다.

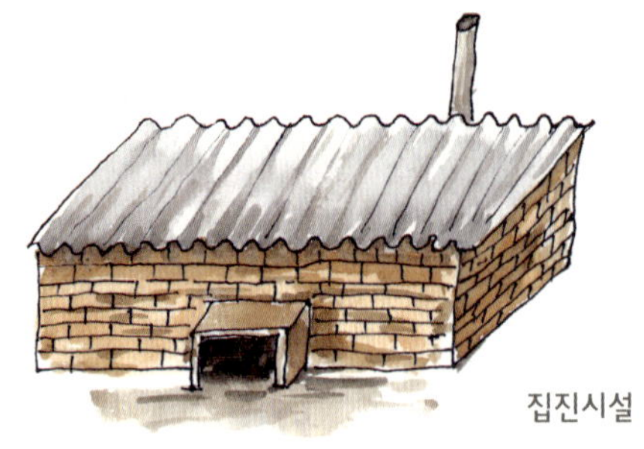

집진시설

③ 이렇게 모아진 그을음에 물을 한 5배 정도 부어 잘 젓는다. 한 3~4일
방치해 놓았다가 윗물을 모두 따라 버리고 수분이 있는 먹물처럼 병이나
그릇에 보관해 놓았다가 염색용으로 사용하면 된다.

④ 염색할 때는 아교물을 첨가해서 염색해야 한다. 그리고 염색이 다 끝
나면 4L의 물에 명반 2g을 넣어 후매염해서 건조시켜 깨끗이 수세한다.

⑤ 마지막으로 다른 염색처럼 물과 우유를 40:1의 비율로 하여 마지막
마무리를 해 준다.

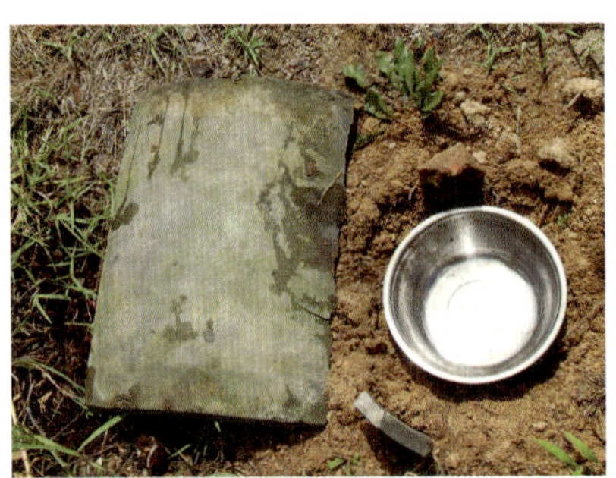

① 땅을 약간 파고 그릇을 묻는다.

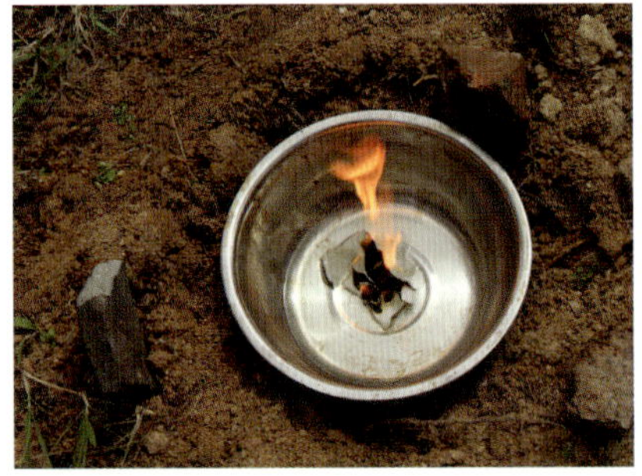

② 그릇에 기름이나 송진 등을 넣고 불을 붙인다.

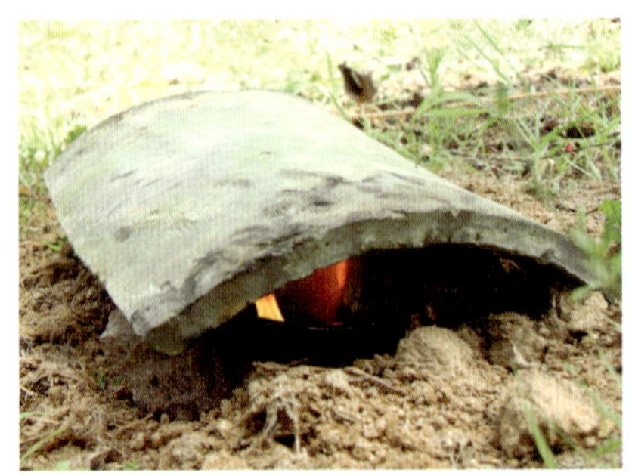

③ 준비된 기와장을 덮어 준다.

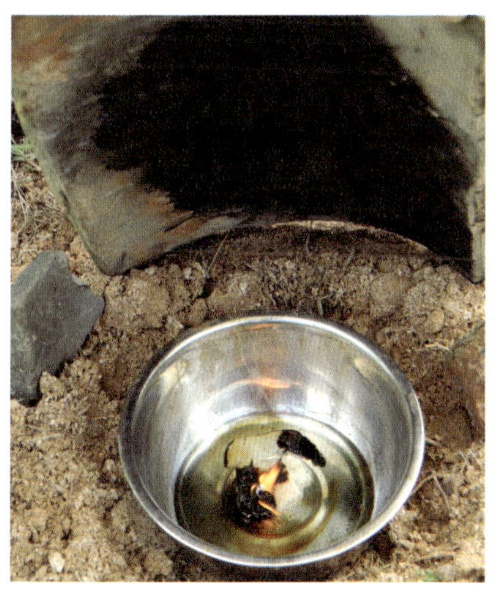

④ 그을음(연)이 기와에 붙어 있다.

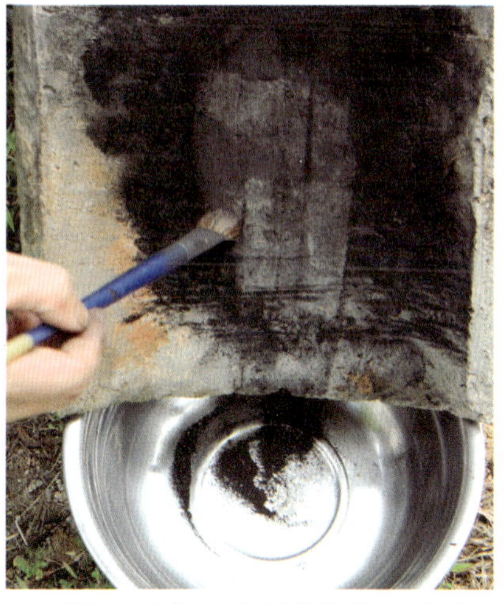

⑤ 기와에 붙어있는 그을음(연)을 붓으로 쓸어 그릇에 모은다.

❷ 물들이기

옛 방법으로 먹을 만들어 쓰는 법이 있다. 이물질이 없는 깨끗한 그을음 600g에 아교는 200g 비율로 넣는다. 아교는 스테인리스 그릇에 중탕으로 끓여 녹여야 하고 물은 아교 부피의 3배 정도를 넣고 하면 적당하다.

잘 녹은 아교 물을 그을음과 아주 되직하게 떡 반죽하듯이 하여 비닐봉지에 넣어 2시간 정도 방치해 놓는다. 그 뒤에 비닐 안에서 반죽된 그을음 뭉치를 꺼내 절구에 넣고 약 만 번 이상을 절구질하여 주어야 한다. 절구질이 끝나면 그을음이 먹이 되었다고 보아야 한다. 이것을 엷게 펼쳐서 햇볕에 말리고 다 마르면 다시 절구에 넣어 곱게 부쉬 놓았다가 염색 시 사용하면 된다. 그리고 세일 좋은 빙법은 매싱기에 넣고 500메싱 정도로 부숴서 고운 분말로 사용하면 더할 수 없는 천연 먹 염료가 완성된다. 염색은 일반 먹염색하듯이 하면 된다.

시중에 나온 일반 먹으로 하는 염색은 『내 손으로 하는 천연염색』에 자세히 기록돼 있으니 참고하여 손쉽게 하면 좋을 것이다.

맺는말

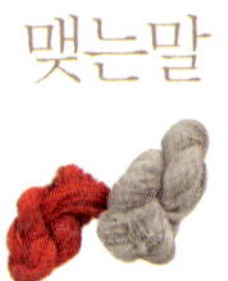

  젊은 시절 한 여선생님을 통해 공예염색에 입문하여 지내오다가 시골생활을 하면서 본격적으로 여러 가지 천연염색을 찾아서 재연해 보고 고모부로부터 쪽염색을 알게 되었다. 나의 염색의 중심은 광물성 흙염색과 식물성 쪽염색에 있었다고 말하고 싶다. 광물성 흙염색을 통해 견뢰도 문제를 배웠고 식물성 쪽염색을 통해 발효를 배워 무언가 자연의 이치를 알게 되었다.

  천연염색 초기의 한 사람으로서 한 30여 년 염색을 해 왔지만 그 동안 그리 마음이 편치 못했던 것을 고백할 수밖에 없다. 염색을 했지만 하면 할수록 미궁에 빠져들었던 기억이 난다. 여러 가지 문헌과 자료를 통해 방법을 찾아 문제를 해결했다고 여겼지만 문제는 또 도사리고 있었다. 사람들은 염색이 힘든 일이라 하지만 살아가면서 힘들지 않는 일은 없다. 다만 어려웠다.

나는 부족하고 염색은 어려운 것이었다.

  어려운 문제였다. 염색에 정확한 교과서가 없고 누군가가 하면 그것이 염색이라 여겨졌었다. 그렇다고 그것이 얼마나 완성도 높은 염색이냐를 검증해 줄 사람도 없어 그저 벙어리 냉가슴의 시간들이었다. 부족한 나를 속여 가며 식구들하고 밥 먹고 살았던 것이 그저 고맙고 감사할 따름이다. 고맙고 감사한 마음과 아쉬움으로 이렇게 한 권의 책을 썼다.

이 책의 중요한 몇몇 핵심 문장을 다시 나열하니 깊이 참구하면 좋겠다.

* 염료를 끓이기 전에 염재를 깨끗이 씻는다.
* 염재를 끓일 때는 색소가 다 나올 때까지 여러 번 충분히 끓인다.
* 끓인 염액은 식혀서 찌꺼기가 앙금지게 하여 위의 맑은 염액을 쓴다.
* 최소한 염색하기 2~3일 전에 염료를 끓여 염액을 준비한다. 필요하면
  더 긴 시간 숙성하면 좋다.
* 염색할 때 중간에 꼭 짜서 바람 치기를 해 주어야 한다.
* 염액을 묽게 써야 하고 여러 번 반복염색 해야 한다.
* 햇볕에 나는 것은 날려 버린다.
* 물에 빠지는 것은 빼 버린다.
* 면, 마 등 식물성 섬유에는 우유(단백질)로 꼭 선매염을 해야 한다.

그리고 지금까지 무지 후염을 해왔으니 이제 실에 선염을 하여 직조를
하면 얼마나 좋을까 하는 아쉬움이 있다. 부부가 온전한 한 가정을 이루듯
결국 염染과 직織이 만나 염직染織이 되어야 한다.

이젠 '거울 앞에 선 누이처럼' 이제까지 내게 비주어진 염색을 이렇게 내
놓아 보았다. 이 책에 기술한 내용이 좀 번거로운 부분이 있지만 그대로만
한다면 매우 견뢰도 높은 염색이 되어 안정적인 염색을 할 수 있을 것이라
여긴다. 힌 길을 가시는 걸음에 자은 누자 돈이라도 되었으면 하는 작은 소
망을 가져본다.

2010년 8월

157

찾아보기